Vera Pierott

Anthroposophie – eine Alternative?

Hänssler-Verlag
Neuhausen-Stuttgart

CIP-Kurztitelaufnahme der Deutschen Bibliothek

Pierott, Vera:
Anthroposophie – eine Alternative? / Vera Pierott. –
2. Aufl. – Neuhausen-Stuttgart: Hänssler, 1983.
(TELOS-Bücher; 335: TELOS-Taschenbuch)
ISBN 3-7751-0656-1
NE: GT

2. Auflage 1983
TELOS-Taschenbuch 335

Umschlaggestaltung: Daniel Dolmetsch
Gesamtherstellung: Ebner Ulm

»Der Mensch ist offenbar zum Denken geschaffen. Das ist seine ganze Würde und sein ganzes Verdienst; und es ist seine ganze Pflicht, richtig zu denken.«

Blaise Pascal

Inhalt

Vorwort 9

I. Kritische Einführung in die Ideen der Anthroposophie 15
1. Der junge Steiner 17
2. Grundzüge der Theosophie 31
3. Grundzüge der Anthroposophie 44
4. Vorwürfe und Verteidigung 61
5. Meditation in Christentum und Anthroposophie 81
6. Steiner und die Parapsychologie 95
7. Steiners Selbstverständnis 113

II. Christentum und Anthroposophie 123
1. Ansprüche Steiners 125
2. Steiner – ein Gnostiker 137
3. Die Evangelien 148
4. Der Gottesbegriff Steiners 154
5. Jesus – Christus 164
6. Der Geist 175
7. Die Christengemeinschaft – eine Übergangslösung 183
8. Reinkarnation und Karma 192
9. Die Ethik Steiners 204
10. Steiners Verhältnis zur Mystik 208
11. Exoterik und Esoterik 215
12. Anthroposophie und Mythologie . . . 221

III. Anthroposophie – Wissenschaft, Religion, Philosophie? 227
1. Anthroposophie – eine Ideologie 229
2. Anthroposophie – eine verkappte Religion 335

Anthroposophie – keine Alternative! 239

Vorwort:
Anthroposophie – eine Alternative?

»Die Anthroposophie ist die bedeutendste geistige Bewegung der Gegenwart!« So urteilten Zeitgenossen Rudolf Steiners. Die einen in überschwenglicher Bewunderung, die anderen aus sorgenvoller Abwehr.

»Steiner – der Seelendoktor des verendenden Kapitalismus!« so charakterisierten Sozialdemokraten Steiner in den zwanziger Jahren.

»Niemand wieder, der die Geschichte mit größerem Mut der Halbbildung, kühnerer Enzyklopädie der Konfusion durchleuchtet hätte als eben Steiner, der unabgelaufene Boß des Okkultismus.« Das ist einer der Sätze, mit denen Ernst Bloch 1934 die ganze Schale seines Spottes über Steiners Anthroposophie ausgießt.

Und heute?

Nach dem Krieg sammelten sich die Versprengten der von den Nazis 1937 verbotenen Anthroposophischen Gesellschaft zu neuer Aktivität. Die praktischen Anwendungsgebiete der Anthroposophie, vor allem sind das Pädagogik, Medizin und Landwirtschaft, wurden wieder auf- und ausgebaut. Sie finden zunehmend Beachtung. Warum? Das Stichwort heißt »Alternative«. »So kann es nicht weitergehen!« Aber *wie* soll es, kann es weitergehen?

In Theorie und Praxis liegen Entwürfe vor. Hackethal und Ivan Illich ziehen gegen die etablierte Medizin zu Felde. Etwas leiser sprechen und handeln viele einzelne. Verlassene Bauernhöfe werden von tatkräftigen Jugendlichen zu Musterbeispielen alternativer Landwirtschaft ohne Gift wieder aufgebaut. Dr. Affemann, Ivan Illich, A. S. Neill, Hartmut von Hentig stehen für zahllose andere, die die alternative Schule entwerfen und verwirklichen. Die überall auftauchenden alternativen Denkanstöße sind unabhängig von den Anthroposophen und wollen es auch bleiben. Sie unterscheiden sich nach Motivation und Ideengehalt, nicht so sehr in den praktischen Vorschlägen. Aber die Anthroposophen fühlen sich von diesem Trend bestätigt: »Was ihr endlich merkt, mit einem Riesen-Verzögerungseffekt, das wissen wir schon seit 60 Jahren. Schon damals hat Rudolf Steiner gesagt . . .« – Im »Kursbuch« (Nr. 55) wurde festgestellt: »Als linke Hasen rennen wir uns nach sozialistischen Träumen die Hacken ab, und wenn wir wo hinkommen, steht da oft ein anthroposophischer Igel und sagt: ›Ätsch, ich bin schon da!‹ Hier ist ein klassenloses Krankenhaus, dort eine eigene Genossenschaftsbank, da sind selbstverwaltete Kindergärten und Schulen, Verlage, alternative Heil- und Therapieeinrichtungen, Tagungsstätten, freie Kunstakademien, Arzneimittelfabriken, biodynamische Landwirtschaftsbetriebe und anderes!«[1]

Beginnt ein neuer Abschnitt in der Geschichte der Anthroposophie? Ein Abschnitt der Anerkennung auf breiter Linie? Die Anerkennung vollzieht sich bei den »Verbrauchern« der Alternativen überwiegend im Rahmen einer pragmatischen Haltung. Sie scheren sich meist keinen Deut um den geistigen Hintergrund ihrer giftfreien Mohrrüben oder ungespritzten Kartoffeln. Sie sind vollständig zufrieden, wenn sie statt der allopathischen Kanonen ein nebenwirkungsfreies Medikament bekommen, das auch hilft. Am glücklichsten sind sie, wenn sie ihre Kinder vor dem Streß der Regelschule gerettet wissen und einen Platz in den überfüllten Waldorfschulen ergattert haben. Ins Detail der dahinterste-

[1] Josef Huber »Astral-Marx« in Kursbuch 55, S. 139 ff., Kursbuch/Rotbuch Verlag, Berlin, 1979.

henden Ideen vertieft man sich zuallermeist nicht. Eines Tages kommt man allerdings nicht mehr darum herum, zur Kenntnis zu nehmen, daß das Kind Vorstellungen nach Hause bringt, die fremd bis seltsam anmuten. Selbst dann kann man noch so weiterleben: Wir sind eine pluralistische Gesellschaft – das Kind wird sich mit diesen Ideen so gut wie mit anderen auseinandersetzen müssen. Das ist in Kauf zu nehmen. Die Schule hat Vorteile und viel Gutes; man muß heilfroh sein, sein Kind dort zu haben.

Dieser weitverbreitete Pragmatismus ist zwar bedauerlich, weil gefährlich, aber verständlich. Es erscheint alles so verworren heute. Die uns bedrängenden Probleme sind kompliziert, weltweit verknüpft miteinander. Der einzelne fühlt sich zur Ohnmacht verdammt. Er ist als Nichtfachmann außerstande, sich ein Urteil zu leisten über letzte politische, wirtschaftliche, geistige Fragen. Selbst Fachleute tun sich schwer. Ein Orientierungsversuch endet daher oft damit, daß man wie Pilatus die Schultern hochzieht und resigniert wieder fallen läßt: Was ist Wahrheit? Ich weiß es nicht. Du weißt es auch nicht. Niemand weiß es, kann es wissen. Niemand? Die Anthroposophen sagen: Was euch heute an Fragen umtreibt, das wurde uns schon vor 60 Jahren beantwortet. Rudolf Steiner hat uns den Weg zu den Erkenntnissen gewiesen, die wir brauchen und die uns helfen können. Kommt und begebt euch auf diesen Weg. Ihr werdet sehen.

Steiner hinterließ aus den etwa 40 Jahren seines Schaffens eine schier unübersehbare Fülle von Veröffentlichungen: zahlreiche Bücher, etwa 6000 Vorträge und Aufsätze in Zeitschriften. Vorträge und Aufsätze liegen mittlerweile fast vollständig in Büchern zusammengefaßt vor.

Seine Zeit stand in lebhafter Auseinandersetzung mit

ihm. Die einen gelangten zu entschiedener Ablehnung, andere zu restloser Zustimmung, gleichbedeutend mit hingebender Jüngerschaft. Bald nach dem Weltkrieg lebte die Kontroverse noch einmal kräftig auf, nachdem die Nazis sie über Jahre hinweg erstickt hatten. Etwa ab 1960 erschienen dann außerhalb der anthroposophischen Reihen zustimmende Schriften, vor allem auf pädagogischem Gebiet; aber auch Fragen des Christentums wurden im Zusammenhang mit der Anthroposophie beleuchtet. Leider haben diese Schriften einen wesentlichen Mangel: Sie vermeiden eine kritische Stellungnahme. Sie referieren, charakterisieren – soweit ihnen die Sache einleuchtet –, klammern Widersprüche aus und lassen weg, was sie nicht verstehen. Sie informieren z. B. über die theoretischen pädagogischen Absichten, ohne zu prüfen, ob oder wie weit sie verwirklicht werden, verwirklicht werden können. Diese Prüfung ist ohnehin allein von außen nicht möglich. Das wäre die Situation der Potemkinschen Dörfer. Sie fordert neben dem theoretischen Studium der Anthroposophie jahrelanges Insiderleben, und nicht nur auf dem Gebiet der Pädagogik. Wir stehen heute vor der Tatsache: Bis vor kurzem waren Vorurteile, Gehässigkeiten, unsachliche Polemik gegen die Anthroposophen im Umlauf. Nur wenige hatten ein fundiertes Urteil, das seine Ablehnung sachlich begründete. Jetzt scheint sich die Situation umkehren zu wollen: Anthroposophische Einrichtungen werden mit einem Image versehen, das Rettung aus Not verheißt. Die Anthroposophie als Ganzes wird für gut gehalten, leider ein bißchen schwierig zu verstehen. Aber was soll's – Hauptsache ist, daß man im Moment in seiner Misere einen Strohhalm erwischt.

Neben dem Pragmatismus findet sich aber auch echtes Interesse, vor allem bei Eltern von Waldorfschülern und in der jüngeren Generation. Wenn irgendwo ein Kursus angeboten wird zur »Einführung in die Anthroposophie«, gehalten natürlich von einem Anthroposophen, strömen an die hundert Interessierte herbei – eine Zahl, von der Kursleiter etwa in einer Volkshochschule nur träumen können (bei vergleichbaren Themen). Am zweiten Abend hat sich die Zahl bereits auf die Hälfte reduziert und geht im Lauf des Kurses noch weiter zurück. Woran liegt das? – Es wird einige geistige Anstrengung verlangt, die manchem zu unbequem sein mag. Die gewichtigeren Gründe liegen in der Sache selbst. Sie ist kompliziert, schwer überschaubar, sie erdrückt von Anfang an durch eine Überfülle von »Mitteilungen aus der höheren Welt«. Und der die Sache hinterfragende Kursteilnehmer stößt auf Widerstände, die er nicht recht zu fassen vermag. Da liegt etwas in der Luft bei bestimmten Fragen – sind sie unerwünscht? Ratlos, unsicher und schließlich lustlos geben viele auf.

Hier sollen nun die wichtigsten Ideen der Anthroposophie in großen Zügen dargestellt werden, wodurch die mühsame Entwirrung der anthroposophischen Literatur erleichtert und die mangelhafte Systematik soweit wie möglich ersetzt wird. Widersprüche innerhalb der Lehre selbst sollen im Rahmen des Notwendigen und hier Möglichen geklärt werden.

Vor allem soll der Anspruch geprüft werden, Anthroposophie sei Wissenschaft, sie allein sei in der Lage, der Menschheit ihre letzten, wesentlichen Fragen zu beantworten, ihr wahre Erkenntnisse auf nahezu allen Gebieten der Wissenschaft zu liefern, da sie allein das Bewußtsein erweitere, so daß ein bisher nicht mögliches Eindringen in die geistige Welt gelingt.

Ein zweiter Teil hat die Beziehungen der Anthroposophie zum Christentum zu untersuchen, da Steiner dieses quasi als Sauerteig betrachtet, der ein Anthroposophenleben zu durchziehen hat. Es ist zu fragen, ob Steiners

Anspruch, als einziger wahre Erkenntnisse über das Christentum gewonnen zu haben, es als erster und einziger zeitgemäß zu interpretieren, zu Recht besteht oder nicht.

I. Kritische Einführung in die Ideen der Anthroposophie

1. Der junge Steiner

Kindheit

Aus dem Leben Steiners soll nur das erzählt werden, was für unsere Absicht erforderlich ist. Wir folgen Steiners »Mein Lebensgang«, den er als reifer Mann im Alter von etwa 60 Jahren schrieb.

1861 wurde Steiner geboren. Seine Kindheit verlebte er in Niederösterreich. Der Vater war Telegrafist bei der Eisenbahn. Der kleine Rudolf liebte seinen Vater. Er liebte auch seinen Pfarrer und empfand schmerzlich die Diskrepanz zwischen Elternhaus und Kirche, denn sein Vater war Freigeist. Traurig stellt er fest, wie einsam er ist. Einsamkeit blieb das bestimmende Element in seinem Leben. Dem begabten Kind aus schlichten Verhältnissen mußten viele Fragen unbeantwortet bleiben. Verständlich, daß er die Ohren spitzte, wenn die Honoratioren des kleinen Ortes mit seinem Vater Gespräche führten.

Der Mutter war Steiner zugetan, aber geprägt wurde er von Männern: Vater, Lehrer, Pfarrer, Arzt. Noch bevor er 10 Jahre alt ist, wird das Grundthema seines Lebens angeschlagen. Ausgehend vom Selbststudium eines Geometriebuches kommt er zu Überlegungen, die – jetzt vom Erwachsenen formuliert – offenbar schon früh in dem wachen Jungen lebten: »Ich sagte mir: Die Gegenstände und Vorgänge, welche die Sinne wahrnehmen, sind im Raume. Aber ebenso wie dieser Raum außer dem Menschen ist, so befindet sich im Innern eine Art Seelenraum, der der Schauplatz geistiger Wesenheiten und Vorgänge ist . . . Denn die Wirklichkeit der geistigen Welt war mir so gewiß wie die der sinnlichen.

Ich hatte aber eine Art Rechtfertigung dieser Annahme nötig.«[1] Diese Rechtfertigung machte im wesentlichen den Inhalt dessen aus, was ihn dann über Jahrzehnte hinweg beschäftigte.

Von einer zweiten Seite her sucht Steiner den Zugang zur Welt jenseits des Raum-Zeitlichen: von der religiösen. Über den Pfarrer berichtet er: »Das Bild dieses Mannes hat sich tief in meine Seele eingeprägt; und er trat durch mein ganzes Leben hindurch immer wieder in meiner Erinnerung auf. Unter den Menschen, die ich bis zu meinem zehnten oder elften Jahre kennenlernte, war er der weitaus bedeutendste.«[2] – »Mir steht von meiner Neudörfler Knabenzeit stark dieses vor der Seele, wie die Anschauung des Kultus in Verbindung mit der musikalischen Opferfeierlichkeit vor dem Geiste in stark suggestiver Art die Rätselfragen des Daseins aufsteigen läßt. Der Bibel- und Katechismusunterricht, den der Pfarrer erteilte, war weit weniger wirksam innerhalb meiner Seelenwelt, als das, was er als Ausübender des Kultus tat in Vermittlung zwischen der sinnlichen und der übersinnlichen Welt. Von Anfang an war mir das alles nicht eine bloße Form, sondern tiefgehendes Erlebnis. Das war um so mehr der Fall, als ich damit im Elternhaus ein Fremdling war.«[3]

Steiner war mit seinen Fragen ganz ein Kind seiner Zeit. Sicher waren sie stark angeregt worden durch die leidenschaftlichen Diskussionen der Erwachsenen, die er aufmerksam mit anhörte. Wenn er auch nur wenig verstand – er war sensibel und nachdenklicher als Altersgenossen.

[1] Rudolf Steiner »Mein Lebensgang«, Freies Geistesleben, tb 13, S. 16 f., 2. Auflage 1975

[2] Rudolf Steiner »Mein Lebensgang«, S. 19, a.a.O.

[3] Rudolf Steiner »Mein Lebensgang«, S. 21, a.a.O.

Was den kleinen Buben unklar beschäftigte, dem widmeten sich derweil schon berühmte Gelehrte. 1869 wurde die »Society for Psychical Research« gegründet. Myers und Sidgwick waren die führenden Köpfe. Sie rangen darum, durch Forschungen auf dem Gebiet der Parapsychologie die Existenz einer geistigen Welt zu erweisen und die Beziehungen der Menschen zu dieser neu zu beleben. Sie fragten sich: Haben wir Aussicht, einen gültigen Beweis zu gewinnen durch direkte Beobachtung irgendwelcher Phänomene?

Ein Wissenschaftler, der sich zu jener Zeit mit diesen Dingen abgab, riskierte, verspottet und nicht mehr ernst genommen zu werden. Man stritt allgemein einfach die Phänomene ab oder erklärte sie für Betrug. Myers und Sidgwick waren fasziniert von dem Gedanken, die Wissenschaft könne genügend Fortschritte machen, um die geistigen Tore zu öffnen und durch geduldige Bemühung in den Vorhof der unsichtbaren Welt einzudringen.

Steiner kam nun auf die Realschule nach Wiener Neustadt. Mit dem Erteilen von Nachhilfestunden erleichterte er seinen Eltern die finanzielle Last seiner Ausbildung. Groschen für Groschen sparte er sich das Geld für Bücher zusammen. Mit 14 Jahren las er Kant. Gewiß zu früh, aber es war niemand da, der geraten oder geführt hätte.

Nach dem Abschluß der Realschule studierte Steiner an der Technischen Hochschule in Wien Mathematik, Naturkunde und Chemie. So manche Vorlesung schwänzte er, um an der Universität Vorlesungen über Philosophie zu hören. Er konnte es sich leisten, denn er war begabt. Seltsamerweise machte er dennoch kein Staatsexamen. Erst um das 30. Lebensjahr herum reichte er in Rostock bei Professor Stein seine Dissertation ein unter dem Titel: »Die Verständigung des menschlichen Bewußtseins mit sich selbst«. Steins »Sieben Bücher des Platonismus« hatten Steiner gefesselt und ihn bewogen, seine Arbeit bei dem Verfasser einzureichen.

Goethezeit

Vierzehn Jahre lang beschäftigte Steiner sich dann mit Goethe. Anfangs auf eigene Rechnung und Gefahr, später im Auftrag, Goethes naturwissenschaftliche Schriften herauszugeben. 1889 wurde Steiner eingeladen, an der Weimarer Goetheausgabe mitzuarbeiten, die im Auftrag der Großherzogin Sophie von Sachsen durch das Goethe-Archiv besorgt wurde. Aus diesen Arbeiten heraus entstanden Steiners Schriften »Einleitungen zu den Naturwissenschaftlichen Schriften Goethes« und »Grundlinien einer Erkenntnistheorie der Goetheschen Weltanschauung«. Steiner glaubte, in Goethe *den* Lehrer gefunden zu haben, über den er jedoch auch wiederum hinauswollte. Er spürte, daß Goethe ihm für sein Grundanliegen etwas liefern konnte. Goethes Erkenntnislehre betont, daß es dem menschlichen Geist möglich sei, durch eine besondere Art von Anschauung in die Geheimnisse der Natur einzudringen. »Er fühlte sich als Antipode einer Naturwissenschaft, die seit Galilei und Newton die verwirrende Kompliziertheit der Phänomene auf so einfache Vorgänge zurückzuführen suchte, daß ihr gesetzmäßiger Ablauf rechnerisch in allen Einzelheiten exakt erfaßt und ihre Zusammenhänge mathematisch verdeutlicht werden können.«[1] Der Naturwissenschaftler abstrahiert. Und genau diese Abstraktion verabscheute Goethe. »Daß man das ›Wesen‹, das ›Allgemein-Gültige‹ unter Absehen von den konkreten Phänomenen finden kann, das wollte ihm nicht in den Kopf . . . Für Goethe begann nicht nur die Naturbetrachtung mit dem unmittelbar sinnlichen Eindruck, dieser blieb für sein gesamtes Naturverständnis, für seine ›Naturwissenschaft‹ bestimmend.«[2] Die Entwicklung ist über ihn hinweggegangen. Leo Kreutzer nennt sein Essay über Goethe als Naturwissenschaftler »Portrait eines Verlierers«.[3] Gerade die Art von Wissenschaft, die er bekämpfte, brachte jene Fortschritte, die den Menschen schließlich bis auf den Mond gelangen ließen.

An dieser Leistung ist nicht zu rütteln. Und doch macht sich Unbehagen breit. Die Risiken des Fortschritts werden nicht mehr unbekümmert bagatellisiert oder in Kauf genommen. Die Fragen der Ökologie, vor nicht langer Zeit nur von »Spinnern« ernst genommen, sind in aller Munde. Gleichzeitig machen sich in unsrer Leistungs- und Wohlstandsgesellschaft Angst, Resignation und Hoffnungslosigkeit breit. Die große Leere treibt viele in die Sucht oder in den Suicid. Viel Schuld wird der »Verkopfung« in die Schuhe geschoben. Mit Recht. Aber nichts wäre gewonnen, wollte man nun das Denken, die Leistung verteufeln. Notwendig wäre die Versöhnung des rationalen Denkens mit dem analogen.

Dieses ist allzu lange abgewertet worden, beschimpft, als völlig nutzlos links liegengelassen worden. Das eine darf sich nicht auf Kosten des anderen überheben, sie müssen sich endlich die Hand reichen als gleichwertige, aber verschiedenartige Erkenntnismittel. Das Schlußfolgern, wie das kausale Denken es braucht, ist zur Perfektion gebracht worden und steht in hohem Ansehen. Die Werte des analogen Denkens, das von der geistigen Sehkraft lebt, müssen erst wieder entdeckt und geübt werden. Sie sind nicht Sache des Kopfes, sondern der

[1] und [2] Thomas und Gertrude Sartory, »Erfahrungen mit Meditation«, Herder tb 588, S. 17 f., 1976

[3] In »Mein Gott Goethe«, rowohlt dnb 136, 1980

Tiefenintelligenz. Davon werden nicht nur Religion, Kunst und Psychologie profitieren, sondern auch die Naturwissenschaften.

Allenthalben weisen Wissenschaftler darauf hin und praktizieren bereits diese Versöhnung. Stellvertretend für viele seien genannt: Adolf Portmann, Joachim Illies, Hanna Wolff, Thomas und Gertrude Sartory.

Neuere Forschungen beurteilen Goethes Erkenntnistheorie differenzierter und kommen zu dem Ergebnis, daß sie keineswegs einseitig, sondern im Gegenteil höchst ausgewogen ist und moderne Gedanken vorwegnimmt. So befaßt sich Dr. Dieter Käfer in seiner Dissertation (1981) mit Goethe als Naturwissenschaftler und weist z. B. nachdrücklich darauf hin, daß Goethe nicht, wie ihm oft unterstellt wurde, das Analysieren rundweg ablehnt, sondern ihm nur das Recht bestreitet, sich selbst absolut zu setzen, da es immer nur einen Teilaspekt zu erfassen vermöge. Dr. Käfer weist nach, wie Goethes Methode als Kombination aus Induktion und Deduktion zu betrachten ist; daß sein »Urphänomen« genau auf der Grenze zur Abstraktion steht und Goethe die Abstraktion gewissermaßen innerhalb der Phänomene vollzieht. (Beispiel: der Magnet – er ist sinnlich zugänglich und verweist doch auf ein allgemeines Gesetz.)

Ferner meint Goethes Ausspruch: »Wir lernen mit den Augen des Geistes sehen« nicht, seine Erkenntnislehre gründe einfach auf Intuition. Goethe fordert ebenso nachdrücklich breite empirische Grundlage als Forschung.

Dr. Käfer befaßt sich auch mit Steiners Schriften zu Goethes naturwissenschaftlichen Werken und beanstandet, daß er Goethes Erkenntnistheorie und Methode nicht aus einer detaillierten Analyse der Goetheschen Texte hervorgehen läßt, sondern umgekehrt verfährt: aus einer vorgängigen, von ihm, Steiner, selbst konzipierten Erkenntnistheorie und Methode interpretiert er Goethe, der angeblich sein methodisches Selbstverständnis unausgesprochen gelassen hat. Das ist, wie Dr. Käfer nachweist, keineswegs der Fall.

Diese Verbindungslinie von Goethe zu uns mußte gezogen werden, um verständlich zu machen, warum die Anthroposophie heute wieder eine große Chance hat. Die Menschen sind die Überbetonung der Ratio leid. Sie fühlen sich leer und arm damit. Wenn Steiner das analoge Denken wieder zu Ehren bringen wollte, so wäre das darum durchaus richtig und notwendig gewesen. Vielleicht schwebte ihm schon so etwas vor wie die Versöhnung der beiden Erkenntnisweisen. Er hätte aber jeder ihre Eigenart und ihren Zuständigkeitsbereich belassen müssen. Statt dessen versuchte er so etwas wie analoges Denken nach naturwissenschaftlicher Methode. Nur wenige erkannten dieses unmögliche Vorhaben. Das ist kein Wunder: Steiner überschüttet seine Leser (bzw. Hörer) mit einem Schwall verwirrender Aussagen. Verschwommene Formulierungen gestatten es, im Notfall alles zu beweisen. So gelang es ihm, sich bei denen ein gewisses Ansehen zu verschaffen, die nur Einzelaussagen aufnehmen, die sie ansprechen; die zu unkritisch nach allem greifen, was ihnen geistige Erfüllung zu bieten verspricht; und die Anthroposophie scheint auf den ersten Blick durch eine Fülle geistiger Einsichten zu bereichern. Der zweite Blick, der sichten, prüfen müßte, wird meist nicht mehr getan. Das liegt allerdings nicht nur an der erwähnten pragmatischen Einstellung. Wer sich an die Arbeit macht, das ungeheure Material, das Steiner unter dem Kennzeichen »Geisteswissenschaft« hinterließ, in den Griff zu bekommen, sieht sich weiteren Schwierigkeiten und Mängeln gegenüber, die kaum jemals bei einem System aufgetreten sein dürften, das sich wissenschaftlich nennt.

Steiners Stil ist von ermüdender Weitschweifigkeit. Es gehört enorme Disziplin dazu, mehr als eins seiner Bücher zu lesen. Es ist, als hätte man ein großes Sieb mit Sand zu rütteln, bis am Ende ein Körnchen der angeblichen Erkenntnis übrigbleibt, das man dann noch auf seinen Wahrheitsgehalt zu prüfen hat. Anthroposophen weisen gern stolz auf das einmalig umfangreiche Schrifttum Steiners hin. Würde sich jemand die Mühe machen, die Wiederholungen herauszustreichen, schrumpfte das Ganze mindestens um ein Drittel zusammen.

Über weitere Schwierigkeiten urteilen übereinstimmend schon Autoren der zwanziger Jahre: »Da wird, ganz abgesehen von Widersprüchen im einzelnen, Satz bei Satz mit apodiktischer Gewißheit hingehauen. Aber die innere Verbindung und nun gar eine Begründung fehlt nur zu oft. Immer wieder fragt man sich . . . wann geschah das und warum, warum folgt überhaupt das Behauptete und nicht gerade das Gegenteil aus den Voraussetzungen? Immer wieder wird der Induktionsschluß durch den Analogieschluß ersetzt.«[1] Ganz und gar kein wissenschaftlicher Stil, der hier zu Recht beklagt wird.

Weiter: Steiner richtet eine ziemliche Begriffsverwirrung an. Er unterlegt oftmals Begriffen, die von der Wissenschaft nach allgemeinem Konsens genauestens definiert sind, einen anderen Inhalt. Dadurch werden Verständnis und Auseinandersetzung bis zur Unmöglichkeit erschwert. Wie er Begriffe durcheinanderwirft, sei an einem Beispiel demonstriert: In der »Philosophie der Freiheit« will er auf Seite 34 von »Beobachtung und Denken« ausgehen. Auf Seite 52 identifiziert er »Beobachtung« mit »Wahrnehmung«, obwohl es verschiedene

[1] A. Stolzenberg, »Anthroposophie und Christentum«, S. 56, Verlag Speyer und Peters, Berlin, 1925

Begriffe sind. Auf Seite 96 ordnet er die Wahrnehmung der Beobachtung unter, womit er diesmal recht hat, was aber dem vorherigen Gebrauch doch widerspricht. Auf Seite 101 geht er vom »Wahrnehmen und Denken« aus, im Gegensatz zu Seite 34, was aber wiederum kein Gegensatz wäre, wenn er fälschlich Beobachtung und Wahrnehmung gleichsetzt.[1]

Die Art, wie Steiner sich in den einzelnen Wissenschaftsgebieten (und das sind viele) bewegt, trägt vielfach dilettantischen Charakter. Ein Gespräch mit der Wissenschaft hat bis heute nicht stattgefunden. Nicht, weil diese, wie Steiner unterstellt, vollkommen materialistisch verseucht oder weil sie achtlos an ihm vorübergegangen wäre, ihn totgeschwiegen hätte oder polemisch und unfair vorgegangen wäre.

Vielmehr kamen zu Steiners Lebzeiten dutzendweise Bücher heraus, die sachlich, vornehm im Stil und fachlich qualifiziert an eine Beurteilung der Anthroposophie herangingen. Sie kamen auf verschiedenen Wegen zu dem gleichen Schluß: Der Ansatz mag gut gemeint gewesen sein, aber sein hochgestecktes Ziel, die alles überragende »Geisteswissenschaft« zu schaffen, hat Steiner nicht erreicht. Steiners Verteidigung gegen diese sachlich und fundiert begründeten Urteile fällt unsachlich und unqualifiziert aus. Er stellt andere Kritiker, gehässige und nicht hinreichend informierte, in den Vordergrund. Aber seine fairen Gegner nimmt er nicht an. Er redet und redet, ohne auf Fragen an ihn zu antworten. Er überhört ihre Argumente oder geht nur zum Schein darauf ein. Er spricht ihnen ohne Beweis ihre Unvoreingenommenheit und ihren guten Willen ab. Er wirft ihnen vor, noch in alten Denkgewohnheiten befangen zu sein und nicht in der Lage, seinen geistigen Höhenflügen zu folgen.

[1] Aus Rudolf Steiners »Philosophie der Freiheit«, 8. Auflage 1947

Hinzu kam: Die Vortragszyklen, ursprünglich nur Mitgliedern zugänglich und streng vor fremden Augen gehütet, wurden erst ab 1923 nach und nach veröffentlicht. Steiner gestattete dies erst auf langes Drängen von Vertretern der Wissenschaft hin. Bei Diskussionen blieb nämlich den Anthroposophen immer eine Hintertür offen. Waren sie am Ende ihrer Argumente, hieß es: »Sie können das gar nicht beurteilen, Sie kennen ja die Vortragszyklen nicht.« Gegen Vorwürfe wegen dieses unredlichen und unwissenschaftlichen Vorgehens wehrte man sich wiederum wenig überzeugend: »Es ist nicht wahr, daß wir die Zyklen der Öffentlichkeit vorenthalten. Es kann ja jedermann Mitglied der Anthroposophischen Gesellschaft werden – dann bekommt er sie.«

Krisis

Innere Widersprüche geben dem, der sich in anthroposophische Schriften vertieft, zunächst Rätsel auf. Steiner vertrat bis etwa 1900 atheistisch-monistische Ansichten. Später will er darauf hinaus, seine philosophischen Werke aus den Jahren vor 1900, vor allem seine »Philosophie der Freiheit« seien von vornherein als Grundlage für seine von christlichem Geist durchseelte Anthroposophie vorgesehen gewesen. Das wäre dann gerade so, als wenn ein Politiker in seinem ersten Buch den Liberalismus verteufelt, im zweiten aber ihm zustimmt und dann erläutert, er habe mit der Verteufelung die Grundlagen errichten wollen für seine Zustimmung. Kritikern, die das schlicht für unannehmbar erklärten, wurde entgegengehalten, »es komme nicht auf das Wort an, sondern auf den Geist, die Gesinnung«, die hinter Steiners Schriften stehe. Es komme immer darauf an, wie Steiner es

»meine«.[1] Wir sagten aber schon, daß Steiners Formulierungen durch ihre Unschärfe sehr oft entgegengesetzte Deutungen zulassen. Es sollte einem Wissenschaftler möglich sein, sich so auszudrücken, daß weder eine Interpretation notwendig, noch eine Herumdeutelei möglich ist. Es ist auch gewiß keine Wortklauberei, wenn selbst großzügigste Interpretation aus dem Folgenden christliche Gesinnung nicht herauslesen kann, einwandfrei aber das Gegenteil:

»Der menschliche Geist kommt in Wahrheit nie über die Wirklichkeit hinaus, in der wir leben, und er hat es auch nicht nötig, da alles in der Welt liegt, was er zu ihrer Erklärung braucht.«[2]

»Er kennt daher keine Ideen, die auf ein jenseits unsrer Erfahrung liegendes Objektives hindeuten, und die den Inhalt einer bloß hypothetischen Metaphysik bilden sollen.«[3]

»Der Mensch kennt keinen solchen Weltenlenker, der außerhalb unserer selbst unseren Handlungen Ziel und Richtung setzte. Der Mensch findet keinen solchen Urgrund des Daseins, dessen Ratschlüsse er erforschen könnte, um von ihm die Ziele zu erfahren, nach denen er mit seinen Handlungen hinzusteuern hat. Er ist auf sich selbst zurückgewiesen.«[4] Diese Beispiele ließen sich vervielfachen.

Von 1884 bis 1901 betätigte sich Steiner als Journalist. Etliche Aufsätze aus dieser Zeit wurden später zu einem Buch zusammengefaßt, das den Titel trägt »Methodische Grundlagen der Anthroposophie«. Der Titel soll wie-

[1] Hans Leisegang, »Die Grundlagen der Anthroposophie«, Hamburg, 1922, S. 52

[2] und [3] Rudolf Steiner, »Philosophie der Freiheit«, 2. Auflage 1918, S. 261 f.

[4] Rudolf Steiner, »Philosophie der Freiheit«, 2. Auflage 1918, S. 261 f.

derum dem Leser klarmachen, die Grundlagen seien schon vor 1900 errichtet worden. Darin heißt es: »Es ist allein des Menschen würdig, daß er selbst die Wahrheit suche, daß ihn weder Erfahrung noch Offenbarung leite. Wenn das einmal grundlegend erkannt sein wird, dann haben die Offenbarungsreligionen abgewirtschaftet. Der Mensch wird dann gar nicht mehr wollen, daß sich Gott ihm offenbare oder Segen spende. Er wird durch eigenes Denken erkennen, durch eigene Kraft sein Glück begründen wollen.«[1]

Es half nicht viel, daß Steiner in späteren Auflagen einigen Stellen ihre Schärfe zu nehmen versuchte. Die grundlegende Einstellung, die er selbst erkenntnistheoretischen Monismus nannte, blieb erhalten. Der Vergleich ist dadurch erschwert, daß Bücher aus der 1. Auflage kaum noch zu bekommen sind. Sie wurden meist nur zu 1000 Stück aufgelegt. Die 2. Auflage erschien 20 bis 24 Jahre später im eigenen anthroposophischen Verlag. Ein Beispiel:

»So wie der Monismus zur Erklärung des Lebewesens keinen übernatürlichen Schöpfungsgedanken brauchen kann, so ist es ihm auch unmöglich, die sittliche Weltordnung von Ursachen abzuleiten, die nicht innerhalb der Welt liegen. Er kann keinen fortdauernden übernatürlichen Einfluß auf das sittliche Leben (göttliche Weltregierung von außen), noch einen zeitlichen durch eine besondere Offenbarung (Erteilung der zehn Gebote) oder durch Erscheinen Gottes auf der Erde (Göttlichkeit Christi) zulassen. Die sittlichen Prozesse sind dem Monismus *Natur*produkte wie alles andere Bestehende, und ihre Ursachen müssen in der Natur, d. i. weil der

[1] Rudolf Steiner, »Methodische Grundlagen«, Dornach 1961, S. 113

Mensch der Träger der Sittlichkeit ist, im Menschen gesucht werden.«[1]

»So wie der Monismus zur Erklärung des Lebewesens keinen übernatürlichen Schöpfungsgedanken brauchen kann, so ist es ihm auch unmöglich, die sittliche Weltordnung von Ursachen abzuleiten, die nicht innerhalb der erlebbaren Welt liegen. Er kann das Wesen eines Wollens als eines sittlichen nicht damit erschöpft finden, daß er es auf einen fortdauernden übernatürlichen Einfluß auf das sittliche Leben (göttliche Weltregierung von außen) zurückführt, oder auf eine zeitliche besondere Offenbarung (Erteilung der zehn Gebote), oder auf die Erscheinung Gottes auf der Erde (Christi). Was durch alles dies geschieht an und in dem Menschen, wird erst zum Sittlichen, wenn es im menschlichen Erlebnis zu einem individuellen Eigenen wird.

Die sittlichen Prozesse sind dem Monismus Weltprodukte wie alles andere Bestehende, und ihre Ursachen müssen in der Welt, d. i. weil der Mensch der Träger der Sittlichkeit ist, im Menschen gesucht werden.«[2]

Warum wollte Steiner nicht wahrhaben, daß er eine Entwicklung durchgemacht hatte? Es wird doch kaum ein Mensch zu finden sein, dessen Leben ohne jeden Sprung verläuft, der nicht Umwege und Irrwege gegangen wäre? Außerdem wurde im 19. Jh. niemand verbrannt oder gevierteilt wegen gottloser Reden. Im Gegenteil, er befand sich in angesehener Gesellschaft. Nicht nur ihm war der Boden unter den Füßen weggezogen worden durch die ungeheure Wissenserweiterung, vor allem in den Naturwissenschaften, durch Erfindun-

[1] Rudolf Steiner, »Philosophie der Freiheit«, 1. Auflage 1894, S. 186

[2] Rudolf Steiner, »Philosophie der Freiheit«, 2. Auflage 1918, S. 206

gen, die die Welt schier auf den Kopf stellten. Die Menschen kamen mit ihren eigenen Geisteserzeugnissen nicht mehr mit. Die einen warfen sich den Naturwissenschaften und dem Unglauben an die Brust, die andern klammerten sich an das Althergebrachte. Dazwischen gab es besonnene und geniale Menschen, die zu sichten begannen und einen neuen Standpunkt erarbeiteten. Kein Mensch wäre auf die Idee gekommen, Steiner daraus einen Strick zu drehen, daß er zunächst zu denen gehörte, die begeistert, geradezu geblendet von den Leistungen der Naturwissenschaft Geistiges aus den Augen verloren.

Verwirrt erfährt der Leser aus Steiners »Lebensgang«, daß er um 1900 eine Krise hatte. Er beschreibt sie als einen inneren Kampf, der ihn viel Kraft kostete. Aber nach seinem »Gestandenhaben vor dem Mysterium von Golgatha« sei er sich über seinen Weg klar gewesen. Warum bestreitet er einerseits, je eine grundlegende Wandlung seines geistigen Standorts durchgemacht zu haben und berichtet andererseits selbst davon? Diese Widersprüchlichkeiten in der Sache wie in der Person, die vorgelegten Befunde ließen es vielen nicht als lohnend erscheinen, sich mit beiden weiter zu befassen. Der Wahrheitsanspruch der Anthroposophie zwingt uns jedoch zu genauerer Untersuchung. Nur wer sich der Wahrheit zuliebe weiter gründlich in die Zusammenhänge vertieft, kann zu einem verantwortbaren Urteil kommen.

2. Grundzüge der Theosophie

1902 tritt Steiner in die Theosophische Gesellschaft ein, nachdem er dort schon eine Reihe von Vorträgen gehalten hat. Er wird alsbald zum Generalsekretär der Deutschen Sektion gewählt. Um die Bedeutung dieses Schrittes zu erfassen, ist sowohl ein historischer Rückblick wie eine Zusammenschau dessen notwendig, was die Theosophie *damals* kennzeichnete. Es handelt sich bei der Theosophie um ein höchst differenziertes Gedankensystem, dessen Wurzeln wir sowohl im Abendland wie in Indien suchen müssen. Die Theosophie des 19. Jh. wie die Anthroposophie Steiners hängen mit beiden Wurzeln zusammen.

Die abendländische Theosophie

1875 wurde die Theosophische Gesellschaft in New York gegründet. Sie verbreitete sich über die ganze Welt. Gründer waren Helene P. Blavatsky und Oberst Henry Steel Olcott. Die Ziele der Theosophischen Gesellschaft:

1. Bildung eines Kerns der allgemeinen Bruderschaft der Menschheit ohne Unterschied von Rasse, Nation, Religion, Stand oder Geschlecht.
2. Anregung zum vergleichenden Studium der Religionen, Philosophien und Wissenschaften.
3. Erforschung der noch ungeklärten Naturgesetze sowie der im Menschen verborgen ruhenden Seelenkräfte.

Diese Theosophie will sein:

- eine Philosophie auf okkultistischer Grundlage,
- eine Religion mit der Wahrheit, die allen Religionen gemeinsam ist,
- eine Wissenschaft mit dem Einsatz hellseherischer Fähigkeiten.

H. P. Blavatsky war eine tiefgründige Frau. Schon als Kind soll sie ihre Umgebung durch mediale Fähigkeiten verblüfft haben. Ihr Leben verlief abenteuerlich. Ihr Suchen und Sehnen führte sie fast durch die ganze Welt. Vor allem hatten es ihr die Länder angetan, in denen mediale Fähigkeiten eine starke Tradition hatten: Indien und Tibet. Sie glaubte, dem Ruf ihres im Traum oder Hellgesicht geschauten »Meisters« folgen zu müssen und bereitete sich in jahrelanger Arbeit auf ihr Werk vor, auf die Gründung und Entfaltung der Theosophischen Gesellschaft.

Die Blavatsky erregte viel Aufsehen. Die Gemüter erhitzten sich in empörter Ablehnung und zustimmender Bewunderung. Die »Society for Psychical Research« schickte Dr. Hodgson nach Indien. Er führte an Ort und Stelle eine Untersuchung durch und fällte danach das Urteil: Die Blavatsky ist die interessanteste Betrügerin aller Zeiten. Später erschien es revisionsbedürftig. Die Wissenschaft hatte gelernt, differenziertere Untersuchungsmethoden anzuwenden. Sie hatte herausgefunden, daß Medien zwar bisweilen handfeste Betrüger sind, daß sie aber oft auch unbewußt täuschen.

Die Blavatsky bekundete, sie sei von ihrem Meister, einem Mahatma, beauftragt und belehrt worden. Unter seinem Diktat schrieb sie ihr erstes Werk »Die entschleierte Isis«. Sie gewann eine große Anhängerschaft. »Meister der Weisheit« erschienen ihr in materialisierter Gestalt. Sie hinterließen Briefe und seidene Tücher zum Beweis ihrer Anwesenheit. Nach Hodgsons Untersuchung erlitt die Theosophische Gesellschaft einen Rückschlag. Frau Blavatsky wurde krank. Sie zog nach Würzburg und dann nach Paris. Sie redigierte die in London erscheinende Zeitschrift »Luzifer« und gab nun u. a. ihre dreibändige »Geheimlehre« heraus. Hauer kennzeichnet diese: »Hier haben sich alte Sagen, die okkulte Tradition, naturwissenschaftliche Hypothesen und religionsgeschichtliche Abhandlungen zu einem wahren Hexensabbat okkulter Offenbarungen vereinigt.«[1]

Von 1887 bis zu ihrem Tod 1891 blieb die Blavatsky in London. Die Leitung der Gesellschaft übernahm nun Oberst Olcott und nach seinem Tod 1907 Frau Dr. Anni Besant.

Unter ihrer tatkräftigen Führung wuchs die Gesellschaft. Es wurden Schulen, Pensionate, Kinderheime, Hochschulen geschaffen. Ihr treuester Berater war C. W. Leadbeater. Dieser ging mit der Besant Wege, die später zur Abspaltung der Anthroposophischen Gesellschaft führten. 1911 gründeten sie den »Orden Stern des Ostens«. Er war aus dem Glauben an einen kommenden »Weltlehrer« entstanden. In dem 13jährigen Sohn des Sekretärs der Theosophischen Gesellschaft in Adyar/Indien, sahen sie den reinkarnierten Christus. In Hellgesichten wollten sie seine früheren Leben geschaut haben. 1923, als dieser Hindu, J. Krishnamurti, 30 Jahre alt geworden war, ließ die Besant ihn öffentlich zum Weltlehrer ausrufen. 30 000 Mitglieder aus 33 Ländern der Welt kamen zu diesem Ereignis. Danach wurde es stiller um ihn, und er verschwand aus Europa. Die Besant starb 1934. Persönlichkeiten wie sie und die Blavatsky traten in der Theosophischen Gesellschaft nicht mehr auf. Unter den Nazis war sie verboten, sammelte sich aber gleich

[1] J. W. Hauer, »Werden und Wesen der Anthroposophie«, Eine Wertung und Kritik, Kohlhammer, Stuttgart, 1922, S. 56

nach dem Krieg wieder. In der BRD trat sie hinter der Anthroposophischen Gesellschaft stark zurück.

Die Hauptgedanken der theosophischen Bewegung sind uralt. Unter dem Namen Theosophie wird eine Bewegung als geistige Einheit zusammengefaßt, die uns in den verschiedensten Zeiten und innerhalb verschiedener Kulturkreise begegnet.

Theosophie heißt Gottesweisheit oder Gotteswissenschaft. Gegenstand des Wissens ist Gott. Sie ist insofern Erlösungswissenschaft, als sie über die Schranken der materiellen Welt hinaus in das Geistesland eindringen will, in die göttliche Welt. Den Gegenstand seiner Sehnsucht will der Theosoph durch die Kraft des Wissens, durch eine verstärkte Denkkraft erreichen.

Göttliches Wissen durch Denkkraft erreichen wollen führt aus innerer Notwendigkeit entweder dazu, daß als Resultat ein mythologisches Weltbild erscheint oder wie in Indien dazu, daß das Göttliche als Negation zu dieser Welt gedacht wird.

Die abendländischen Wurzeln der Theosophie müssen wir bis in die Zeit um Christi Geburt zurückverfolgen. Zahlreiche Bücher, in denen uraltes Wissen und Übungen geheimwissenschaftlicher Art niedergelegt sind, laufen unter dem Namen des Hermes Trismegistos. Er soll ein großer Magier, Hellseher und Philosoph gewesen sein und die Schrift erfunden haben – eine sagenhafte Gestalt. Bücher, die ihm zugeschrieben werden, stammen vermutlich von verschiedenen Verfassern und aus verschiedenen Zeiten. Sie enthalten Zaubersprüche, Vorschriften für hellseherische Experimente, Lehren über die Menschenwesenheit, Philosophien über den Allgeist und Anweisungen, wie man mit den höheren Mächten, die die Welt regieren, in Gemeinschaft treten kann. Wer sich in die Weisheit des Hermes einweihen ließ, dem taten sich alle Pforten der übersinnlichen Welt auf, der konnte hineinschauen in alle Geheimnisse. Kraft dieses Wissens war er imstande, die Natur zu beherrschen und, selbst vergottet, in himmlische Materie umgewandelt zu werden.

Die hermetischen Bücher wanderten zu den Arabern, nach Griechenland und Westeuropa. Sie trugen mit bei zu einer Hochflut der okkulten Bewegungen im 15. und 16. Jh. Paracelsus und Agrippa von Nettesheim verarbeiteten das hermetische Wissen selbständig weiter. Paracelsus vertrat die Lehre vom Astral- und Ätherleib und die Siebenteilung des Menschenwesens. Von ihm führt die Linie weiter über die Rosenkreuzer zu Swedenborg, Böhme und Schelling. Agrippa gründete 1507 in Paris eine geschlossene »Gesellschaft zur Erforschung der Geheimwissenschaften«. Seine Schriften wurden um 1900 neu aufgelegt. Im 19. Jh. wurde Frankreich der Herd abendländischer okkulter Tradition, Paris das Sammelbecken der okkulten Strömungen. Daher hatte es Frau Blavatsky nach Paris gezogen. Dort wurde in den achtziger Jahren eine geheimwissenschaftliche Hochschule gegründet, die »Ecole supérieure libre des sciences hermétiques«.

Als Steiner der Theosophischen Gesellschaft beitrat, war Theosophie nach dem Verständnis ihrer Vertreter ein okkultes Wissen, das nur die Adepten oder »älteren Brüder«, die Eingeweihten, gewinnen und verwalten. Die Adepten sind Mitglieder der okkulten Hierarchie, einem außerordentlich differenzierten, unübersichtlichen Gebilde. Sie geben Anweisungen an die Führer der Theosophen und inspirieren sie. Die übrigen Mitglieder nehmen diese Mitteilungen entgegen, ohne sie selbst nachprüfen zu können.

Was ihnen aber offensteht, ist der »Pfad der Jüngerschaft«. Wer ihn geht, kann seinerseits in die okkulte Hierarchie aufsteigen. Der Pfad erinnert an die Form der ersten Einweihung bei den Eleusinischen Mysterien.

Man kann auch sagen, es handelt sich um theosophisch überkleidete Riten bei der Verleihung der verschiedenen Freimaurergrade.

Zwischen Geist und Materie besteht in der Theosophie kein essentieller Unterschied, nur ein akzidentieller. Da Geist und Materie in eine letzte Einheit zusammenfallen, kann man aus der Lehre alles machen, je nachdem, auf welche Seite man das Schwergewicht legt. Dem »Urgeist« steht in einem geheimnisvollen Dualismus der »Urstoff« gegenüber. Er wird vom Urgeist belebt, von ihm gestaltet und bringt mit ihm in kosmischer Ehe das Weltall hervor. Die sich hochgeistig gebende Theosophie lehrt letztlich eine sublimierte Form des Materialismus, denn alles löst sich in feine und feinste, aber doch stoffliche Substanzen auf.

Die Entwicklung des Menschen kann in der Akasha-Chronik geschaut werden. Diese ist eine Art feinste Äthersubstanz, die das Weltall erfüllt. Sie ist gedanken- und tätigkeitsempfindlich, so daß in ihr alles aufgezeichnet ist, was je geschah. Der okkulte Forscher kann in ihr lesen.

Die wichtigsten über dem Menschen waltenden Gesetze sind nach der Theosophie das der Evolution, der Reinkarnation und des Karmas. Reinkarnation und Karma dienen der Evolution. In jedem Leben soll der Mensch sich mehr und mehr läutern, höherentwickeln. Der Adept ist schon so hochstehend, daß er sich nicht mehr zu inkarnieren brauchte. Er kann es aber freiwillig tun um der Menschen willen, um sie zu führen als »Meister der Weisheit«. Über alles, was sich zwischen den Inkarnationen ereignet, gibt es breite Darstellungen. Karma bedeutet das ethische Gesetz von Ursache und Wirkung. Wie mit naturgesetzlicher Notwendigkeit ist unser Leben die Wirkung der im vorausgehenden Leben gehegten Gedanken und Wünsche und der vollbrachten

Taten. Der Mensch kann schlechtes Karma abbauen und gutes ansammeln durch gute Taten, Gedanken, Wünsche. Die Herren des Karmas sind erhabene Geistwesen. Sie belohnen nicht, sie strafen nicht, sie ordnen nur alles so an, daß dem Menschen sein Karma einen Schritt in der Entwicklung weiterhilft. Ein Mensch, der alle Stufen der Einweihung zurückgelegt hat, entwickelt sich zum »effektiven Gott«.

Auch in religiöser Beziehung kann kaum eine eindeutige Einordnung der Theosophie erfolgen. Teilstücke aller großen Religionen sind in ihr System aufgenommen worden. Der Gottesbegriff ist pantheistisch. Gott ist das höchste Bewußtsein, die treibende Kraft in allem. Er ist absolut, aber wesenlos, sogar seinslos.

Was vom Christentum Aufnahme fand, ist seines ursprünglichen Gehalts beraubt. Jesus ist nur ein Mensch gewesen. Dieses »Vehikels« bediente sich der Geist des Christus; bei der Jordantaufe stieg er in ihn herab. Die Reinkarnation hat Christus seine Jünger selbst gelehrt. Sie ist als Geheimlehre zu betrachten und in der Pistis Sophia (einem spätgnostischen Buch) niedergelegt. Die Evangelien sind für Theosophen Legenden. Sie behaupten, die Heilige Schrift sei von der Kirche schon früh verfälscht worden. In der Ethik der Theosophen gibt es zwar allgemeine, absolut verpflichtende Normen für das sittliche Handeln, aber sie entspringen dem menschlichen Geist. Er bedarf keiner göttlichen Autorität, schon gar keiner kirchlichen. Gut ist, was die Evolution fördert, schlecht, was sie hindert.

Gebote gibt es, die sich einfach auf den gesunden Menschenverstand gründen. Diesen Regeln gegenüber verhält sich der Schüler der Theosophie mehr wie zu hygienischen Verordnungen als wie zu religiösen Geboten. Auch diese Regeln sind deswegen zu beachten, weil sie die Entwicklung fördern.

Die von Leadbeater 1916 gegründete liberal-katholische Kirche will dem Bedürfnis »zeremonial veranlagter Menschen« entgegenkommen. Sie will eine Kirche ohne dogmatische Bindung und Gewissenszwang sein. Ihre Grundlage ist das apokryphe Evangelium der Heiligen Zwölf. Es wurde von Gnostikern verfaßt. Das Übernatürliche im Wesen und Wirken der Sakramente wird ins rein Natürliche herabgedrückt. Als Träger und Vermittler von Gnaden gelten sie nicht. Es gibt nur natürliche Offenbarung, Intuition, Wissen durch Hellsehen, Schauen und darum keinen Glauben. Es fehlen folgerichtig Begriffe wie Schuld und Vergebung, Gottesverehrung, Anbetung, Barmherzigkeit, Sünde, Gnade. Was nicht heißt, daß diese Worte nicht verwendet und Gutgläubige dadurch getäuscht würden!

Vor 1900 äußert Steiner sich abfällig über die Theosophen: »Die Art, wie sie von den höchsten Erkenntnissen sprechen, die sie nicht haben, die mystische Weise, in der sie unverstandene fremde Weisheit vorbringen, wirkt verführend auf nicht wenige Zeitgenossen.«[1] Diese Äußerungen wurden später weggelassen, als Steiners Aufsätze zu Büchern gemacht wurden.

1902 wurde Steiner Generalsekretär der Theosophischen Gesellschaft. Später betonte er, er habe das Amt nur unter der Bedingung angenommen, nichts als stets nur seine eigene Auffassung vertreten zu dürfen.

Anni Besant nahm ihn in ihre esoterische Schule auf. Im Laufe der Jahre fand eine Entfremdung statt, die 1913 zum Bruch führte. Letzter Anlaß war die »Absurdität« mit dem Hinduknaben, der der reinkarnierte Christus sein sollte.

Die widersprechendsten Äußerungen über alles mit dem Bruch Zusammenhängende sind überliefert. Anni

[1] Magazin für Literatur 66, Sp. 1066, 1897

Besant entzog Steiner die Leitung der Deutschen Sektion, aber ein großer Teil der Mitglieder schloß sich ihm an, als er daraufhin die Anthroposophische Gesellschaft gründete.

Steiner erklärte später, er habe nur an etwas historisch Gegebenes anknüpfen wollen, nie aber an das Inhaltliche der Theosophie. Das ist in doppelter Hinsicht schief. Es kommt einem Mißbrauch der Theosophie nahe, wenn man sie nur als Mittel zum Zweck benutzt. Und dann: Er hat sehr wohl an Inhaltliches angeknüpft, wie sich herausstellen wird. Unverkennbar sind die Erbstücke, mit denen er sein Mobiliar bereichert hat. Er bediente sich des Vokabulars und der gesellschaftlichen Plattform der Theosophen, nannte eins seiner grundlegenden Werke »Theosophie«, erklärte dann aber nach seiner Trennung rückwirkend alles als Anthroposophie, was er je gelehrt hatte.

Die indische Theosophie:

Im Sprachschatz der Theosophen unseres Jahrhunderts finden sich eine Menge von Vorstellungen, Gedanken und Begriffen aus der indischen Theosophie. Nicht umsonst hatte und hat die Theosophische Gesellschaft ihr Hauptquartier in Indien. Wir lassen darum in gedrängter Kürze die Grundzüge der indischen Theosophie folgen, um Querverbindungen erkennbar werden zu lassen.

Das theosophische Erkenntnisstreben, das in Indien in den Veden einen ersten literarischen Niederschlag erfuhr, bedeutet ein Erwachen aus einem traumhaften Harmoniegefühl mit dem triebhafen Leben der Natur, aus dem Urzustand menschlichen Bewußtseins. Der traumhaft an die Welt hingegebene Mensch nimmt das Chaos der Eindrücke und Bilder unbefangen hin und denkt noch nicht nach über das, was er sieht und erlebt. Er reflektiert noch nicht und hat daher auch keine Erkenntnis vom Göttlichen.

Das Bewußtsein vom Göttlichen entsteht erst, wenn der Mensch an dieser Welt zweifelt, sich im Gegensatz fühlt zu ihr, verbunden mit einer anderen Welt, nämlich der geistigen, die es nun zu erforschen gilt. Dies war in Indien Privileg einer hochgestellten Schicht. Das Volk suchte auf andere Art Stillung seines Erlösungsverlangens. Für den indischen Theosophen gehören die Götter des Volkes noch zur Natur. Sein Suchen gehörte der einen Urweltkraft, dem dieses Weltall Durchflutenden: dem »Brahman«. Die göttliche Urweltkraft im Menschen ist das Atman, dieses wieder ein Teil des Brahman. In der Erkenntnisbemühung um das Brahman suchte die Theosophie zugleich das Atman.

Ausgangspunkt war das abstrakte Denken. Der indische Theosoph bildete immer allgemeinere, unanschaulichere Begriffe; Worte, in denen das Göttliche beschlossen lag. Er suchte die geheimnisvollen Formeln zu gewinnen, die gewissermaßen mit dem Heiligen, dem Brahman geladen waren. Die Upanishaden enthalten solche heiligen Lehren.

Der indische Theosoph konnte sich das Göttliche nicht anders denken als verminderte feine Materie. Er spricht von Gott als einem sächlichen Prinzip. Es erschien ihm nicht als geschichtliches persönliches Erlebnis, als Wille, der sich an eine Person wendet. Er setzt es in eins mit Wertschätzung und Anbetung, jedoch ohne personale Züge. Der Inder vermag das Brahman nur in Negationen zu benennen. Das ist folgerichtig, denn das Denken hat nie schöpferische Kraft, etwas absolut Neues setzen zu können, es bleibt immer an das Gegebene gebunden.

Obwohl der Inder mit steigender Bewußtheit und konzentriertem Ernst das Göttliche suchte, gewann er keine positive Aussage – das heißt, er mußte letztlich erkennen, daß es keine Theosophie gibt, daß sein Bemühen scheitern mußte, daß es ohne Offenbarung nur bei Negationen bleiben muß.

Die Ursubstanz der Welt dachte die indische Theosophie entweder als identisch mit dem Brahman (monistisch) oder getrennt vom Göttlichen (dualistisch) oder die sichtbare Welt nur als Täuschung (idealistisch).

Das weltschöpferische Wirken des Brahman wurde phantasievoll, mythologisch vorgestellt, aber es ist nicht identisch mit der Welt. Es liegt außerhalb oder über der Welt. Das Schwergewicht der indischen Theosophie lag aber nicht auf der Erkenntnis der Welt, sondern auf der Erkenntnis des Brahman, der Urmacht. Ihn suchte sie wissend zu erkennen und durch dieses Wissen selbst zur Teilnahme an der Brahmanwelt zu gelangen, zur Erlösung.

Es wurde offenkundig, daß dieses Ziel durch Denken nicht zu erreichen war. Die Spiegelung eines schlechthin neuen Seines im Bewußtsein war ihm nicht geglückt. Nur ein neuer Bewußtseinszustand konnte den Menschen näher an das Göttliche heranbringen – die Theosophie schlug in Mystik um.

Nun entstand das Streben nach einem bewußtlosen seligen Einheitsgefühl mit der göttlichen Welt, in dem die Spannung aufgehoben ist zwischen Gott und Welt. Welt ist das, was bewußt werden kann. Darum wurde ein Zustand gesucht, in dem der Mensch überhaupt kein Bewußtsein mehr von der Welt hat. Das Verfahren, die Methode, die zu diesem Ziel führen sollte, wurde Yoga genannt. Das Ziel hieß immer noch: sich mit dem Brahman vereinigen, um dadurch selbst göttlich zu werden. Wenn das Alltagsbewußtsein gefesselt ist, kann der Yogin aufsteigen.

Der Weg wird genau beschrieben und ist schwer zu gehen. Alle Anstrengung, alle Askese entspringt nicht der Liebe zu Gott und den Menschen, sondern die Triebe sollen unterdrückt werden, damit der Mensch frei wird von allem Irdischen, Materiellen, von aller Leibverhaftung. Das rechte Handeln trägt nicht moralische Züge, das rechte Denken soll nur den Gedanken an das Brahman festhalten und alles andere ausschalten. Die höchste Stufe des Denkens aber ist die Meditation! Nicht Gedanken der Welt sollte der Yogin denken, sondern sich nur auf das Brahman konzentrieren. Wenn er Symbole meditierte, so auch nur, um die eine Heilswahrheit zu denken: Das Heilige ist das Unwahrnehmbare. Die letzte Stufe der Meditation ist die Versenkung – in äußerster Bewußtlosigkeit mit dem Nichts vereint und dadurch erlöst zu sein. Aber auch in den künstlich herbeigeführten Bewußtseinszuständen erlebte der Brahmane nicht das, was er suchte. Immer wieder wurde er enttäuscht auf dem langen Weg seines inbrünstigen Suchens.

Damit war ein Prozeß an sein Ende geführt, der hohes geistiges Niveau zeigte und verstanden werden kann als Beitrag, das Kommen Christi vorzubereiten. Die indische Theosophie vermochte dies, weil sie wirklich das Göttliche suchte und sich den Unterschied von Göttlichem und Menschlichem nicht verwischen ließ.

Was Buddha dann dem Inder gab und wodurch er zum Religionsstifter wurde, war ein Axiom, dem indischen Theosophen durchaus bekannt: Alles Leben ist Leiden. Dieses stellte er als Heilswahrheit in die Mitte seines Volkes. Sie wurde von ihm und seinen Anhängern geglaubt! Alles Dasein ist nichtig. Wer an diese Nichtigkeit nicht nur glaubte, sondern sie meditierte und in der Versenkung erkannte, der war damit im Reich der Erlösung, im Nirwana.

Dies gilt es festzuhalten. Steiner wurde schon als »Warenhausbesitzer« verspottet, weil sich bei ihm Bezüge finden lassen zur gesamten Geistesgeschichte der Menschheit. Wir werden aber sehen, daß diese jeweils so umgebogen oder falsch gedeutet oder falsch eingeordnet oder falsch dargestellt sind, daß von echten Bezügen doch wieder nicht gesprochen werden kann.

3. Grundzüge der Anthroposophie:

Bei einer Darstellung von Inhalt und Methode der Anthroposophie in großen Zügen sieht man sich vor der Schwierigkeit, daß nur die Schriften Steiners einige Systematik enthalten, die er von vornherein als Buch konzipiert hatte. Was aber zunächst nur Vortrag oder Aufsatz war und dann zu Büchern zusammengefaßt wurde, enthält bis zum Überdruß Wiederholungen und entbehrt nahezu jeglicher Systematik. Der Leser muß sich mühsam zusammensuchen, wo überall zu einer Frage Äußerungen zu finden sind. Der Grund liegt darin, daß Steiners Hinterlassenschaft erst nach 1945 über Jahrzehnte hinweg und nicht von einer Hand nach und nach herausgegeben wurde. Zwar wurde bereits versucht, bibliographische Hilfen zu geben, aber sie reichen noch nicht aus (siehe Literaturverzeichnis).

So passiert es auch dem aufmerksamsten Leser, daß er einen wichtigen Satz übersieht. Und schon sitzt er in der Falle! Dann heißt es sofort: »*So* kann man das nicht sagen. Dazu hat Steiner da und da noch das und das gesagt.« Trösten wir uns vorerst damit, daß sich dieserhalb sogar Anthroposophen unter sich augenzwinkernd entlasten: »Man kann Steiner jederzeit mit Steiner widerlegen.«

Steiner unternahm den großangelegten Versuch, die Welt, das All und sein Werden, seine Zukunft als eine große Einheit zu schauen. Viele hielten ihn darum für die Erfüllung des Nietzsche-Traums vom Übermenschen, für *den* Propheten, der auf allen Gebieten des Kulturlebens Wichtiges, Neues, Langersehntes zu sagen habe. In der Tat hätte Steiners Zeit dringend eine geistige Führung gebraucht. »Krisis« war allenthalben das Stichwort. Chaotisch, aufgelöst, unsicher erschienen Politik, Wirtschaft und Wissenschaft, Kultur und Religion. Steiner wurde getrieben von der Dynamik eines außerordentlichen Sendungsbewußtseins. Sein Anspruch ist hoch, kann gar nicht höher sein. Anthroposophie soll nicht nur eine, sondern die einzige Hoffnung einer neuen Zeit sein. Sie will all denen Mut geben, die an den sozialen und politischen Zuständen schier verzweifeln. Sie will eine religiöse Sehnsucht stillen, die in den Kirchen nicht zu ihrem Recht kommt. Sie will einen neuen Menschen schaffen, der Kunst, Wissenschaft und Religion zu Höherem führt.

Erkenntnisse aus höheren Welten

Anthroposophie ist ein Erkenntnisweg. Harte Arbeit wartet auf den, der sich auf diesen Weg begibt. Gehen kann ihn nach Steiner jeder, der Geduld, Geduld und noch mal Geduld, Willen, Durchhaltevermögen mitbringt. In seinem Buch »Wie erlangt man Erkenntnisse höherer Welten?«, in seiner »Geheimwissenschaft im Umriß« und in der »Theosophie« beschreibt er den Schulungsweg, mit dessen Hilfe man Erkenntnisorgane entwickelt, durch welche Bereiche der Erkenntnis man mit ihnen schreitet und was man schaut. Vor einer Stellungnahme soll das zunächst rein referierend beschrieben werden:

Die Geistesgeschichte kennt verschiedene Pfade, die den Geheimschüler zur Erkenntnis führen können. Das Neue an Steiners Weg soll sein, daß er in und mit voller Bewußtheit gegangen wird. Erforderlich ist eine Grundstimmung der Verehrung gegenüber Wahrheit und

Erkenntnis. Liebloses, abfälliges, richtendes Kritisieren soll zurückgedrängt werden. Man soll bemüht sein, in allem und jedem zuerst das Gute zu sehen. Jede Bemühung auf dem Weg zur Erkenntnis soll nicht aus egoistischen Motiven erfolgen, etwa um Wissen anzuhäufen, Ruhm, Ehre zu gewinnen, sondern aus sozialen, um das Gelernte in den Dienst der Welt zu stellen.

Ziel ist das Freiwerden vom Leiblichen. Mittel dazu ist die Schulung der drei Seelenkräfte Denken, Fühlen und Wollen. Eine gradweise Befreiung dieser Kräfte wird durch ein besonderes System der Konzentration und Meditation erreicht. Sammlung, innere Ruhe helfen drei Stufen zu durchlaufen: die Vorbereitung – die Erleuchtung – die Einweihung. Die erste entwickelt die geistigen Sinne, die zweite zündet das geistige Licht an, die dritte eröffnet den Verkehr mit den höheren Wesenheiten des Geistes. Die Wirkungen der Einweihung sind Veränderungen im Seelenorganismus. (Dieser wird in der »Theosophie« mit seinen einzelnen Wesensgliedern ausführlich beschrieben.)

Steiner betont, wie notwendig, ja unentbehrlich es sei, gleichzeitig den Charakter zu schulen. Selbstvertrauen, Selbstbeherrschung, Ausdauer, Widerstandskraft, Entschlußkraft, Mut, Schweigsamkeit, Takt, Güte, Dankbarkeit und Liebe sollen entwickelt werden. Unrichtige Vorstellungen sollen aus der Seele entfernt werden. Der Geheimschüler soll nur aus wohlerwogenen Gründen handeln, nie gedankenlos schwätzen, kein Wort zuviel und keins zu wenig sprechen. In gleicher Weise wird sein Handeln diszipliniert. Er lebt natur- und geistgemäß. Er ist lernbegierig und als Krönung: Er lebt bewußt, überprüft von Zeit zu Zeit sein gesamtes Leben.

Ein eigenes Kapitel handelt von den Veränderungen im Traumleben des Geheimschülers. Man nennt in der Geheimwissenschaft die wichtige Stufe, die in der

Bewußtheit des Schlaflebens besteht, die Kontinuität des Bewußtseins. Das Bewußtsein wird nicht mehr unterbrochen durch Tiefschlaf und traumerfüllten Schlaf, sondern das bewußte Erleben und Erfahren hört auch in diesen Zuständen nicht auf, in denen der physische Leib ruht und keine Eindrücke durch die Sinnesorgane aufnimmt.

Die Kunst, jederzeit das störende niedere Gedächtnis zugunsten der übersinnlichen Eindrücke ausschalten zu können, lernt man durch den »Vergessenheitstrunk«.

Der »Gedächtnistrunk« vermittelt die Fähigkeit, alle erlebten Wahrnehmungen der höheren Welten jederzeit dem Geiste gegenwärtig zu halten. Ein hoher Grad der Unabhängigkeit vom physischen Körper ist die Folge des zum beherrschenden Prinzip gewordenen Lebens im Geist. Der Wachende vermag Träume festzuhalten und willkürlich wachzurufen. Dann vermag das Bewußtsein sogar während des traumlosen Schlafs den Zusammenhang mit den höheren Sphären festzuhalten. Eine Spaltung der Person tritt ein, indem das höhere Ich als Wanderer im Geisterland von Ort zu Ort geht und dort Hütten baut, indes das niedere seinen Verrichtungen weiter nachgeht.

Das Gehirn des Hellsehers zerfällt am Ende in drei selbständige Wesenheiten: das Denkhirn, das Fühlhirn und das Willhirn. Zusammengehalten werden sie nur durch das höhere Bewußtsein. Fehlt dem letzteren eine ausreichende Energie, so besteht die Gefahr, daß die Verbindung sich lockert und eines der Gehirnbewußtseine seine Selbständigkeit bis zum Frevelhaften steigert. Es entsteht das lieblose Weisheitsstreben, die Gefühlsschwelgerei oder das Gewaltmenschentum.

»Der Kleine Hüter der Schwelle« und der »Große Hüter der Schwelle« sind Geisteswesenheiten, denen der Schüler auf höheren Stufen seiner Entwicklung begegnet. Seine ganze Kraft und entschlossenen Mut muß er aufwenden – oder umkehren. Der Lohn des Standhaften sind neue Erkenntnisse. Die Begegnung mit dem »Großen Hüter« ist nahezu nicht mehr vorstellbar und in Worte zu fassen. Er spricht zu dem Eingeweihten als einem, der Heimatrecht in der geistigen Welt erworben hat.

»Geheimwissenschaft« will Steiner nicht als Begriff aus der okkulten Tradition verstanden wissen, sondern er will damit ausdrücken, die geistige Welt liege nicht so offen und leicht zugänglich da wie die der Naturwissenschaft. Hier stiftet Steiner eine seiner, wenn nicht vorsätzlichen, so doch fahrlässigen Verwirrungen, denn sehr wohl betrachtet er sich als Eingeweihten in okkultes Wissen. Er fühlt sich als derjenige, der der Menschheit zur rechten Zeit Mitteilungen macht aus diesem geheimen Wissen, weil sie es für ihre Entwicklung jetzt braucht. Gleichzeitig weist er ihr den Weg, selbst zu diesem Wissen zu gelangen. Er wollte »Geistesschüler auf die Bahn bringen«. Zunächst würden es nur einzelne sein, aber bald mehr und immer mehr.

Steiner stellt die Sache immer so hin, als müsse jeder, der sich der Anthroposophie nähert, am Punkt Null anfangen, als habe er noch nie einen Schritt in die geistige Welt hinein getan. Er tut so, als ob auch nahezu alle Geisteswissenschaftler im üblichen Sinne (Historiker, Psychologen, Philologen, Theologen) eigentlich erst bei ihm als Abc-Schützen anfangen müßten, um zu irgendwie relevanten Erkenntnissen zu gelangen. Dieses nur der Klarheit halber, da viele Leser Steiners dieser Einschätzung verständnislos gegenüberstehen. Denn in Wirklichkeit gibt es ja keinen Menschen, der nicht, mehr oder weniger bewußt, Bewohner auch der geistigen Welt wäre. Selbst der, der ihr Vorhandensein abstreitet.

Die Wesensglieder des Menschen

Das Buch »Geheimwissenschaft im Umriß« baut Steiner so auf, daß er im 1. und 3. Teil mitteilt, welche Erkenntnisse er in den höheren Welten erworben hat und im 2. Teil lehrt, wie man selbst dazu gelangen kann.

Der Mensch hat nach Steiner vier Wesensglieder:

physischer Leib – Ätherleib – Astralleib – Ich.

Einc andre Einteilung unterscheidet:

Leib – Seele – Geist.

Noch weiter unterteilt besteht der Mensch aus:

physischer Leib, Ätherleib, Astralleib – sie sind leiblicher Art.

Empfindungsseele, Verstandesseele, Bewußtseinsseele – sie sind seelischer Art.

Geistselbst, Lebensgeist, Geistesmensch – sie sind geistiger Art.

Alle stehen untereinander in Zusammenhängen. Details dazu finden sich in der »Theosophie«.

Dem Verhalten der Wesensglieder in Schlaf und Tod widmet Steiner einen eigenen Abschnitt.

Im Schlaf verändert sich der Zusammenhang in den Wesensgliedern. Astralleib und Ich ziehen sich heraus. Physischer und Ätherleib bleiben beisammen. Beim Erwachen vereinigen sich alle wieder. Astralleib und Ich erholen sich quasi eine Zeitlang leibfrei in einer seelisch-geistigen Umwelt, im Weltall, dem sie harmonisch eingegliedert ist, das ihre Heimat ist.

Der Traum ist ein Zwischenzustand zwischen Wachen und traumlosem Tiefschlaf. Steiner sagt, der Traum sei ein Symboliker. Er ist jedoch weit entfernt von jenen Vorstellungen, die die Psychoanalytiker mit dieser Aussage verbinden.

Der Astralleib hält während des Schlafs noch einen

gewissen Zusammenhang aufrecht mit dem Ätherleib. Das ist die Ursache dafür, daß die Vorgänge des Astralleibes in Bildern wahrgenommen werden können. Im traumlosen Schlaf versinken die Bilder in das Dunkel der Bewußtlosigkeit.

Auch der Tod tritt ein durch eine Änderung im Zusammenhang der Glieder des Menschenwesens. Der physische Leib bleibt allein zurück und zerfällt. Der Ätherleib ist noch einige Tage lang mit Astralleib und Ich verbunden. Dann löst er sich auf.

Während des irdischen Lebens kann in Ausnahmefällen für ganz kurze Zeit eine Trennung des Ätherleibs vom physischen Leib erfolgen, etwa durch einen furchtbaren Schreck, wenn der Mensch sich plötzlich dem Tod nahe sieht: beim Absturz aus großer Höhe, beim Ertrinken. In solchen Augenblicken zieht im Zeitraffertempo das gesamte Leben am inneren Auge vorüber. So erscheint auch nach dem Tod das Leben als Erinnerungsgemälde. Auf der weiteren Wanderung, nun ohne Ätherleib, bleibt im Astralleib all das vorhanden, was dieser sich während des irdischen Lebens zu seinem Besitz gemacht hat. Auch das Ich ist jetzt frei von jeder Verbindung mit dem physischen und dem Ätherleib. Es hat sich noch freizumachen von jedem Anziehungsband an die äußere Welt. Alles muß getilgt werden, was an Wünschen von ihm innerhalb des Leibes erzeugt worden ist und was in der geistigen Welt kein Heimatrecht hat. Eine Läuterung findet statt wie in verzehrendem Feuer. Währenddessen macht der Mensch alles noch einmal durch, was er im Leben erfahren hat, und zwar rückwärts bis zur Geburt. Dem Ich wird seine ganze schädigende Begierdenwelt sichtbar, es bereut und wird geläutert, so daß nichts es mehr hindert an der vollen Hingabe an die geistige Welt. Es zerfällt hier ein Teil des Astralleibs, nämlich der, der nur im Bewußtsein der äußeren physischen Welt leben kann. Es tritt jetzt ein völlig neuer Bewußtseinszustand ein.

Die ganze Umgebung des Menschen ist erfüllt von Wesenheiten, welche gleicher Art sind mit seinem Ich, denn nur ein Ich hat Zutritt zu einem Ich.

Nun wird der Mensch aufs neue aufgebaut als geistiges Wesen. Die Wesenheiten der geistigen Welt helfen und wirken zusammen mit dem, was der Mensch als Frucht aus dem vorigen Leben mitgebracht hat. Der Astralleib wird von ihnen zu einem Elternpaar geleitet, so daß er mit dem entsprechenden Ätherleib und physischen Leib begabt werden kann. Davor wirkt noch das Karma herein: Der Mensch hat einen Vorblick auf sein Leben, der ihm alle Hindernisse zeigt, die er wegzuräumen hat, wenn seine Entwicklung weitergehen soll. In ihm ersteht die Kraft, alles wieder gutzumachen, was im vorigen Leben mißlang. Steiner teilt noch mit, wie der Mensch zwischen Tod und neuem Leben mitschafft an den Verhältnissen auf der Erde. Er erläutert die Reinkarnation als einleuchtende Notwendigkeit.

Die »Weltentwickelung und der Mensch« läßt Steiner zurückgehen zu den Uranfängen. Für den Geistesforscher sind alle Umwandlungen im Stofflichen des Erdenplaneten Offenbarungen geistiger Kräfte, die hinter dem Stofflichen liegen. »Wenn aber solche geistige Beobachtung in dem Leben der Erde immer weiter zurückgeht, so kommt sie an einen Entwickelungspunkt, an dem alles Stoffliche erst anfängt zu sein. Es entwickelt sich dieses Stoffliche aus dem Geistigen heraus. Vorher ist nur Geistiges vorhanden. Man sieht, wie sich dieses Geistige zu dem Stofflichen teilweise gleichsam verdichtet . . . (wie sich in abkühlendem Wasser Eisklumpen bilden), so hat sich der physische Erdenplanet herausentwickelt aus einem geistigen Weltwesen.«[1] »Dabei bleibt das Geistige auch während der stofflichen Entwickelungsperiode das eigentlich leitende und führende Prinzip.«[2]

Steiner beteuert, man könne durchaus in fernste Vergangenheiten vordringen mit der übersinnlichen Erkenntnis. Denn die unvergänglichen Spuren alles Geistigen seien in der »Akasha-Chronik« verzeichnet. Man müsse nur lernen, in ihr zu lesen. Was er gelesen hat, folgt: Unsrer gegenwärtigen Erde sind drei planetarische Zustände vorangegangen. Wir befinden uns demnach im 4., und drei weitere werden noch folgen. (Der 5. will schon anbrechen. Er bereitet sich seit Jahrhunderten vor.) Man muß hier in großen Zeiträumen denken.

Die Erde ist immer wieder »untergegangen« und hat sich neu inkarniert. Innerhalb des 4. planetarischen Zustands befinden wir uns in der 5. Kulturepoche. Dieser voran gingen die polarische, die hyperboräische, die lemurische und die atlantische. Unsre heißt darum die 5. nachatlantische Kulturepoche. Die vierte ging durch eine große Katastrophe zugrunde. Unsre Epoche wird unterteilt in

Urindische Kultur 7200–5000 v. Chr.

Urpersische Kultur 5000–3000 v. Chr.

Ägyptisch-chaldäisch-assyrisch-babylonische Kultur 3000–747 v. Chr.

Griechisch-lateinische Kultur 747 v. Chr.–1413 n. Chr.

heutige Kultur seit 1413.

Obwohl einem bei der Darlegung der unendlich verwickelten Entwicklungsvorgänge im Kosmos schwindlig werden kann, bedauert Steiner ein wenig, daß er nicht weiter ins Detail gehen kann.

Gegenwärtig kündigt sich bereits die Morgenröte der

[1] und [2] Rudolf Steiner, »Die Geheimwissenschaft im Umriß«, Dornach/Schweiz, 1972, tb 601, S. 105

6. nachatlantischen Kulturepoche an. Sie wird die Harmonie bringen zwischen der materiellen Kultur und dem Leben in der geistigen Welt. Bevor weitere Mitteilungen über Gegenwart und Zukunft der Erdenentwicklung folgen, schiebt Steiner einen Abschnitt ein über das Erlangen der »Erkenntnis der höheren Welten«.

Ein Bewußtseinszustand muß hergestellt werden, der sich unterscheidet von Wachen und Schlafen (Traum inbegriffen). Die Mittel dazu werden Einweihung Initiation genannt.

Wege zur Erkenntnis höherer Welten

Die Initiation führt den Menschen aus dem gewöhnlichen Zustand des Tagesbewußtseins in eine Seelentätigkeit hinein, während der er sich geistiger Beobachtungswerkzeuge bedient. Diese Werkzeuge sind wie Keime in der Seele vorhanden und müssen entwickelt werden. Es gibt Fälle von Selbsteinweihung. Deren Kennzeichen sind Umwandlung des ganzen Wesens, unbegrenzte Bereicherung der Seelenerlebnisse, innere Wärme und Beseligung, Kraft und Lebenssicherheit – alles strömt aus der geistigen Welt in den Menschen hinein. Hier soll jetzt die systematische und geplante Schulung beschrieben werden.

Bedenken wegen gewisser Gefahren, die auf dem Weg lauern, sucht Steiner zu zerstreuen. Jeder Schritt bei der Schulung müsse vom Bewußtsein kontrolliert werden. Über die Wirkungsweise der Regeln könne man sich genügend richtige Vorstellungen machen, bevor man sie anwendet. Erleben kann man diese Wirkungsweise allerdings erst während der Schulung. Gefahren der Selbsttäuschung oder der Unsicherheit in der Seele schließt er ganz aus. Man werde durch die Ausbildung des Denklebens mehr ein Beobachter dessen, was man an sich erlebt, während man ohne das Denkleben unbesonnen in dem Erlebnis darinnen stehe. Eine sachgemäße Schulung bilde die Herrschaft der Seele über Gedankenführung, Willen und Gefühle aus.

Die Erhebung zu einem übersinnlichen Bewußtseinszustand kann nur von dem gewöhnlichen wachen Tagesbewußtsein ausgehen. Steiner beschreibt für die ersten Schritte einen Konzentrations- und Meditationsvorgang über Baum, Rose, Rosenkreuz als Beispiele für die Versenkung in ein Symbol. Statt dessen können auch Sätze, Formeln, Worte dienen. Auf jeden Fall soll die Seele dadurch losgerissen werden von den Sinneswahrnehmungen.

»Durch die Meditation kann die geistige Tätigkeit vom physischen Organismus losgerissen werden. Die Seele erlebt dann auf übersinnliche Art das Übersinnliche. Es wird nicht mehr im physischen Organismus seelisch erlebt, sondern im ätherischen Organismus. Man hat ein Vorstellen mit Bildcharakter vor sich.«[1] Die erste höhere Erkenntnisstufe, die auf diese Art erreicht wird, ist die der Imagination.

In diesem Bereich bewirkt die Konzentration auf ein Bild oder eine entsprechende Vorstellung ein erhöhtes Wachsein. Der Mensch erlebt ein Freiwerden von den physischen Organen. Das erste rein geistige Erlebnis ist die Beobachtung einer seelisch-geistigen Ich-Wesenheit. Diese hat sich als ein neues Selbst aus demjenigen Selbst herausgehoben, das nur an die physischen Sinne und den physischen Verstand gebunden ist. Es ist eine Selbstwahrnehmung. Die Seele hat ein volles Bewußtsein

[1] Rudolf Steiner, »Kosmologie, Religion und Philosophie«, Dornach, 1956, S. 16

davon, daß sie zunächst sich selbst wahrnimmt in den Bilderwelten, die infolge der Übungen auftreten: daß sie nichts anderes sind als die Widerspiegelung ihres eigenen, durch die Übung verstärkten Wesens.

Zum richtigen Urteil muß die Ausbildung des Willens kommen, damit jederzeit die Bilder wieder aus dem Bewußtsein ausgelöscht werden können. Die Seele muß innerhalb dieser Bilder völlig frei und vollbesonnen walten können. Eine Ausnahme gibt es. Eine Gruppe von inneren Bilderlebnissen soll nicht ausgelöscht werden: sie entspricht dem eigenen Seelen-Wesenskern. Der Geistesschüler erkennt in ihnen dasjenige in ihm selber, was sich als sein Grundwesen durch die wiederholten Erdenleben hindurchzieht.

Nachdem man die Fähigkeit der Auslöschung erlangt hat, schreitet man weiter zur Beobachtung der seelisch-geistigen Außenwelt auf der nächsten Stufe. Zuvor jedoch hat der Schüler noch die Kontinuität des Bewußtseins zu erwerben. Steiner greift das Thema hier noch einmal auf.

Der Geistesschüler bemerkt auf seinem Weg eine Veränderung seines Schlaflebens. Beim Erwachen ist ihm klar: Ich *war* in einer anderen Welt, in der geistigen. Dann kommt der Tag, da wird ihm während des Schlafs klar: Ich *bin* in einer anderen Welt. Seine Erinnerungen an die Wesenheiten und Tatsachen dieser anderen Welt wird eine immer bestimmtere. Sie sammelt dadurch Kraft, auch während des Wachens dazu zu gelangen, alle störenden Einflüsse der physischen Außen- und Innenwelt auszuschalten. Er gelangt zu geistig-seelischer Beobachtung bei ausgeschalteten Sinnen, schweigendem an das physische Gehirn gebundenem Verstand und aus dem Bewußtsein entfernten Vorstellungen der Versenkung – die Bahn ist frei für höhere Stufen.

Jetzt wird die Spaltung der Persönlichkeit erlebt. Es

ist, wie wenn man in voller Besonnenheit mit zwei »Ichen« lebte. Das zweite, neugeborene Ich kann nun zum Wahrnehmen in der geistigen Welt geführt werden. Dazu muß noch ein Hindernis beseitigt werden: die Selbstliebe. Man muß sich auslöschen. Hohe moralische Kraft ist notwendig. Steiner warnt hier vor der enormen Gefahr, die besteht, wenn dem gewöhnlichen Ich durch die Herausstellung des höheren Kraft entzogen wird. Was dem höheren zugewendet wird, fehlt dem gewöhnlichen. Ist in diesem nicht überreichlich Kraft vorhanden, kommt es zu verheerenden Folgen. Die Kraft muß in streng geschultem logischem Denken, sicherem Urteil und ausgeprägtem Wahrheitssinn bestehen. Nicht fehlen dürfen Selbstbeherrschung und gründliches Gewissen. Andernfalls hinterläßt das höhere Ich ein gewöhnliches Ich, in dem ungeordnetes, verworrenes, phantastisches Denken auftritt. Das neugeborene Ich ist auch nur schwach, das niedere Ich erlangt die Oberherrschaft und so wird auch das Schauen in die höheren Welten verworren. Der gelockerte Wahrheitssinn bewirkt in diesem Fall, daß der Schüler alles mögliche für geistige Wirklichkeit hält, was nur seine Phantasterei ist.

Die Gewöhnung an »sinnlichkeitsfreies Denken« unterstützt die Gediegenheit der imaginativen Erkenntnisstufe. »Der sicherste und nächstliegende Weg für den Geistesschüler kann der sein, die ihm von der Geisteswissenschaft mitgeteilten Tatsachen der höheren Welt zum Eigentum seines Denkens zu machen.«[1] Wenn man unablässig sich den Inhalt der Geistesforschung zu eigen macht, »lernt man erkennen, wie im Innern der Seele Gedanke sich in Gedanke webt, wie Gedanke den Gedanken sucht. Ein Gedankenorganismus formt sich.«[2] Als erfolgreichstes Hilfsmittel zur Erlangung von

[1] und [2] Rudolf Steiner, »Geheimwissenschaft im Umriß«, a.a.O. S. 253

Erkenntnissen höherer Welten wird also das angesehen, was Steiner in seinen Büchern aus seinen Erkenntnissen höherer Welten mitteilt, kurz: die Lektüre seiner Bücher.

Ohne die nächste Stufe, die Inspiration, verbliebe die imaginative Welt wie eine Schrift, die man anstarrt, aber nicht zu lesen vermag. Man erreicht sie durch ähnliche seelisch-geistige Übungen, durch Meditation. Die Anknüpfung an sinnlich-wirkliche Dinge muß jetzt völlig verschwinden. Die moralischen Übungen laufen weiter. Der Mensch muß es zu einem genügenden Grad von Selbstlosigkeit und Hingabefähigkeit an das Geistige bringen, damit er zu einer Art Geistesohr umgewandelt werde. Dann wird seine Seele die Wesen sprechen hören, die die Weltgedanken denken.

Der Ätherleib wird auf dieser Stufe einer vollständigen Wandlung unterworfen, so daß durch ihn die übersinnliche Welt mit ihren Wesenheiten unmittelbar einströmen kann. Die Gemeinschaft des Menschen mit dieser Welt wird dadurch eine so innige, daß er mit ihr verschmelzen würde, wenn sein Ätherleib nicht wohlgegliedert wäre. Die Einheitserlebnisse würden gefährlich, wenn man nicht vorher gelernt hätte, die Strömungen und Gliederungen seines Ätherleibs unabhängig zu machen vom physischen Leib und sie selbständig zu gebrauchen. Ein vorläufiger Mittelpunkt der Strömungen ist zunächst im Kopf, er rückt dann über den Kehlkopf in die Nähe des physischen Herzens.

Die Übungen der nächsten Stufe, der Intuition, wirken nicht allein auf den Ätherleib, sondern bis in die übersinnlichen Kräfte des physischen Leibes, der gewaltige Hindernisse bietet, weil er grob ist gegenüber der feinen, zarten Intuition. Der Erfolg ist, daß der Schüler bis dahin unbewußte Vorgänge im Physischen in die Gewalt bekommt, etwa den Atem oder den Herzschlag.

Die Übungen zur Stufe der Intuition erfordern, daß der Schüler aus seinem Bewußtsein nicht nur die Bilder verschwinden läßt, welche zur Erlangung der Imagination da waren, sondern auch das Leben der Seele, in welches er sich für die Erwerbung der Inspiration versenkt hatte. Er soll dann buchstäblich nichts von vorher gekanntem äußerem oder innerem Erleben in seiner Seele haben. Würde dann nichts in seinem Bewußtsein sich finden, das heißt, würde ihm das Bewußtsein überhaupt dahinschwinden und er in Bewußtlosigkeit dahinsinken, so wäre er noch nicht reif. Eines Tages bleibt nach Abwerfen des Vorherigen etwas als Wirkung im Bewußtsein, dem man sich in Versenkung hingeben kann. Es ist etwas ganz Neues.

Man wird nun völlig eins mit den Geistwesen, die man vorher geschaut und gehört hat. Der »Große Hüter der Schwelle« verwandelt sich in die Christusgestalt. Der Schüler wird dadurch in das erhabene Geheimnis selbst eingeweiht, das mit dem Christusnamen verknüpft ist. Dann wird auch verständlich, was sich auf der Erde geschichtlich abgespielt hat in der 4. nachatlantischen Entwicklungsperiode der Erde. Wie zu dieser Zeit das hohe Sonnenwesen, das Christuswesen, in die Erdenentwicklung eingegriffen hat, und wie es nun weiterwirkt innerhalb dieser Erdenentwicklung.

Auf dieser Stufe erst geschieht eine sachgemäße Erforschung der wiederholten Erdenleben und des Karma. Der Schüler nimmt wahr, was sich in ihm von Erdenleben zu Erdenleben fortbewegt. Er erkennt sich selbst in der Gestalt, die er als geistiges Wesen in der seelisch-geistigen Welt hat. Er kommt in diejenige Region, in welcher aus geistigen Ursachen heraus der Weltenplan gesponnen wird. Er erkennt die Zusammenhänge zwischen Makrokosmos und Mikrokosmos, die inneren Zusammenhänge des Weltalls, die geistige Einheit von Welt und Mensch. Das letzte Ziel menschlicher Entwicklung ist die Vergeistigung, welche der Mensch durch seine eigene Arbeit erlangt.

Nach diesem letzten »Weg«stück hält Steiner seine Leser wieder für aufnahmefähig und unterbreitet noch einige Zukunftsaspekte. Gegenwart und Zukunft stehen in engstem Zusammenhang, sind aber ihrerseits nicht ohne Kenntnis der Vergangenheit zu verstehen. Jedem Bild, Zustand, Zeitabschnitt der Vergangenheit entspricht ein solcher der Zukunft. Die Zukunft ist schwieriger zu schauen, weil der Mensch ihr anders gegenübersteht, emotionaler. Daher sind hier der Erkenntnis bestimmte Grenzen gesetzt.

Über die Zukunft kann nach Steiner das bloße, an der sinnenfälligen Wirklichkeit herangezogene philosophische Nachdenken nichts ergründen. »Wer etwa glauben würde, wenn er durch die Geisteswissenschaft Mitteilung darüber erhalten hat, wie der Mondenzustand war: Er könne nun durch solches Nachdenken herausbringen, wie es auf dem Jupiter aussehen werde, wenn er die Erdenverhältnisse und die Mondenverhältnisse zusammenhält, der wird sich gewaltigen Täuschungen hingeben. *Erforscht* sollen diese Verhältnisse nur werden, indem sich das übersinnliche Bewußtsein zur Beobachtung erhebt. Erst, wenn das Erforschte mitgeteilt wird, kann es auch ohne übersinnliches Bewußtsein verstanden werden.«[1]

Es folgen höchst komplizierte Auslassungen über Analogien zwischen Vergangenheit und Zukunft. Beim Übergang von einer Epoche zur andern gibt es immer Nachzügler und Vorauseilende.

Im 4. Zeitraum verloren die Menschen durch das

[1] Rudolf Steiner, »Geheimwissenschaft im Umriß«, S. 296 f., a.a.O.

Abgeschlossensein der Seele von einem unmittelbaren Verkehr mit der seelisch-geistigen Welt, die Anschauung des Geistes. Dieses mußte eintreten, denn dadurch wurden die Menschen gestärkt und gekräftigt in den Verstandes- und Gefühlskräften. Das Ergebnis dieser Entwicklung brachten sie in ihre Verkörperungen im 5. Zeitraum, dem unsrigen, hinüber. »Als Ersatz für diese Abgeschlossenheit waren dann die gewaltigen Überlieferungen vorhanden von den uralten Weistümern, namentlich aber von dem Christusereignis, welche durch die Kraft ihres Inhalts den Seelen ein vertrauendes Wissen gaben von den höheren Welten.«[1]

Das war für das gewöhnliche Volk. Einzelne gewannen immer übersinnliche Erkenntniskräfte. Sie schauten denn auch das Christusereignis übersinnlich. Sie sind die nachchristlichen Nachfolger der alten Eingeweihten.

Allgemein nahm die Entwicklung der Verstandeskräfte ungeheuer zu. Auf der andern Seite entwickelte sich ein immer stärkeres Einfließen der Erkenntnisse neuzeitlichen übersinnlichen Bewußtseins in die Menschenseelen. Aber die Verstandeskräfte verhalten sich ablehnend. Es wird trotzdem seinen Weg machen, und dieses Buch »Die Geheimwissenschaft im Umriß« soll dabei helfen. Wenn dieses in unserm 5. Zeitraum geschehen sein wird, und der sechste beginnt, hat die Menschheit das auf einer höheren Stufe wiedererlangt, was sie früher in einer Art dämmerhaftem, nicht-sinnlichem Schauen besaß. Es war wie Eingebung. In Zukunft werden die Menschen die Eingebungen begreifen.

Abschließend erfährt man noch etwas über kosmische Veränderungen. Hier sind ebenso unvorstellbar große Zeiträume im Blick. Zuallerletzt streben Mensch, Welt, Kosmos einem »Kosmos der Liebe« zu.

[1] Rudolf Steiner, »Geheimwissenschaft im Umriß«, S. 299, a.a.O.

4. Vorwürfe und Verteidigung – Eine kritische Bewertung

Die massive Kritik, die Steiners Veröffentlichungen erfuhren, veranlaßte ihn zu umfangreicher Verteidigung. Viele Male ist sie eingebaut in seine Schriften, und nahezu jedes zweite und weitere Vorwort seiner Bücher enthält abwehrende, sich rechtfertigende Gegenkritik. Auch die vier Vorworte der »Geheimwissenschaft« bestehen fast ausschließlich aus Verteidigungsversuchen. Es dient der Übersichtlichkeit, wenn wir sie ordnen und zusammenfassen.

Als erstes wollen wir uns Steiners Versuch, eine Erkenntnistheorie zu schaffen, ansehen. Sie sollte Grundlage sein für sein »Schauen in die geistige Welt«. Er errichtete diese Grundlage, bevor er wissen konnte, daß er einmal zu Schauungen gelangen würde. Von seinen philosophischen Arbeiten aus der Zeit vor 1900 betrachtet Steiner die »Philosophie der Freiheit« als Hauptwerk und krönenden Abschluß. (2. Zusatz zur Neuausgabe 1918, S. 267)

Vorwurf: Für den Philosophen sei derlei unkritisches, naives, laienhaftes Zeug unerträglich, und ein weiteres Eingehen darauf wäre Zeitverlust. Was Geist ist, wisse Steiner nicht. Seine »Geisteswissenschaft« habe weder Geist noch Wissenschaft.

Verteidigung: Steiner führt an, er habe schon mit 16 Jahren Kant gelesen, sich viel und lange mit Philosophie, auch der modernen, befaßt und selbst philosophische Werke geschrieben. Aber seine hier angewandte Erkenntnismethode überschreite eben die von Kant gezogenen Erkenntnisgrenzen. Mit seiner Geisteswissenschaft dringe er in die geistige Welt vor und gewinne übersinnliche Erkenntnisse. Und wenn die Menschheit das heute noch nicht begreifen könne, weil sie in alten Denkgewohnheiten gefangen sei, so werde doch der Tag kommen, an dem seine Erkenntnismethode allgemein anerkannt und praktiziert werde.

Das urteilsfähige Denken, das der Philosophie als Handwerkszeug dient, reicht nach Steiner nicht aus, wahrnehmend in die geistige Welt einzudringen. Dazu bedarf es der geistigen Schulung, so wie er sie anbietet mit seinem »Weg«. Er deutet seine Anthroposophie als »eine wissenschaftliche Erforschung der geistigen Welt, welche die Einseitigkeiten einer bloßen Naturerkenntnis ebenso wie diejenigen der gewöhnlichen Mystik durchschaut und die, bevor sie den Versuch macht, in die übersinnliche Welt einzudringen, in der erkennenden Seele erst die im gewöhnlichen Bewußtsein und in der gewöhnlichen Wissenschaft noch nicht tätigen Kräfte entwickelt, welche ein solches Eindringen ermöglichen.«[1]

Bewertung:

Für seine philosophischen Darlegungen konnte Steiner schon seine Zeitgenossen nicht erwärmen, nicht einmal seine Freunde. Er beklagt auch in dieser Hinsicht seine Einsamkeit, die Verständnislosigkeit einer doch geistig aufgeschlossenen Umgebung, in der er sonst ein gern gesehener Gast war. Zeitgenössische Philosophen und Geisteswissenschaftler von Rang erarbeiteten gründliche Analysen seiner »Erkenntnistheoretischen

[1] Rudolf Steiner, »Vorbemerkungen zu Philosophie und Anthroposophie«, Gesammelte Aufsätze 1904–1918, Dornach, 1965

Grundlagen« und kamen zu dem zitierten Urteil. Bis heute nahm dann außerhalb der Anthroposophie die Fachwelt so gut wie keine Notiz von Steiner als Philosoph. Das alles hat seine Berechtigung. Wenn wir hier dennoch umrißweise Steiners philosophischen Entwurf nachzeichnen, so deshalb, weil immer wieder ungeprüft der Satz nachgesprochen wird, Steiner habe vor 1900 die »erkenntnistheoretischen Grundlagen« seiner Anthroposophie geschaffen. Das hört sich so an, als habe er zielbewußt, systematisch und fachgerecht ein Fundament für den geplanten Bau gelegt. In Wirklichkeit war es so, daß er seine noch unklaren Gedanken in der Sprache der Philosophie auszudrücken versuchte und sie dann später weiterspulte, obwohl gewaltige Hindernisse im Weg standen.

Von Anfang an rechnete Steiner nur mit dieser, unsrer erfahrbaren Welt und begründete dies auf seine Weise. Er lehnte es ab, »durch abstrakte Schlußfolgerungen die letzten Gründe für die dem Wahrnehmen und Denken vorliegende Welt *außerhalb* derselben zu suchen.«[1] »Früher suchte man nach transzendenten Mächten, um die Daseinserscheinungen zu erklären. Offenbarung, mystisches Schauen oder metaphysische Spekulation sollten zur Erkenntnis höherer Wesenheiten führen. Gegenwärtig bestreben wir uns, die Mittel zur Erklärung dieser Welt in dieser selbst zu finden.«[2]

Dann wollte Steiner mit dem gleichen denkerischen Ansatz das Christentum retten. Dieses weist aber als Offenbarungsreligion über diese Welt hinaus, sowohl im Erkennen wie im Glauben. Darüber setzt Steiner sich rigoros hinweg, ohne ein Wort über dieses Problem zu verlieren. Er bringt es fertig, zu sagen: »Anthroposophie

[1] Rudolf Steiner, »Philosophie der Freiheit«, a.a.O., S. 254
[2] Rudolf Steiner, »Literarisches Frühwerk III« 1893, S. 201

ist in allen Einzelheiten ein Streben nach der Durchchristung der Welt . . .«[1] und nimmt doch seine Grundeinstellung aus der »Philosophie der Freiheit« mit hinüber in seine Anthroposophie: »Nicht *hinter* der Sinneswelt liegt ein Unbekanntes, sondern *in* ihr liegt die geistige Welt.«[2]

Es kann sich hier nur darum handeln, Steiners »Philosophie« abzusetzen gegen Richtungen, an die er anzugrenzen scheint. Es erweist sich aber immer wieder, daß echte Verbindungslinien nirgends gezogen werden können. So will Steiner eigentlich weder mit dem Monismus noch mit dem Dualismus etwas zu tun haben. Dem Dualismus wirft er vor, »sein ganzes Streben ist ein ohnmächtiges Ringen nach der Versöhnung dieser Gegensätze, die er bald Geist und Materie, bald Subjekt und Objekt, bald Denken und Erscheinung nennt.«[3] Mit dem Monismus hat er nichts im Sinn, denn dieser »richtet den Blick allein auf die Einheit und sucht die einmal vorhandenen Gegensätze zu leugnen oder zu verwischen.«[4] Alle philosophischen Versuche der einen oder anderen Richtung urteilt er auf wenigen Seiten ab. Er schlägt vor, wenn man ihn schon einen Monisten nennen wolle, dann bitte einen »Gedanken-Monisten«: »Es sollte der in der ›Philosophie der Freiheit‹ auftretende Monismus auch nicht ›erkenntnistheoretischer‹ genannt werden, sondern, wenn man einen Beinamen will, Gedanken-Monismus.«[5]

Dieser konzentriert sich in der Behauptung, der Mensch könne seinen eigenen Denkakt, während er ihn vollzieht, als etwas Objektives beobachten und

[1] Rudolf Steiner, Vortrag vom 11. 6. 22 in »Das Sonnenmysterium und das Mysterium von Tod und Auferstehung«, Dornach 1963, S. 216

[2] Rudolf Steiner, »Mein Lebensgang«, a.a.O., S. 172

[3] Rudolf Steiner, »Philosophie der Freiheit«, a.a.O., S. 28

[4] Rudolf Steiner, »Philosophie der Freiheit«, a.a.O., S. 29

[5] Rudolf Steiner, »Philosophie der Freiheit«, a.a.O., S. 276

wahrnehmen. Danach »zeigt der Monismus, daß das Denken weder subjektiv noch objektiv, sondern ein beide Seiten der Wirklichkeit umspannendes Prinzip ist.«[1] Dagegen verwahrt sich Kerler mit aller Entschiedenheit: »Mit der evidenten Unrichtigkeit dieses Satzes ist Steiners metaphysischem System das Fundament entzogen. Denn falsch ist es, daß das Denken (Auffassen) eines Subjektiven (des subjektiven Wahrnehmungsbildes) als eines Teils einer als objektiv gedachten Welt, kurz als eines Objektiven, Übersubjektiven, dieses seines Denkens von Übersubjektivität wegen *selbst* übersubjektiv sei. Das ist eine Verwechslung von als übersubjektiv Aufgefaßtem mit dem Übersubjektiven. Als übersubjektiv Aufgefaßtes kann sehr wohl bloß subjektiv sein . . . Wenn Steiner also in seinem anthroposophischen Sinne von geistiger Welt spricht, tut er es als Hellseher. Nicht als Philosoph, nicht als Logiker.«[2] Zum gleichen Schluß kommt Schmid-Japing nach umfassender Begründung: »Die theoretische Beobachtung des eigenen Erlebens ist also ebenso eine Unmöglichkeit wie das Springen über den eigenen Schatten.« »Logisch zu widerlegen ist eine solche Ansicht nicht, ebensowenig wie man jemand widerlegen kann, der die Vorstellung eines hölzernen Eisens für möglich oder gar von ihm vollzogen erklärt.«[3]

Was ist nun eigentlich »die geistige Welt«, von der dann in der Anthroposophie so viel die Rede ist und in die Steiner »erkennend eindringen« will? Sie ist identisch mit »dem Geistigen«, denn Steiner definiert: »Anthropo-

[1] Rudolf Steiner, »Philosophie der Freiheit«, a.a.O., S. 258

[2] D. H. Kerler, »Die auferstandene Metaphysik«, Ulm, 1921, Kap. XII, S. 256 ff.

[3] Joh. Wilh. Schmidt-Japing »Recht und Unrecht der Anthroposophie«, 2 Vorträge, Vandenhoeck, Göttingen, 1922

sophie ist ein Erkenntnisweg, der das Geistige im Menschenwesen zum Geistigen im Weltall führen möchte.«[1]

Dazu ist klärend festzuhalten: Die Erkenntnistheorie stellt die Frage nach der Möglichkeit von Erkenntnis überhaupt. Sie ist die philosophische Untersuchung der Wahrheitsbefähigung unserer Vernunft und der Grenzen der Erkenntnis. Gegenstand der Erkenntnis ist das Sein. Die Frage nach dem Sein trifft den innersten Grund, aus dem alles Seiende »west«. Dieses Tiefste zu erschließen, macht das Wesen des Geistes aus; ist *das* Anliegen der abendländischen Philosophie seit den Griechen. Dabei geht es letztlich immer um den Schritt vom endlichen Sein, das nur Sein *hat*, zum unendlichen Sein, das wesentlich Sein *ist*, in seiner ganzen Fülle, und das daher auch »das Sein selbst« heißt. Steiner stellt nun aber ausschließlich die Frage nach dem endlichen Sein. Sein Reden beginnt und endet bei der Feststellung, daß der Geist das Ursprüngliche sei und alles Physische nur ein andrer »Aggregatzustand« dieses Geistes. Materie sei verdichteter Geist. (Vergleich mit Eisstücken, die sich in abkühlendem Wasser bilden.) Insofern als Materie umgewandelter Geist sei, sei sie geistig zu erfassen. Insofern als alles in der Welt vom Geist ausgegangen sei, seien auch die Wesensglieder des Menschen, die Steiner »Geist« nennt, Teile des ursprünglichen Geistigen. Seine Physis, sein Körper ist verdichteter Geist. Damit hat Steiner endgültig seinen eigenen »Monismus« gefunden.

Dazu ein Zitat: »Wenn aber solche geistige Beobachtung in dem Leben der Erde immer weiter zurückgeht, so kommt sie an einen Entwickelungspunkt, an dem alles Stoffliche erst anfängt zu sein. Es entwickelt sich dieses Stoffliche aus dem Geistigen heraus. Vorher ist nur

[1] Rudolf Steiner, »Anthroposophische Leitsätze« Nr. 1 »Vom lebendigen Wesen der Anthroposophie«, GA Dornach, 1954

Geistiges vorhanden. Man nimmt durch diese geistige Beobachtung das Geistige wahr und sieht, wie in weiterem Verfolg sich dieses Geistige zu dem Stofflichen teilweise gleichsam verdichtet. Man hat einen Vorgang vor sich, der sich – auf einer höheren Stufe – so abspielt, wie wenn man ein Gefäß mit Wasser betrachtet, in dem sich nach und nach durch kunstvoll geleitete Abkühlungen Eisklumpen herausbildeten. Wie man hier aus dem, was vorher durchaus Wasser war, das Eis sich heraus verdichten sieht, so kann man durch geistige Beobachtung verfolgen, wie sich aus einem vorangehenden durchaus Geistigen die stofflichen Dinge, Vorgänge und Wesenheiten gleichsam verdichten. – So hat sich der physische Erdenplanet herausentwickelt aus einem geistigen Weltwesen; und alles, was stofflich mit diesem Erdenplaneten verknüpft ist, hat sich aus solchem herausverdichtet, was mit ihm vorher geistig verbunden war. Man hat sich aber nicht vorzustellen, daß jemals *alles* Geistige sich in Stoffliches umwandelt; sondern man hat in dem letzteren immer nur umgewandelte Teile des ursprünglichen Geistigen vor sich.«[1]

Hier läßt sich scheinbar, aber wieder nur scheinbar, eine Verbindung zur Alchemie entdecken. »Die Alchemie ist ein Regenbogen, der die Kluft zwischen dem irdischen und dem himmlischen Bereich, zwischen Materie und Geist überbrückt.« (Stanislas Klossowski, Alchemie – die geheime Kunst, München–Zürich, 1974). Überbrückt! Aber nicht zur Identität vergewaltigt! Die Alchemisten gingen aus vom Axiom von der Einheit der Wirklichkeit. Ihre Methode ist die der Analogie. Die traditionelle Formel dieser Methode findet sich in den beiden ersten Versen der Tabula Smaragdina des Her-

[1] Rudolf Steiner, »Die Geheimwissenschaft im Umriß«, Dornach, 1962, tb 601, S. 105

mes Trismegistos: ». . . was oben ist, ist wie unten, und was unten ist, ist wie oben, um das Wunder der Einheit zu vollenden . . . Denn was außen ist, ist wie das, was innen ist – und was innen, wie das, was außen ist.« Alchemie sucht die geistige Schau verwandter Wesensstrukturen, jener Entsprechungen zwischen dem geistigen und dem materiellen Bereich, die nicht einfach nur äußere, oberflächliche Ähnlichkeiten darstellen. Die Alchemisten wollen die vielfältigen Wirkungen aller Wirklichkeitsbereiche aufeinander aufdecken.

Steiner verdirbt diese Methode. Wo die Alchemisten sagen »entspricht«, »ist ähnlich«, »steht in Analogie zu«, sagt Steiner »ist gleich«.

»Das Geistige im Weltall« Steiners ist primitiven Vorstellungen des Menschen über Welt und Gott verwandt. Nur wurde in diesen göttlicher und menschlicher Geist unterschieden, wenigstens graduell. Bei Steiner nicht. Dennoch benutzt er die Vokabel »Gott«. »Jeder Mensch umspannt mit seinem Denken nur einen Teil der gesamten Ideenwelt, und insofern unterscheiden sich die Individuen auch durch den tatsächlichen Inhalt ihres Denkens. Aber diese Inhalte sind in einem in sich geschlossenen Ganzen, das die Denkinhalte aller Menschen umfaßt. Das gemeinsame Urwesen, das alle Menschen durchdringt, ergreift somit der Mensch in seinem Denken. Das mit dem Gedankeninhalt erfüllte Leben in der Wirklichkeit ist zugleich das Leben in Gott.«[1] Das klingt nach Pantheismus, der sagt: Alles Seiende ist seinem Daseinsgrund nach göttlich oder partizipiert am Göttlichen. Steiner will so nicht verstanden sein. Er lehnt diesen Pantheismus ab als einen »verwaschenen«. Allenfalls will er »Pantheist« wieder nach eigener Deutung sein: so wie er, in pantheistischer Weise vom Geist reden, das heiße, im allgemeinen vom Geist reden.

[1] Rudolf Steiner, »Philosophie der Freiheit«, a.a.O., S. 260

Damit kommt man ebensowenig weiter wie mit dem Verdacht, Steiner habe sich an die Brahman-Atman-Philosophie angelehnt. »Das Geistige« ist bei ihm keine Macht, weder eine unpersönliche, noch gar eine persönliche, in dem Sinne, wie jede Religion in ihren Ursprüngen irgendeine Art von Macht aufweist.

Man könnte auch nach Spurenelementen von Neuplatonismus suchen. Sein Kerngedanke, die Emanation der kreatürlichen Vielfalt aus dem Ur-Einen und die Rückkehr der Vielfalt in das Übereine könnte enthalten sein in Steiners Vorstellung von der Entwicklung der Welt aus dem Geist und ihrer Rückkehr zum Geist. Sogar der Mensch ist bei Steiner anfangs nur Geist gewesen und wird es eines fernen Tages auch wieder sein. Aber beim Neuplatonismus ist das Eine früher als das Seiende. Bei Steiner gibt es nur Seiendes. Das Ur-Eine läßt er aus der Diskussion heraus. Worte, die so etwas anzudeuten scheinen wie »Gott« in dem Zitat, sitzen wie Fremdkörper an seinem Gebäude, unverbunden, unpassend, wie aus Versehen dahingeraten, im nächsten Satz schon wieder bestritten und ausgelöscht.

Zu alledem schafft Steiner sich auch seinen eigenen Ideenbegriff. Er meint nichts von dem, was Philosophen vor ihm darunter verstanden, also etwa Platon, dem die Ideen selbständige überweltliche Wirklichkeiten waren, die ein eigenes Reich unter der höchsten Idee des Guten darstellen; er meint auch nicht allgemein, die Idee gehe dem Sein der Dinge voraus, als ihr ewiges vollendetes Urbild, nach dem sie gestaltet werden. Am allerwenigsten hat Steiner christlich gedacht: Gott als die absolute Idee (Augustinus).

Hatte Steiner in der »Philosophie der Freiheit« gesagt, »Der Monist leugnet nicht das Ideelle, er sieht sogar einen Wahrnehmungsinhalt, zu dem das ideelle Gegenstück fehlt, nicht für volle Wirklichkeit an«,[1] so führt er zehn Jahre später in der »Theosophie« aus: »Der Gedanke erscheint nicht (mehr) als der Schatten, der sich hinter den Dingen verbirgt, sondern er ist lebensvolle Wirklichkeit, welche die Dinge erzeugt. Der Mensch ist gleichsam in der Gedankenwerkstätte, in der die irdischen Dinge geformt und gebildet werden.«[2] Erkennen bedeutet für ihn danach: Hervorbringen des Gegenstandes. Eine vom Denken unabhängige Wirklichkeit gibt es für ihn nicht. Es fällt also hier das menschliche Denken, der menschliche Geist in eins mit dem göttlichen Geist. Das wäre erkenntnistheoretischer Idealismus. Aber wiederum setzt Steiner seinen Weg allein fort, denn geistige Urbilder – das sind für ihn die »geistigen Wesenheiten«, aus denen heraus sich alles Stoffliche entwickelt hat. So ist z. B. unsere Erde zuerst geistig gewesen. Die geistige Erde war das Urbild unserer jetzigen materiellen Erde. Erst im Tod lernt der Mensch diese so gemeinten Urbilder kennen, wenn er die »geistige Welt« betritt. Steiner selbst konnte sie schon zu Lebzeiten schauen, da er jenes erweiterte Bewußtsein erworben hatte, das in die geistige Welt einzudringen vermag und dort Erkenntnisse gewinnt. »Nur weil die Dinge der Sinnenwelt nichts anderes sind, als die verdichteten Geisteswesenheiten, kann der Mensch, der sich durch seine Gedanken zu diesen Geistwesenheiten erhebt, in seinem Denken die Dinge verstehen. Es stammen die Sinnendinge aus der Geisterwelt, sie sind nur eine andere *Form* der Geisteswesenheiten; und wenn sich der Mensch Gedanken über die Dinge macht, so ist sein Inneres nur von der sinnlichen Form ab- und zu den *geistigen Urbildern* dieser Dinge hingewandt. Ein Ding durch Gedanken verste-

[1] Rudolf Steiner, »Philosophie der Freiheit«, a.a.O., S. 262
[2] Rudolf Steiner, »Theosophie«, a.a.O., S. 138

hen, ist ein Vorgang, der verglichen werden kann mit dem, durch welchen ein fester Körper zuerst im Feuer flüssig gemacht wird, damit ihn der Chemiker dann in seiner flüssigen Form untersuchen kann.«[1]

Den wesensmäßigen Unterschied zwischen Geist und Stoff vermag Steiner nicht zu erfassen, denn dieser läßt es nicht zu, daß sich Stoff aus Geist entwickeln könnte. Zum Wesen des Geistes gehört gerade die strikte Immaterialität, die absolute Andersheit gegenüber dem Stoff.

Schon in der »Philosophie der Freiheit« wollte Steiner Kants Erkenntnisgrenzen nicht anerkennen. Jetzt glaubt er, diese Frage vollendet gelöst zu haben, denn sein Schulungsweg verhilft zu unbegrenztem Schauen in die geistige Welt.

Die Ablehnung oder Nichtbeachtung der »Geisteswissenschaft« Steiners stört ernsthaft weder Meister noch Jünger. Denn diese »Wissenschaft« ist sich selbst genug! Natürlich – wenn nur Steiners Schauungen wahren Erkenntniswert haben, dann braucht man sich nicht darum zu kümmern, was andere Wissenschaften treiben. Entweder sie stimmen mit der Anthroposophie überein – das beweist, daß Steiner recht hat. Oder sie stimmen nicht überein – das beweist, daß sie unrecht haben.

Wir kommen zum zweiten

Vorwurf: Auch Naturwissenschaftler erkannten der Anthroposophie nicht den Status einer Wissenschaft zu. Speziell: Es sei deutlich, daß Steiner von den Erkenntnissen der modernen Physik nichts mitbekommen habe.

Verteidigung: Steiner teilt mit, *seine* Erkenntnisse seien auf übersinnlichem Wege gewonnen worden und somit überhaupt nicht zu vergleichen mit den Erkenntnissen, die nur mit Messen, Wiegen und Zählen gewonnen werden. Diese Naturwissenschaftler sprächen wie

[1] Rudolf Steiner, »Theosophie«, a.a.O., S. 147

Blinde von Farben, bzw. behaupteten, es gebe keine Farben.

Bewertung: Die Naturwissenschaftler neigten und neigen noch dazu, das kausale Denken (im engeren Sinne) überzubewerten. Sie gewannen damit zwar eine enorme Wissensvermehrung, nahmen aber eine Bewußtseinsverengung in Kauf. Ihre imposanten Erfolge beruhen auf den richtigen Urteilen, die sie fällen und die in der Anwendung von großer Zuverlässigkeit sind. Nur – ein richtiges Urteil ist noch kein wahres. Ein Beispiel:

Herr Meyer klagt über Magenschmerzen und geht zum Arzt. Dieser ermittelt exakt eine Reihe von Daten über den Patienten: Größe, Gewicht, Blutbild, Magensäurezusammensetzung usw. Eine Zusammenschau dieser Daten ermöglicht, die Diagnose zu stellen und eine Therapie zu verordnen. Hier wurde ein richtiges Urteil über den Kranken gewonnen. Damit es ein wahres wird, muß noch einiges hinzukommen: Herr Meyer ist ein sensibler Mann, pflichttreu und verantwortungsbewußt, der aufgrund nachlassender Kräfte und persönlicher Probleme seine Berufsarbeit nicht mehr so ausführen kann, wie er es wünscht. Dieser Konflikt bewirkte bei ihm die psychosomatische Erkrankung.

Diese andere Wirklichkeitsdimension zu bestreiten, wird heute kaum noch einem Wissenschaftler einfallen. Aber praktisch wird sie noch stark vernachlässigt und mit Mißtrauen betrachtet. Die Methoden für die eine wie für die andere Dimension der Wirklichkeit müssen gegenseitig anerkannt, die Grenzen bestimmt, die Kompetenzen abgesteckt werden. Zum Wohle der Menschheit, in diesem Fall von Herrn Meyer, denn das akausale Denken bringt Wissensvertiefung und Bewußtseinserweiterung. Das wird zunehmend erkannt und praktiziert. Thomas und Gertrude Sartory etwa brechen eine Lanze für das analoge Denken.[1] Sie erinnern daran, daß alle Weisheitsschulen der verschiedenen religiösen und kulturellen Traditionen es übten. Unter anderm auch die Alchemisten. Gemeint sind nicht die Hintertreppenvertreter, sondern die hervorragenden Geister unter ihnen. Sie waren fasziniert von den wesenhaften Entsprechungen, wie sie zwischen den verschiedenen Wirklichkeitsbereichen bestehen. Die Sartorys weisen aber auch darauf hin, welche großen Gefahren das analoge Denken mit sich bringt. Es hat negative Seiten, die es in Verruf gebracht haben.

»Scharlatanerie scheint das geistige Laster zu sein, zu dem analoges Denken verführen kann . . . Die geistige Schau jener Entsprechungen zwischen den Dingen, die ihre analoge Beziehung ausmachen, darf also nicht verwechselt werden mit jenen bloß assoziativen Einfällen, von denen ein phantasiebegabter Mensch jede beliebige Menge produzieren kann. Nicht äußere Zufälligkeiten und oberflächliche Ähnlichkeiten konstituieren eine analoge Beziehung – es muß sich schon um verwandte Wesensstrukturen handeln, wie sie der schauenden Erkenntnis in der Ähnlichkeit der Phänomene sichtbar werden.«[2]

Offenbar ist auch Steiner häufig der Verführung zur Scharlatanerie erlegen, hat seiner freien Phantasie Raum gelassen. Die Spreu vom eventuellen Weizen zu sondern, wäre eine Sysiphusarbeit angesichts der bereits genannten und noch folgender Mängel seiner Lehre. Es gibt keine Brücke, weder zu den Geistes- noch zu den Naturwissenschaften, denn seine Anthroposophie ist die einzige »Wissenschaft«, die nur ihr Begründer beherrscht. Bis heute

[1] Thomas und Gertrude Sartory, »Erfahrungen mit Meditation«, Herder tb 588, 1976

[2] Thomas und Gertrude Sartory, »Erfahrungen mit Meditation«, a.a.O., S. 32

ist kein Mensch seinen Erkenntnisweg nachgegangen. Nicht *ein* Anthroposoph hat es je von sich behauptet. Wohl werden eifrig Schritte auf diesem Weg versucht, aber über bescheidene Anfänge kam niemand hinaus. Die Konsequenz: Man muß auf den Erwerb eigener Erkenntnisse weitgehendst verzichten. Das führt zum dritten

Vorwurf: Eine Wissenschaft müsse allen Menschen zugänglich sein und damit nachprüfbar. Andernfalls sei man gezwungen, alles auf Treu und Glauben anzunehmen, was Steiner aus seinen Erkenntnissen mitteilt. Die von ihm verheißene Veränderung des Bewußtseins führe bei denen, die als »Geistesschüler auf die Bahn gebracht« wurden, dazu, daß das Bewußtsein der eigenen Gedanken entleert wird, bis alle Kritik, d. h. alles selbständige Denken und Nachprüfen aufgehoben ist.

Verteidigung: Diese Vorwürfe weist Steiner besonders oft und nachdrücklich zurück. »Der Geistesforscher tritt seinen Schülern entgegen mit der Zumutung: *Nicht glauben* sollst du, was ich dir sage, sondern es denken, . . . dann werden meine Gedanken schon selbst in dir bewirken, daß du sie in ihrer Wahrheit erkennst.«[1]

Weiterer Überzeugung soll ein Vergleich dienen: Ein Afrikaforscher bringt von seiner Reise allerlei Erkenntnisse mit und hält darüber einen Vortrag. Muß nun der Hörer erst selbst hinfahren und nachprüfen, ob alles so ist, wie der Forscher erzählt? Nach Steiner keineswegs! Er ist überzeugt, man könne mit gesundem Wahrheitsempfinden, Vorurteilslosigkeit und anschauendem Denken durchaus die Gewißheit erlangen: Was der Mann sagt, stimmt. Steiner empfiehlt seinen Anthroposophen darum, sie sollten wieder und wieder seine Bücher lesen, später auch seine gedruckten Vorträge. Einzeln, unbedingt aber auch in Gruppen, den örtlichen Zusammen-

[1] Rudolf Steiner, »Theosophie«, a.a.O., S. 176

schlüssen, »Zweige« genannt; sie sollten anschauend darin leben.

Bewertung: Einen logisch begründenden Denkweg kann man nachgehen. Leider ist Logik allein noch kein ausreichendes Kriterium für den Wahrheitsgehalt. Es sind von der Wissenschaft schon die gewaltigsten Systeme entworfen worden, wurden bestaunt und gepriesen und eines Tages verworfen und vergessen, weil es sich erwiesen hatte, daß sie auf einer falschen Voraussetzung aufgebaut worden waren. Überdies legt Steiner keineswegs nur logisch begründende Denkwege vor, sondern reiht oftmals nur Behauptung an Behauptung, genannt »Mitteilungen aus der höheren Welt«.

Auch der Vergleich mit dem Afrikaforscher greift nicht. Was dieser erzählt, kann sich alles sehr überzeugend anhören, sogar für einen Fachmann. Aber auch er kann, wenn er nie dort war, nicht einwandfrei beurteilen, ob nicht die Mitteilungen vielleicht von phantasiegeborenen Zutaten durchsetzt sind.

Viele tausend Bücher wurden schon geschrieben, deren Inhalt Realitäten entsprechen könnte und dafür gehalten wurde von Lesern, die sich tief hineinlebten in die Gedankengänge des Verfassers. Sie schienen so logisch, so durchdacht, überzeugend – und doch war alles Phantasie.

Gegen den Vorwurf, das sei doch kein Denken, wenn man sich etwas Mitgeteiltes innerlich zu eigen macht, verwahrte sich Steiner. Er wertete das »abstrakte« Denken ab und stellte ihm das »lebensvolle, wesenhafte, intuitive, inhaltsvolle Denken« als höherstehend gegenüber. Das abstrakte Denken ist aber ein fundamentaler Prozeß, eine Tätigkeit, die überhaupt erst das Denken bildet.

Wohin es in der Praxis führt, wenn Anthroposophen, die sich »in Mitteilungen Steiners einleben«, mit »intuitivem Denken« seine Gedankengänge nachvollziehen, sei an einem Beispiel demonstriert, bei dem ein Naturwissenschaftler seine Phantasie dem analogen Denken zur Verfügung stellte. In der Zeitschrift »Die Kommenden« schrieb Dr. Walter Cloos den Artikel »Was ist die natürliche Radioaktivität in Wirklichkeit? – Grundlagen zu einer Urteilsbildung«.[1] Diese Grundlagen sollen den Leser zu dem Urteil führen, daß Steiner wieder einmal recht gehabt hat. Dieser ließ zu der anstehenden Frage wissen, die Radioaktivität sei erst seit dem Tod Christi in der Erde. Cloos schreibt: »Wir aber sollten aus den Erkenntnissen der Geisteswissenschaft Rudolf Steiners im Bewußtsein haben, daß die Radioaktivität eine Erscheinung ist, die in engstem Zusammenhange mit dem Mysterium von Golgatha steht. Am 8. Juni 1918 war Rudolf Steiner bei Graf Polzer-Hoditz in Tannbach bei Gutau im unteren Mühlviertel. Beim Besuch einer radioaktiven Quelle in der Nähe sagte Rudolf Steiner im Laufe eines Gesprächs, daß Radioaktivität erst seit dem Mysterium von Golgatha in der Erde sei.«

Obwohl Dr. Cloos vom Fach ist, stellt er eine Theorie auf, die die Richtigkeit von Steiners Satz beweisen soll, ohne sich um die Forschungsergebnisse seiner Kollegen zu kümmern. Wir können uns die zeitraubende Mühe sparen, auf einzelne sachliche Unstimmigkeiten und fragwürdige Analogien zwischen Pflanzenreich und anorganischer Chemie einzugehen, da ohnehin Tatsachen der Theorie von Dr. Cloos den Boden entziehen. Wir zitieren einen Artikel aus der »Chemiker-Zeitung« (Nr. 4, 1979) »Plutonium und andere schwere Radioelemente in der Natur«, dessen Verfasser am Kernforschungszentrum in Karlsruhe arbeiten: Prof. Dr. Cornelius Keller und Dipl.-Chem. Irene B. de Alleluia. »In der großen Uranlagerstätte Oklo/Gabun wurde im Jahr 1972

[1] Zeitschrift »Die Kommenden«, Freiburg/Br., Nr. 1, 1979

durch französische Wissenschaftler ein prähistorischer Kernreaktor entdeckt, der vor etwa 2 Milliarden Jahren in Betrieb war und viele Aspekte eines modernen Leistungsreaktors (z. B. Abbrand) besaß. In den vergangenen Jahren wurden in dieser Lagerstätte auf relativ engem Raum weitere sechs Orte entdeckt, an denen eine sich selbst erhaltende Kernkettenreaktion stattfand . . .«[1]

Unbeeindruckt verkündet Cloos: »Die natürlichen Konzentrationen der radioaktiven Stoffe werden nie, selbst in den reichsten Vorkommen, zu solchen Reaktionen führen.« Der Artikel der beiden Wissenschaftler geht weiter ins Detail: »Unter (pessimistischer) Annahme eines mittleren Abbrands von 0,5 % – in Oklo wurden Werte bis zu 1,5 % nachgewiesen – ergibt dies eine Spaltung von 4 t ^{235}U und mit einem unteren Wert des Konversionsfaktors von 0,25 eine Produktion von mindestens 1 t ^{239}Pu. Von diesem ohne menschliches Zutun aufgebauten Plutonium sind während des ›Reaktorbetriebs‹ aufgrund des niedrigen Neutronenflusses nur etwa 5 % gespalten worden. Der Rest dieses Plutoniums ist in der Zwischenzeit radioaktiv zerfallen.«[2]

In Dr. Cloos' Arbeit triumphiert die Ideologie über die Wissenschaft. Wenn die Realität Steiners Thesen nicht entspricht, dann kümmert das weder ihn noch seine Anhänger. Cloos ist gebannt von Steiners Dekret, es gebe kein wissenschaftliches Ergebnis, das seiner geistigen Forschung widerspricht. Grundlegender Wahrheitserweis sind Steiners Schauungen auch in der Naturwissenschaft.

Bei seinen Kritikern verdichteten sich diese Erfahrungen zu dem

Vorwurf: Steiner habe die Inhalte seiner Schauungen

[1] »Chemiker-Zeitung«, Nr. 4, 1979, S. 144
[2] »Chemiker-Zeitung«, a.a.O., S. 144

nicht auf die von ihm angegebene Weise selbst erworben, sondern alles zusammengetragen. Man begegne auf Schritt und Tritt alten Bekannten aus der gesamten Geistesgeschichte der Menschheit.

Verteidigung: Steiner versichert, er habe niemals irgend etwas von irgend jemand übernommen. Er habe stets zuerst in die geistigen Welten geschaut und dann nachgesehen, ob sich in irgendwelchen Urkunden der Menschheit darüber etwas finden ließe. Daher gibt es bei ihm so gut wie keine Literaturangaben. Er dehnt diese Behauptung auch auf die Heilige Schrift aus. Erst habe er seine übersinnlichen Erkenntnisse gehabt und dann in der Bibel nachgesehen, was dort darüber steht.

Bewertung: Steiner ist demnach der erste Wissenschaftler der Weltgeschichte, der nicht auf dem Wissen vorhergehender Generationen aufbaut; der einzige, der seine gesamten Erkenntnisse aus sich selbst hat; ein Genie, wie es noch nie eins gegeben hat. Nirgends findet sich ein Hinweis, daß Steiner einmal Geschautes als Irrtum hätte zurücknehmen müssen. Und bis heute darf an keinem Wort gerüttelt werden, ohne daß ein aufmüpfiger Anthroposoph riskierte, ins Abseits zu geraten.

Tatsächlich begegnet man in Steiners Werk zahlreichen näheren und ferneren Geistesverwandten. Entweder hat Steiner sie ein wenig seiner Kosmetik unterzogen oder ihre Lehren weiterverarbeitet, systematisiert, ausgebaut und zu einem neuen System zusammengeschweißt. Oft hat er die »Verwandten« aber auch so entstellt oder mißverstanden, daß sie sich selbst nicht mehr wiedererkennen könnten.

Im Zusammenhang damit steht der

Vorwurf: Die Begriffe, die er verwende, deuteten darauf hin, daß er Altes hervorgeholt und wiederverwendet habe.

Verteidigung: Die Ergebnisse seines »Schauens« seien zunächst »Anschauungen« gewesen, die ohne Namen lebten. Um das noch Wortlose in Worten ausdrücken zu können, habe er danach in älteren Darstellungen Passendes gesucht. Er habe sie aber frei gebraucht, so daß kaum eine »Wortbezeichnung« bei ihm zusammenfalle mit dem, was in älteren Büchern stehe. Man könne aus dem Zusammenhang, wenn man seine Schriften lese, leicht erkennen, wie er die Worte mit Inhalt fülle, nämlich mit einem anderen.

Bewertung: Begriffe, zumal wissenschaftliche, haben nach allgemeiner Übereinkunft einen bestimmten Inhalt. Sonst könnte man sich überhaupt nicht verständigen. Steiner richtet eben dadurch so hoffnungslose Verwirrung an, daß er Begriffe ohne jede Erläuterung mit einem ganz anderen oder leicht veränderten Inhalt füllt, sie dann aber an anderen Stellen durchaus nach allgemeinem Verständnis benutzt. Das hat man jeweils selbst herauszufinden.

Gerade diese Unzuverlässigkeit erschwert ja das Verständnis seiner Schriften bis zur Unmöglichkeit. Hinzu kommt: Innerhalb eines Gedankenzusammenhangs sagt er etwas Richtiges, etwas Falsches, etwas Halbrichtiges, stellt eine falsche Alternative auf, macht eine unvollständige Aussage – wollte man das ordnen oder richtigstellen, man brauchte das Zehnfache an Papier und Zeit.

Steiners Verteidigungen überzeugten seine Kritiker nicht. Sie erhoben den

Vorwurf: Steiner habe gar keine Schauungen gehabt, sondern sich diese suggeriert. Er habe das umfangreiche alte Wissen mit Hilfe seiner Phantasie angereichert und zu einem System zusammengefaßt mit ganz gewöhnlichem Denken.

Verteidigung: Jeder Schritt seines Denkens sei begleitet gewesen von voll besonnenem Bewußtsein, ohne daß

Unbewußtes, Autosuggestion oder dergleichen eine Rolle gespielt hätten. Wie der Mathematiker von Gedanke zu Gedanke schreite, so müsse geistiges Schauen von objektiver Imagination zu objektiver Imagination schreiten, ohne daß etwas anderes in der Seele lebe als der Inhalt klar besonnenen Bewußtseins. Weiter erläutert Steiner: daß man von einer Imagination weiß, sie ist nicht bloß subjektives Bild, sondern Bild-Wiedergabe objektiven Geistinhalts, dazu bringt man es durch gesundes inneres Erleben. Dieses gewinnt man auf geistig-seelische Art, wie man im Bereich der Sinnesanschauung bei gesunder Organisation Einbildungen von objektiven Wahrnehmungen richtig unterscheidet.

Bewertung: Es bleibt ungeklärt, wie das gewöhnliche Bewußtsein, das ja gerade nicht imstande ist, in die höheren Welten einzudringen, dort kontrollieren kann, ob das höhere Bewußtsein richtige Erkenntnisse gewinnt. Das ist ebenso unmöglich wie die Kontrolle eines Abiturienten durch einen Viertkläßler. Dieser kennt zwar Zeichen und Linien, d. h. Buchstaben, Zahlen, Kreise, Dreieck usw., aber das reicht nicht aus, um den Oberschüler bei der Lösung einer Aufgabe aus der höheren Mathematik zu begleiten oder gar zu kontrollieren. Oder soll das höhere Bewußtsein sich selbst kontrollieren? Das ist genauso unmöglich.

Der Vergleich mit den gesunden Sinnesorganen ist falsch. Sehr wohl können völlig gesunde Sinnesorgane sich täuschen. Optische, akustische Täuschungen kennt jedermann zur Genüge. Und zuletzt: Wer befindet darüber, wann inneres Erleben gesund ist?

Steiners Verteidigungen sind teils unbefriedigende Ausreden, teils falsch. Teilweise zieht er sich einfach auf das unangreifbare Terrain seiner Schauungen zurück.

Wir müssen jetzt Methode und Inhalt seiner Schauungen näher betrachten, um weiteres Material für eine Gesamturteilsfindung zu gewinnen.

5. Meditation – in Christentum und Anthroposophie

»Der Fromme von morgen wird ein Mystiker sein . . . oder er wird nicht mehr sein.«[1]

Dieses Wort Karl Rahners mag manchem als Provokation, als zu hoch gegriffen erscheinen. Im allgemeinen Verständnis ist ein Mystiker ein besonders frommer Mensch, an dem sich ein »Normalverbraucher« nicht zu messen wagt. Aber das Christentum ist seinem innersten Wesen nach mystisch, und folglich sind alle Getauften Mystiker.

Ähnlich ging es mit der Meditation, die von der Mystik nicht zu trennen ist. Nach landläufiger Vorstellung war dieser Bereich etwas für kontemplative Orden. Im übrigen hielt man Andachten, bestenfalls Betrachtungen. Das waren unberechtigte Blickverengungen. Unsere Zeit setzt ein hoffnungsvolles Zeichen mit ihrem ungeheuren Hunger nach Meditation, nach Verinnerlichung. Begonnen hat dieser Aufbruch bereits nach dem 1. Weltkrieg. Er wurde durch die Bedrückung der Kirchen unter den Nazis und durch den 2. Weltkrieg an seiner Entfaltung gehindert, brach dann aber nach 1945 um so stärker und unaufhaltsam hervor. Es entstand eine Flut von Literatur über Mystik und Meditation. Eine große Vielfalt von Formen, Methoden, Zielsetzungen bot sich an, keineswegs alle von gleichem Wert. Deutlich sichtbar war eine Hinwendung zu Versenkungsmethoden des Fernen Ostens. Gemeinsam war und ist ihnen allen der Kampf gegen die Verkopfung des Menschen, gegen die

[1] Karl Rahner, »Perspektiven einer christlichen Frömmigkeit von morgen«, »Geist und Leben« 39, 1966, S. 332 ff.

alles Lebendige einebnende Rationalisierung, gegen Nützlichkeitsdenken, Zwänge, Verkrampfungen und Schrumpfung der vitalen Kräfte, gegen die Bedrohung des Humanen, insbesondere der schöpferischen Individualität.

Diese Standortbestimmung war notwendig, weil die Meditation für Steiners Erkenntnisweg eine wichtige Funktion hat, man kann sagen, *die* wichtigste. Bevor Steiner diese Funktion erläutert, grenzt er scharf ab und sagt, was sie nicht sein will. Er will weder Anleihen bei östlich-fernöstlichen Versenkungsübungen machen, noch christlich-mittelalterliche Praktiken wiederholen, oder womöglich mit dem jesuitischen Weg etwas zu tun haben. Das schon gar nicht. Es stellt sich sehr bald heraus, daß Steiner von dem Abgelehnten kein deutliches Urteil hat oder es deswegen so oberflächlich abtut, weil er manches als brandneu verkaufen will, was eine lange Tradition hat. Steiner will angeblich nicht an christliche Traditionen anknüpfen, jedoch intensiv an den »Christus-Impuls«. Dieser ist nach ihm zu verstehen als spiritueller Kraftimpuls in dem Geistorganismus des Planeten Erde. Ziel seiner Meditation soll die Durchchristung des Menschen sein. Das hört sich vertrauenerweckend an, wenn auch gar nicht neu, sehr nach Paulus. Von der Meditationsweise der christlichen Mystiker entwirft er ein Bild, das man nur als baren Unsinn bezeichnen kann. Hier nur einige Zitate: »Der Mystiker dringt nun mit verstärkten Seelenkräften tiefer in das eigene Wesen ein, als dies bei der gewöhnlichen Erinnerung geschieht.«[1] Er komme dann in Regionen, die von der gewöhnlichen Erinnerung nicht erreicht werden, also ins Unbewußte. Die Kräfte des Unbewußten bewirkten dann eine Veränderung des gewöhnlichen Erinnerungsbildes. – »Was aber der Mystiker als die Ursachen dieser Wirkungen in sein Bewußtsein hereinbekommt, das wird so erlebt wie eine Erinnerung. Es hat den Bildcharakter der Erinnerung.«[2] Anthroposophische Forschung bringt nun heraus, daß sich in diesen Bildern Vorgänge des eigenen Leibes offenbaren; und zwar in Symbolsprache, ähnlich wie im Traum. »Der Mystiker träumt von den Vorgängen der eigenen Leibesorganisation.«[3]

Dagegen der anthroposophische Weg, Meditation zu üben: Die Erinnerungskräfte werden verwandelt, solange sie noch seelisch-geistig sind. Und zwar mit Konzentration dieser Kräfte und meditativem Verhalten in denselben. »Er verweilt auf überschaubaren Vorstellungen mit stark konzentrierten Seelenkräften. Dadurch verstärkt er diese Kräfte *innerhalb* der Region des Seelischen, während der Mystiker in das Gebiet der Leiblichkeit untertaucht.«[4] »Der anthroposophische Forscher kommt dadurch zur Anschauung eines feineren, ätherischen, eines Bildekräfteleibes, der als ein höherer mit dem physischen Menschenleibe verbunden ist. Der Mystiker kommt in ein *Träumen* über den physischen Leib hinein . . .«[5]

Trotz verbaler Ablehnung macht Steiner sehr wohl Anleihen bei fernöstlicher wie bei christlicher Meditation. Steiner äußert sich über Yoga in negativem Sinne. Er halte von den Atemübungen gar nichts, sie seien für den Europäer ungeeignet, sie zerstörten seine leibliche Organisation. Aber sein Buch »Wie erlangt man . . .« beschreibt Methode und Inhalt der Meditation so, daß durchaus Anklänge an »fernöstliche Wege« zu erkennen sind. Selbst die indischen Ausdrücke behält er bei, wechselt sie später teilweise, aber nicht ganz aus.

[1], [2], [3] Rudolf Steiner »Der Goetheanum-Gedanke«, Aufsatz: »Anthroposophie und Mystik«, Dornach, 1961, Gesammelte Aufsätze aus den Jahren 1921–1925 S. 270 ff.

[4], [5] Rudolf Steiner, »Der Goetheanum-Gedanke«, a.a.O., S. 270 ff.

Was Steiner als Übungserfolg auf der 3. Stufe des Meditationsweges, der Intuition, verheißt: unbewußte Vorgänge im Physischen in die Gewalt bekommen, etwa Atem oder Herzschlag, das wird im Yoga auf den ersten Stufen erreicht.

Wie stets kopiert Steiner nicht, sondern wandelt ab, so daß er sich immer verteidigen kann, für Ähnlichkeiten könne er nichts. Er habe seine Sache völlig aus Eigenem gewonnen.

Meditation, Askese, Tugendübung sind weder beim Inder noch bei Steiner Selbstzweck, empfangen ihren Impuls auch nicht aus der Liebe zu den Menschen oder zu Gott, sondern vom Ziel her. Aber bei Steiner heißt dieses Ziel: Erkenntnis der höheren Welten, diesseitig verstanden – beim Yogi: in äußerster Bewußtlosigkeit mit dem Nichts vereint und dadurch erlöst zu werden. Es ist also religiöser Natur.

Das Denken spielt bei beiden »Wegen« eine wichtige Rolle. Bei Steiner soll waches Bewußtsein den meditierenden Geistesschüler bis in die geistige Welt hinein begleiten. Das Bewußtsein der Inder bezeichnet er fälschlicherweise als *Absinken* in Bewußtlosigkeit, als Rückkehr zu oder Festhalten an einer verebbenden Geistigkeit, zu altem hellseherischem Bewußtsein. Es handelt sich in Wahrheit beim Yogi um ein Aufsteigen zum höchsten, wachesten Bewußtsein, das es gibt, aber konzentriert auf einen Punkt: das Brahman. Die Bewußtlosigkeit bezieht sich lediglich auf alle Bewußtseinsinhalte von dieser Welt. Sie müssen total zurückgelassen, gefesselt werden, damit der Yogi aufsteigen kann. *Darum* gilt ihm Meditation als höchste Stufe des Denkens. Mit allen seinen geistigen Kräften sucht er in höchster Konzentration nicht vorzugsweise, wie Steiner, in der Akasha-Chronik zu lesen und dann Mitteilungen aus der geistigen Welt zu machen, sondern seine Bemühung ist religiöser Natur: Das Heilige will er denken, das Brahman, das Unwahrnehmbare.

Um Steiners Anleihen beim Christlichen nachzuweisen und seine unverantwortliche Simplifizierung durchschaubar zu machen, sei hier wenigstens umrißweise dargestellt, was uns aus christlicher Tradition überkommen ist und wie daran anknüpfend Meditation heute geübt wird.

Körperhaltung und Atem haben dienende Funktion. Es bestehen keine Vorschriften. Jede christliche Meditation beginnt mit dem Hinhorchen auf Gottes Wort. Wenn der Meditationsinhalt im Stadium der Konzentration genügend vergegenwärtigt ist, sucht man ihn zu verstehen und in seinem ganzen Gehalt zu erfassen. Steiner weist dem Denken einen hohen Stellenwert zu bei der Meditation. Er hält eine Verwandlung des Denkens für notwendig. Das ist richtig. Nur neu, wie er meint, ist es nicht, sondern Tradition. Diese macht Steiner verächtlich und bemächtigt sich dann ihres Erbes. Christliche Meditation wußte immer: Die Meditation ist kein Studium. Man braucht das Denken, aber man denkt über einen Text nicht in der Weise nach, wie etwa ein Mediziner über ein anatomisches Problem, also nicht um des bloßen Wissens willen. Die verstandesmäßige Durchdringung des Meditationsstoffes ist als Vorstufe zur eigentlichen Meditation am Platz. In der Hauptübung wird das, was man im Glauben über die Offenbarungswahrheiten erkannt hat, in die tieferen Schichten der Seele eingelassen. Es ist ein liebendes Umgehen mit dem Wort Gottes. Man bewegt es in seinem Herzen, wie es von Maria heißt. Man schaut es in inneren Bildern an, sucht es in seiner Kostbarkeit zu wägen. Anschaulich spricht die Überlieferung vom Sicheinverleiben, Schmecken, Verdauen der meditierten Wahrheiten. Dieser Vorgang führt hin zu einer Verlebendigung des Glaubenswissens, zu einer innigeren Gemeinschaft mit Christus, einem warmen, beglückenden Verhältnis zu ihm und zu einer Kräftigung des Willens, Glaube und Liebe in die Tat fließen zu lassen. Eher wie nebenbei fällt ab, was Steiner so wichtig ist: die Charakterschulung. Seine Bemühungen tragen asketische Züge. Aber sie dienen dem Geistesschüler – und das *ist* der Meditierende bei Steiner – dazu, daß ihm seine hohen Erkenntnisse nicht zur Gefahr werden. Während dem meditierenden Christen gilt: Sucht zuerst das Reich Gottes – alles andere wird euch dazugegeben werden.

Steiner kritisiert, die tieferen Schichten der Seele seien bei der christlichen Meditation nur mit abgedämpftem Bewußtsein erreichbar. Und es handle sich dabei um Gefühlsschwelgerei. Diese Deutung ist ebenso primitiv wie grotesk. An dieser Stelle sei vorläufig nur das Wort eines weltbekannten Trappisten angeführt, der ein Leben lang Meditation geübt und wissenschaftlich erforscht hat: »Entscheidend für die Kontemplation sind nicht Erfüllung und Ruhe, sondern Sensibilität, Kreativität und Freiheit. Kontemplation ist doch die höchste und wesentlichste geistige Aktivität des Menschen, die schöpferischste und dynamischste Bejahung seiner Kindschaft vor Gott.«[1]

Da wir gerade bei der Freiheit sind: Steiner will, daß der westliche Mensch der Gegenwart die Meditation in Freiheit vollzieht und ist überzeugt, daß erst er sie ihm gegeben hat. Er zielt damit auf Gurus und Exerzitienmeister. Ignatius von Loyola schreibt in den Vorbemerkungen zu seinen geistlichen Übungen = Exerzitien: »Damit sowohl der, welcher die geistlichen Übungen gibt wie

[1] Josef Sudbrack, »Die Lehre vom inneren Leben – Der Mönch und Theologe Thomas Merton«, in »Geist und Leben«, Echter Verlag, Würzburg, 52. Jg., Heft 2, April 1979

der, welcher sie macht, sich gegenseitig mehr helfen und nützen, müssen sie voraussetzen, daß jeder gute Christ mehr dazu bereit sein muß, die Aussage des Nächsten für glaubwürdig zu halten, als sie zu verurteilen.«[1] Statt der Machtausübung, der anmaßenden Autorität, wird dienendes, brüderliches Verhalten empfohlen. Nicht der Exerzitienmeister ist die Hauptperson, sondern Christus. Es handelt sich lediglich darum, daß der im geistlichen Leben Erfahrene Ratschläge gibt in die individuelle und aktuelle Situation des Übenden hinein. Und genau das macht Steiner auch. Er spricht viele Male vom Geistesschüler, sogar vom Zögling, von kundiger Führerschaft.

An anderen Stellen will er den Eindruck des Autoritativen wieder abschwächen und betont die Unabhängigkeit des Schülers. Es handle sich um ein Vertrauensverhältnis.

Steiner verlangt streng, seine anthroposophischen Gedankengänge nicht von außen, sondern *aus* der Anthroposophie zu beurteilen. *Er* urteilt von außen. Hätte er je Exerzitien gemacht oder sich wenigstens informiert, wüßte er, daß sie zwei Dinge zum Ziel haben: Sie sehen nicht nur die natürliche, innerweltliche Seite der Meditation, sondern stehen im Dienst des übernatürlichen Heils, das der Mensch aus eigener Kraft nicht wirken kann. Er muß es in Bereitschaft, im Hinhorchen auf Gottes Ruf und im Ergreifen seiner helfenden Hand mit-wirken. Es geht darum, den ganz persönlichen Anruf aus Gottes Wort zu vernehmen. Das zweite ist der Entscheidungscharakter. »Im Ringen mit Gott und mit sich selbst werden jene Entscheidungen reif, die eine innere Wandlung des Menschen vorbereiten und sein Angesicht christlich prägen . . . Sein Herz wird trotz aller

[1] Ignatius von Loyola, »Geistliche Übungen«, Herder 1967, S. 25

Dunkelheiten und Leiden von Friede, Freude und einer neuen Geborgenheit erfüllt sein.«[1]

Gegenüber dem Steinerschen Meditationsweg hat der christliche den unschätzbaren Vorteil, daß ihn tatsächlich jedermann gehen kann. Einen großen Teil von Steiners Anweisungen kann ein schlichter Mensch überhaupt nicht verstehen. Sehr wohl kann er aber ein reiches spirituelles Leben führen und entbehrt nichts, wenn er auf die sogenannten höheren Erkenntnisse pfeift. Christus hat er jedenfalls auf seiner Seite, der den Vater preist, weil er »dies den Klugen und Weisen dieser Welt verborgen, den Kleinen aber offenbart« habe.

Es ist nun noch die schwierige Frage offen, von welchen Bewußtseinszuständen Steiner eigentlich spricht, wenn er sagt, sein Schulungsweg und seine Meditationsmethode würden eine Erweiterung des Bewußtseins herbeiführen.

Von Bewußtseinsstufen, die über oder unter unserem normalen Tagesbewußtsein liegen, hat die Menschheit schon immer gewußt. Sie hat sie auf alle mögliche Weise zu erreichen versucht: durch persönliche Anstrengung (Askese, Charakterbildung, Konzentrationstraining, Versenkung) oder durch Pflanzenauszüge, Drogen, also künstlich. Die Bewußtseinsstufen wurden unterschiedlich eingeteilt und benannt. Die Berichte von solchen, die sie in Höhen und Tiefen erreicht haben, sagen übereinstimmend, es sei fast nicht zu »worten«, was sie erlebt hätten. Dennoch wurde es mit einem gewissen Erfolg versucht, stets mit dem Vorbehalt, eigentlich müsse man selbst die Erfahrung machen.

Steiners Schilderungen der angeblich von ihm erreichten Bewußtseinszustände sind einmalig und nicht die

[1] P. Friedrich Wulf S. J., »Gott ruft den Menschen – der Mensch antwortet«, Privatdruck

klarsten. Erfahrungen aus seiner Jüngerschaft liegen nicht vor. Wir können daher seine Aussagen nur indirekt erschließen mit Hilfe dessen, was uns Wissenschaftler der Meditation aus ihren Forschungsergebnissen mitteilen. Wir ziehen Klaus Thomas' »Meditation in Forschung und Erfahrung«[1] heran. Thomas, Arzt und Theologe, erweist sich durch breites Wissen und reiche Erfahrung als kompetent. Seine Unterteilung der Bewußtseinsstufen geben wir gekürzt und dadurch für uns übersichtlicher wieder.

I. Bewußtseinsstufen innerweltlichen Erlebens

II. Bewußtseinsstufen überweltlichen Erlebens (religiös)

In beiden Hauptgruppen geht Thomas von dem in der Mitte befindlichen *normal*wachen Bewußtseinszustand aus. Darüber liegt der *über*wache, darunter der *unter*wache. In dieses Schema nimmt er noch die Unterscheidung zwischen gesunden und krankhaften Bewußtseinszuständen herein. Als *außer*wache Bewußtseinszustände werden Hypnose und autogenes Training bezeichnet.

Der *normal*wache Bewußtseinszustand ist relativ selten. Es ist der, in dem wir mit aufgeschlossenen Sinnen Umwelteindrücke wahrnehmen, registrieren, sie in Beziehung setzen zu Bekanntem, Schlußfolgerungen ziehen, die zu Willensentschlüssen und Handlungen führen, die schöpferische Ideen auslösen können. Wir brauchen ihn im Verkehr, beim Lernen und Studieren, bei vielen beruflichen Tätigkeiten. Dieser Bewußtseinszustand kostet vermehrt Energie. Freizeit und Erholung dienen der Regeneration, ebenso der Schlaf.

Viele Tätigkeiten können im *unter*wachen Bewußtseinszustand ausgeführt werden, nahezu automatisch,

[1] Klaus Thomas »Meditation in Forschung und Erfahrung in weltweiter Beobachtung und praktischer Anleitung«, Stuttgart, 1973

reflexhaft. Halbwaches Dösen ist die erste unterwache Stufe, die unterste der Tiefschlaf.

*Über*wache Bewußtseinsstufen sind: Hellwachsein, Ergriffenheit bei Musik oder religiösen Erlebnissen, beim sportlichen Wettkampf. Weiter: stark erregt sein, so gepackt sein, daß man alles andere vergißt. Dann: das Hingerissensein in religiöser Verzückung oder in beglükkenden sexuell-erotischen Erlebnissen. Und schließlich: die Ekstase als ein völliges »Außersichsein«, in Worte läßt es sich kaum fassen.

Sorgfältig zu unterscheiden von diesen genannten sind die *außer*wachen physiologischen Bewußtseinsstufen: Hypnose und autogenes Training. Herbeigeführt wird die Hypnose durch den Arzt; das autogene Training hat der Übende selbst in der Hand. (Der Rausch wird als außerwache pathologische Bewußtseinsstufe gekennzeichnet.) Wichtigstes Merkmal beider ist eine Umschaltung im Gehirn. Es verschwinden nicht Bewußtsein, Wahrnehmung und Merkfähigkeit. Der Mensch ist hellwach. Vier Stufen oder Schaltvorgänge werden unterschieden:

1. Ausschaltung von Sensorik und Motorik. Stillsitzen oder -liegen, innerliche Ruhe und Gelassenheit sind Kennzeichen.
2. Kreislaufumschaltung – Wärmeempfinden, vertiefte Ruhe von Herz und Atem = Entspannung.
3. Zentralumschaltung – Umschaltung von der Außen- zur Innenwelt. Sie ist begleitet von intensiven Farb- und Bildwahrnehmungen.
4. Gesamtumschaltung – Worte vermögen diesen Zustand nicht mehr treffend zu kennzeichnen. Das autogene Training vermittelt hier (auf der Oberstufe) ein Empfinden, als »ruhe der Körper in einer formlosen, warmen Masse, während der Kopf kühl darüberschwebt«. Es geht, wenn auch nur bei ganz wenigen

Übenden, bis an die Grenze einer Erlebniswelt, in der weder Zeit noch Raum empfunden werden, und bis zu Erlebnissen der »Ich-Auflösung«.

Thomas betont die außerordentlich schwierige Abgrenzbarkeit der Bewußtseinszustände gegeneinander. Zusätzlich wird sie erschwert, wenn gesunde, sogar heilende Bilderlebnisse getrennt werden müssen von krankhaften Wahnbildern, den Halluzinationen.

Die Meditation vermag alle diese Bewußtseinsstufen zu erreichen, je nach dem Grad der Bemühung, auch einer gewissen Begabung und je nach Persönlichkeit und Methode des Führenden. Es kommt vor, daß trotz eines Führers »Bergunfälle« passieren. Der Mensch ist eben nie restlos durchschaubar, weder von ihm selbst noch von einem anderen. Erst recht ist er nicht restlos manipulierbar, berechenbar. Das hochkomplizierte Gefüge des seelisch-geistigen Bereichs ist zwar in den letzten hundert Jahren erheblich aufgehellt worden von der Forschung, aber vieles liegt noch im Dunkeln. Um so genauer sollte man die lauernden Gefahren kennen, vor ihnen warnen und schützen. So wie die Bergwacht in den Alpen Jahr für Jahr das eigene Leben riskieren muß, um Wanderer ohne Führer und Ausrüstung zu retten, müssen Psychiater und Psychotherapeuten oft unter ungeheuren Mühen und seelischem Kraftaufwand Menschen behandeln, die sich verirrt haben auf den Wegen zu höheren Erkenntnissen oder in die Abgründe einer Psychose gestürzt sind.

Der geradezu als »Boom« zu beschreibende Aufschwung der Meditationspraktiken aller Art hat hier und da Vorsicht und Sorgfalt nicht ausreichend walten lassen. Es werden viel mehr kundige Führer gebraucht, als vorhanden sind. Thomas ist überzeugt: »Nur die Geborgenheit des persönlichen christlichen Glaubens bietet – gegenüber den meist unpersönlichen Formen meditativer Versenkung – den notwendigen Schutz der seelischen Gesundheit.«

Eine kritische Untersuchung darf die Gefahren nicht unerwähnt lassen, die Steiners »Weg« und seine Meditationsmethode birgt. Er warnt zwar mehrmals, aber seine Ratschläge zur Vermeidung von »Bergunfällen« sind nichts wert. Sie liegen auf der Ebene: Man vermeidet das Armwerden am besten dadurch, daß man reich bleibt.

Thomas' psychiatrische Bedenken sind erheblich: »Steiner schildert und lehrt Bilderlebnisse im außerwachen Bereich, die in naher Verwandtschaft zu hypnotischen wie zu religiös meditativen Bilderlebnissen stehen.

Für die hypnotische und selbsthypnotische Bilderschau ist ärztliche Leitung wegen der vielen gesundheitlichen Gefahren unerläßlich . . . Weder erfahrene ärztliche Leitung noch persönlich erlebte göttliche Leitung schützen den nach Steiner Meditierenden.«[1]

Gegen die fehlende persönlich erlebte göttliche Leitung werden Anthroposophen gewiß Protest einlegen. Aber Thomas hat völlig recht. Soweit sie in einer der christlichen Kirchen aufgewachsen sind, mögen Anthroposophen eine personale Gottesbeziehung mitgebracht haben. Die Anthroposophie als solche vermittelt sie nicht. Sie kennt nur die Leitung durch göttlich-geistige Wesenheiten, deren Anonymität keine Geborgenheit vermitteln kann. Und dieser »Anthroposophische Erkenntnisweg« wird von Gerhard Wehr rundherum empfohlen.[2] Ohne eine wesentliche eigene geistige Leistung zitiert Wehr, referiert und spricht Steiner kritiklos nach. Daß nicht mehr passiert, liegt wohl an der Kompliziertheit, der Enge und der intellektuellen Verstiegenheit des Weges. Die meisten lassen sich abschrecken von dem steil und praktisch unbesteigbar vor ihnen aufragen-

[1] K. Thomas, »Meditation«, a.a.O., S. 90 ff.

[2] Gerhard Wehr »Der anthroposophische Erkenntnisweg«, Aurum Verlag, Freiburg/Br., 1978

den Berg der Erkenntnis. So lassen sie es bewenden bei Charakterübungen und Spaziergängen am Fuß des Berges. Wie es weiter oben aussieht, lesen sie in Steiners Büchern und »wissen« es dann.

Friedrich Rittelmeyer, Begründer der Christengemeinschaft, beschreibt aus persönlichen Erfahrungen mit Steiner, wie dieser in »siebenfacher Art« Meditation lehrte.[1] Nach Steiners Tod, so trauert er, sei nur noch der erste der sieben Wege begehbar. Kein gutes Zeugnis für die Sache und ihre Vertreter. Rittelmeyers Buch will lehren, wie man meditieren lernt, gibt jedoch kaum praktische Anweisungen. Und der erste des siebenfachen Wegs ist weder neu, noch begreift man, was um alles in der Welt daran Besonderes sein soll! Steiner empfahl schlicht und einfach, regelmäßig morgens etwa fünf Minuten lang eine Stelle aus der Bibel oder eine Spruchfolge zu meditieren. Die übrigen sechs Wege bestanden im wesentlichen aus einer persönlichen Betreuung von einzelnen oder Gruppen durch Steiner.

Thomas lobt die tiefe Innerlichkeit der christozentrischen Meditationen Rittelmeyers. Aber genau diese erwarb er nicht bei Steiner, sondern brachte sie mit aus der von diesem geschmähten evangelischen Kirche, in der Rittelmeyer Sonntag für Sonntag viele Menschen mit seinen Predigten tröstete und bereicherte. Rittelmeyer machte eine schwere Krankheit durch, von der seine Freunde befürchteten, die anthroposophische Meditationsweise sei letztlich die Ursache. Gerüchteweise wird auch von andern Anthroposophen berichtet, sie seien seelisch erkrankt durch die von Steiner empfohlenen Meditationsweisen. Das alles ist denkbar, aber heute nicht mehr einwandfrei zu klären.

[1] Friedrich Rittelmeyer, »Meditation, 12 Briefe über Selbsterziehung« Verlag der Christengemeinschaft, Stuttgart, 1929, S. 42

Thomas' Bedenken reichen noch weiter: Er hält Steiners Meditationsweg für die schwächste Stelle in seinem Werk. Da dieser Weg Grundlage, Voraussetzung und Mittel für das Schauen in die geistige Welt ist, trifft das Urteil den Angelpunkt der ganzen Anthroposophie.

6. Steiner und die Parapsychologie

Steiner nennt sich selbst Okkultist und Hellseher. Andererseits will er auf keinen Fall etwas zu tun haben mit Spiritismus, Mediumismus, und will seine Schauungen nicht verwechselt haben mit Visionen, Ekstasen und allem, was mit abgedämpftem Bewußtsein vor sich gehe. Er betont seine Ablehnung von allem »auf krankhaften oder abnormen Leibesverhältnissen beruhenden sogenanntem Hellsehen . . . Alles Visionäre, Mediumistische, das aus solchen Verhältnissen heraus entsteht, bleibt auf diesem Seelenweg ausgeschlossen.«[1]

Diese Begriffsverwirrung muß sortiert und untersucht werden: Zu Steiners Zeit machte sich ein vulgärer Spiritismus breit, der mit Tischrücken und Geisterbeschwörung weite Kreise ergriff, aber wissenschaftlich nicht ernst zu nehmen war. Steiner distanziert sich davon mit Recht. Zu bemerken ist allerdings, daß sich in der Theosophischen Gesellschaft, vor allem unter Frau Blavatsky, ein blühender Mediumismus entfaltete. Es ist heute nicht mehr festzustellen, wie weit es sich um echte Phänomene handelte und wie weit um Betrug. Ausgegeben wurde alles als »übersinnliche Schauungen«.

Okkult ist rein dem Wortsinn nach »verborgen«. Okkultismus – die Wissenschaft vom Verborgenen, dem Menschen normalerweise nicht Erkennbaren. Unter dem Einfluß des Rationalismus wurde über alles damit Zusammenhängende ein Tabu gebreitet. Um so kräftiger wucherte der abergläubische Umgang damit. Der Begriff

[1] Rudolf Steiner, »Ein Weg zur Selbsterkenntnis des Menschen in 8 Meditationen«, Neuauflage 1918, Nachwort

Okkultismus wurde nach einer vorwissenschaftlichen Phase abgelöst. Max Dessoir schlug 1886 vor, statt dessen »Parapsychologie« zu wählen. Heute kürzt man gern ab und benutzt die Formeln ASW (außersinnliche Wahrnehmung) oder PSI. Wenn Steiner sich von echten und erst recht von unechten okkulten Phänomenen absetzen wollte, hätte er klüger nicht gerade diesen Begriff für sich verwendet. Nicht nur »Okkultist«, auch »Hellseher« ist dann irreführend. Die heute gängige Definition für Hellsehen: Es wird (ohne Sinne) ein Wissen um objektive Situationen der empirischen Wirklichkeit erworben. – Auch zu Steiners Zeit wurde mit »Hellsehen« der Einsatz parapsych(olog)ischer Fähigkeiten gemeint. Warum wählt Steiner dieses Wort, wenn sein Schauen etwas ganz anderes sein soll?

Die Fähigkeiten eines Mediums (das ist ein Mensch mit okkulten Fähigkeiten; schwächere Begabungen werden Sensitive genannt) sind weder krankhaft noch abnorm oder abnormen Leibesverhältnissen zu verdanken. Abnorm bestenfalls insofern, als sie nicht jedermann in diesem Ausmaß hat.

Weder Visionen noch Ekstasen vollziehen sich bei abgedämpftem Bewußtsein, im Gegenteil, in einem aufs Höchste gesteigerten klaren, aber auf den Inhalt der Vision eingeengten Bewußtsein.

Zur problemlosen Verständigung seien nachfolgend die wichtigsten Begriffe der Parapsychologie erläutert:

Trance – Zustand des Mediums, in dem dessen okkulte Fähigkeiten aufzutreten pflegen. Wichtig: sie können ausbleiben, sie können auch ohne Trance auftreten.
Perzipient – Empfänger von Wissen
Agent – derjenige, der Inhalte seines Bewußtseins hergibt
Gedankenlesen – ein Wissen um den Bewußtseinsinhalt

eines anderen seelischen Wesens wird erworben, unabhängig von bekannten sinnlichen Wahrnehmungen. Hier ist der Perzipient aktiv. Er »zapft ab«.

Telepathie – die unmittelbare Übertragung von Eindrükken jeder Art von einer Seele zur andern, unabhängig von bekannten sinnlichen Wahrnehmungen. Bei echter Telepathie, etwa einer Todesmeldung, ist der Agent der aktive Teil.

Hellsehen – oft nicht einwandfrei zu unterscheiden von Gedankenlesen oder Telepathie. Hier gibt es keinen Agenten.

Zweites Gesicht – spontane Halluzination, mitten im Wachen, von räumlich und zeitlich fernen Tatsachen, Begebenheiten, manchmal in symbolischer Form, die sich später als vorempfundene Wirklichkeit herausstellen.

Teleskopie – direktes räumliches Fernsehen

Retroskopie – Erkennen der Vergangenheit. Schwer abzugrenzen von Telepathie mit verzögerter Reizwirkung.

Autoskopie – seltene Fähigkeit, auf Organe und ihre Funktionen einzuwirken, nicht nur mit Hilfe der quergestreiften Muskulatur, sondern auch der glatten.

Wir werden jetzt Steiners Angabe nachgehen, *seine* »Hellsicht« sei etwas grundsätzlich anderes als das, was hier definiert wurde.

Man erfährt von einer toten Tante, die wohl durch Suicid aus dem Leben schied, und die danach dem kleinen Rudolf erschien; in späteren Jahren von einem Freund, der am Morgen seines Todestages an seinem Bett gestanden und sich »verabschiedet« habe. Bereits zu Steiners Lebzeiten vermutete Leisegang hier ungeklärte Zusammenhänge.

»Als ich diese und andere Bedenken auf einem von der Deutschen Philosophischen Gesellschaft veranstalteten

Vortragsabend in Jena äußerte, führte in der Diskussion der Anthroposoph Herr Professor Dr. Beckh aus, daß er aus persönlichem Umgang mit Rudolf Steiner wisse, daß dieser schon als Kind hellseherische Erkenntnisse gehabt habe. Meine Frage, ob diese von der Art gewesen seien, wie sie Rudolf Steiner in seinem Buch ›Wie erlangt man Erkenntnisse . . .‹ beschrieben hat, bejahte er. Ich entwickelte darauf folgendes: Nach Steiners Lehre beginnt der Mensch in der Geheimschulung damit, durch sein Denken zunächst seinen Astralleib umzugestalten, zu vergeistigen usw. . . . In seiner Pädagogik entwickelt Steiner, daß ein Kind noch gar keinen Astralleib hat . . . da aber alle höhere Erkenntnis damit beginnt, den Astralleib umzugestalten, kann ein Kind logischerweise auch nicht zu Erkenntnissen höherer Welten kommen.«[1]

Nach Steiner entläßt beim Zahnwechsel die Ätherhülle den Ätherleib, bei Eintritt der Pubertät entläßt die Astralhülle den Astralleib. Er steht also dem jüngeren Kind noch nicht zur Verfügung.[2] Herr Prof. Beckh wußte darauf keine Antwort, und von Steiner selbst kam auch keine, weil sie nicht kommen konnte. Zu deutlich wird hier, wie er sich selbst widerspricht.

Steiner berichtet 1913 in einem internen Vortrag von dem betreffenden Erlebnis.

»Die Frauensperson trat zur Türe herein, ging bis in die Mitte der Stube, machte Gebärden und sprach auch Worte, die etwa in der folgenden Weise wiedergegeben werden können: ›Versuche jetzt und später, so viel du kannst, für mich zu tun.‹ Dann war sie noch eine Weile anwesend unter Gebärden, die nicht mehr aus der Seele

[1] H. Leisegang, »Die Grundlagen der Anthroposophie«, a.a.O., S. 98 ff.

[2] R. Steiner, »Die Erziehung des Kindes vom Gesichtspunkt der Geisteswissenschaft«, 1913, S. 20 ff.

verschwinden können, wenn man sie gesehen hat, ging zum Ofen hin und verschwand in den Ofen hinein.«[1]

Er fügt hinzu, seine Eltern hätten ihn gescholten und ihm verboten, noch einmal von so abergläubischem Zeug zu sprechen. Verständlich – sein Vater nannte sich einen Freigeist, er wollte modern sein, und die zeitgenössische Wissenschaft nannte diese Phänomene Aberglauben, Unsinn, Betrug, Spinnerei. So gewöhnte sich das Kind daran, über seine Erlebnisse zu schweigen. Aber möglicherweise setzte sich in ihm der entschlossene Wille fest, zu beweisen, daß diese Phänomene echt seien, daß er keineswegs »spinne«. Sicher auch wollte er aus der Isolierung heraus, in die ihn sein Anderssein trieb.

Psycho-logisch ging sein Bestreben dahin, zu beweisen, daß jedermann seine Fähigkeiten erwerben kann – auf dem »Weg«, den er weist. Folgerichtig war auch sein Gedanke, das Problem dadurch einer Lösung zuzuführen, daß er das als »Unsinn« Angesehene zur Wissenschaft machte. Nur ging er eben nicht den Weg jener Forscher, die die Phänomene so untersuchten, wie sie sich darboten, und *als* parapsychische Vorgänge, sondern er erfand einen anderen Namen, distanzierte sich scharf von allem Parapsychischen und verkündete: Was sich bei mir als Kind zeigte, war ein letzter Rest eines Hellsehens, das als Erbstück der archaischen Menschheit gelten muß. Es kommt ganz drauf an, was man daraus macht! *Ich* komme über diese primitive Gabe hinweg und erfasse mein übersinnliches Erleben nur als Erkenntnis-Impuls! *Ich* entwickle eine grundsätzlich andere Erkenntnisweise, die grundsätzlich andrer Erkenntnisorgane bedarf und zu grundsätzlich anderen Erkenntnissen führt.

Diese Sicht macht sich G. Wehr zu eigen, wenn er

[1] Briefe I, Dornach, 1955, S. 10 (Vortrag vom 4. 2.)

schreibt, die Prägekraft eines derartigen Ereignisses sei so nachhaltig, daß der mehr als 60jährige Steiner von diesem Datum her seine geistige Biographie beginnen sieht.[1]

Im 20. Jh. machte die Wissenschaft auf dem Gebiet der Parapsychologie enorme Fortschritte. Eine gewisse Skepsis hat sich bis heute erhalten, aber ernsthaft werden die Ergebnisse der Forschung nicht mehr in Frage gestellt. Selbst Freud bekannte am Ende seines Lebens, wenn er noch einmal von vorn anfangen dürfte, würde er sich nicht der Psychoanalyse widmen, sondern der Parapsychologie. Heute kann einwandfrei festgestellt werden, daß Steiner ein Medium war. Wenn nun aber seine mediale Begabung identifiziert wird mit seiner »Schau höherer Welten«, wenn auch die vorhandene Sekundärliteratur dem Leser Beispiele von ASW aus späteren Lebensjahren Steiners liefert, dann fühlen Anthroposophen den Boden unter ihren Füßen wanken. Wenn gleiche und ähnliche Erkenntnisse, wie Steiner sie vorlegt, von Menschen gewonnen werden, die seinen »Weg«, den er als exklusiv betrachtet, nicht gegangen sind, bleiben mindestens Widersprüche unaufgelöst stehen.

Die Forschung hat als gesicherte Erkenntnis festgestellt, daß Menschen mit außergewöhnlichen parapsychischen Fähigkeiten diese schon in frühester Kindheit, selbst vor dem 10. Lebensjahr, besaßen und bemerkten.

Dann muß eben die verräterische Stelle aus dem »Lebensgang« verschwinden. Alles, was in späteren Lebensjahren geschah, kann man ja als Frucht des Erkenntnisweges deklarieren.

Berichte über die tote Tante finden sich in verschiedenen Büchern. So schreibt Rittelmeyer aus der Erinnerung an Gespräche mit Steiner: »Wie die Fähigkeit zum Schauen schon in frühester Jugend in ihm aufgewacht sei,

[1] G. Wehr »C. G. Jung und Rudolf Steiner«, Klett-Verlag, Stuttgart, 1972, S. 33

als er den Tod einer Verwandten durch diese selbst erfuhr, ehe die Nachricht von außen kam ...«[1]

Oder Klaus Petersen, der in einer Kurzbiographie schreibt: »In dem Seelenleben des kleinen Rudolf war eine entschiedene Besonderheit. Er nahm schon längere Zeit, bevor er in die Schule kam, mit vollem Bewußtsein und mit Herzensanteilnahme neben und gleichzeitig mit den Dingen, ›die man sieht‹, solche wahr, ›die man nicht sieht‹; es geschah ihm bereits von frühester Jugend an, was im Alten und Neuen Testament und in anderen Schriften des Altertums und Mittelalters von vielen führenden Persönlichkeiten immer wieder berichtet wird. Eines Tages trat die Lichtgestalt einer soeben verstorbenen Verwandten zu ihm und bat ihn, er möge für ihre Seele beten. Erst einige Tage danach bemerkte er, daß der Vater mit einem heftigen Kummer zu ringen hatte. Nach diesem Erlebnis war seiner Seele die übersinnliche Welt für immer zugänglich.«[2]

Eine entsprechende Notiz findet sich weiter bei Gerhard Wehr: »Ein okkultes Erlebnis in Gestalt der Erscheinung einer dem Knaben unbekannten Toten erweckt das Bewußtsein, daß es neben den Dingen, die man mit physischen Augen sieht, noch solche gibt, die man nicht sieht.«[3]

Ja, gewiß gibt es sie! Aber nicht alle Menschen vermögen in gleicher Weise zu sehen! Steiner macht ASW zum allgemeinen gleichen menschlichen Besitz, während in den Begabungen, die natürlich gepflegt werden können, erhebliche Unterschiede bestehen. Wehr übersieht auch hier Steiners Mangel an Differenzierung.

Eine Fundgrube für Beispiele von ASW bei Steiner ist

[1] Friedrich Rittelmeyer, »Meine Lebensbegegnung mit Rudolf Steiner«, Urachhaus, Stuttgart, 1970, S. 77

[2] Klaus Petersen, »Rudolf Steiner«, Colloquium Verlag, Berlin, 1968, Reihe Köpfe des XX. Jh., S. 10, Band 54

[3] Gerhard Wehr, »Christusimpuls und Menschenbild«, Herder, 1974, S. 25

das Buch Rittelmeyers »Meine Lebensbegegnung mit Rudolf Steiner«. Da Rittelmeyer jahrelang intimen Umgang mit Steiner pflegte, kommt seinen Berichten einiges Gewicht zu. Rittelmeyer urteilte aus laienhaftem Verständnis und aus blinder Verehrung für Steiner: »Bei Rudolf Steiner war von Trance gar keine Rede. Man sah in ein freies leuchtendes *Über*bewußtsein hinein und nicht in ein dunkles träumendes Unterbewußtsein.«[1]

Die Forschung hat mit der verbreiteten Meinung aufgeräumt, Medien könnten nur in Trance etwas »sehen«. Gerda Walther ist sogar der Überzeugung, daß Trancemedien immer seltener werden, während es seit dem 2. Weltkrieg eine andere Form immer häufiger gebe, die möglicherweise die Zukunftsform medialer Begabung werden könnte: »Fälle, in denen einem wachen Ichzentrum aus seinem Innern Regungen zuströmen . . . die von bestimmten Verstorbenen herzukommen scheinen . . . die den Vorzug der Wachheit und Bewußtheit des Erlebenden hätten. Die Medialen wären also den Botschaften nicht ausgeliefert, sondern könnten, wenn ihr Ichzentrum stark genug ist, dem, was in sie einströmt, frei überlegend und wertend gegenüberstehen, auf es antworten, sich ihm öffnen oder versagen.«[2] War Steiners Begabung von dieser Art? Rittelmeyers Bericht spricht dafür. Er fragte Steiner einmal: »Sind Sie eigentlich in der geistigen Welt schon einmal meiner verstorbenen Mutter begegnet?« – »Wenn Sie einem Vortrag zuhören«, war die Antwort, »dann kommt oft eine Individualität, die ich für Ihre verstorbene Mutter halte. Sie bringt auch noch einige andre mit. Sie ist ein wenig unruhig und geht ab und zu. Aber an Ihrem geistigen

[1] Friedrich Rittelmeyer, »Meine Lebensbegegnung«, a.a.O., S. 57
[2] Gerda Walther, »Phänomenologie der Mystik«, Walter-Verlag, Olten und Freiburg/Br., 1976, S. 80 f.

Leben nimmt sie starken Anteil.« – »Auch sonst kamen mir Beispiele zu Gehör, daß er an einzelnen Menschen während der Vorträge allerlei Übersinnliches erlebte.«[1]

Steiner beharrt auch bei Begegnungen mit Verstorbenen darauf: Wer den Schulungsweg gegangen ist, kann auch mit einzelnen Verstorbenen in Verbindung treten, ihr Leben nach dem Tode verfolgen.[2]

Rittelmeyer fragte Steiner eines Tages um Rat wegen eines Zwiespaltes mit seiner Gemeinde. Ohne davon auf direktem Weg etwas wissen zu können, beurteilte Steiner die Lage und gab seinen Rat. »Wieder einmal sagte er mir etwas verblüffend Richtiges über mich selbst. ›Das ist ja wunderbar, wie Sie das sehen!‹ fuhr es mir heraus . . . ›Wunderbar?‹ sagte er mit freundlicher, aber unmißverständlicher Ablehnung, ›so dürfen Sie das nicht ansehen. So etwas sieht man, oder man sieht es nicht!‹«[3] Eben! Entweder man hat ASW-Begabung oder man hat sie nicht.

Rittelmeyer schildert Steiner bei Vorträgen: »Sein Blick ging etwas über die Versammlung hinweg, als ob er fest auf Bilder gerichtet sei, die er vor sich habe.«[4] Er habe dann die Sätze etwas gedehnt, um die Schauung zu überbrücken. Interessant ist dazu ein Forschungsergebnis: »Gedankenlesen, von uns, wie gesagt, von Telepathie scharf geschieden, findet seitens der, leider recht seltenen Sensitiven meist im Zustand der sogenannten Trance, die dem hypnotischen Zustand verwandt ist, statt, kann aber auch (wie z. B. bei dem französischen Sensitiven Herrn Forthuny) im Wachzustande stattfinden. Der Sensitive sieht dann, vielleicht inmitten einer ganz anderes behandelnden Unterhaltung oder während

[1] Friedrich Rittelmeyer, »Meine Lebensbegegnung«, a.a.O., S. 95 f.
[2] Rudolf Steiner, »Geheimwissenschaft«, a.a.O., S. 320
[3] Friedrich Rittelmeyer, »Meine Lebensbegegnung«, a.a.O., S. 52
[4] Friedrich Rittelmeyer, »Meine Lebensbegegnung«, a.a.O., S. 45

einer geselligen Mahlzeit, plötzlich Bilder vor sich oder hört innerlich Worte, die den ihm auf normalen Wegen gänzlich unzugänglichen seelischen Inhalt eines Anwesenden richtig wiedergeben.«[1]

Wir unterstellen Steiner nicht, daß er bewußt für übersinnliche Erkenntis anthroposophischer Lesart ausgab, was ganz gewöhnliche ASW war, obwohl es immer schwerer wird, ihm zu glauben, daß er wirklich einen grundsätzlichen Unterschied sah. Unbekannt ist diese Problematik nicht. Fanny Moser schreibt: »Der Okkultismus ist ein Gemisch von Täuschungen und Tatsachen ... Es gibt kaum ein okkultes Phänomen, das nicht auf die eine oder andre Weise nachgeahmt werden kann und wird. Dies ist mit allem Nachdruck immer wieder zu betonen.«[2] Ebenso betont sie, daß es dem Medium bewußt sein kann, aber nicht bewußt sein muß, daß es täuscht. Bei Steiner ist alles nur noch verzwickter. Möglicherweise täuschte er Schauungen vor, die er gar nicht hatte, deren Inhalt ihm auf ganz gewöhnlichem Weg über die Sinne zugekommen war. Aber darüberhinaus sollten ja *seine* Schauungen etwas grundsätzlich anderes sein als diejenigen von Medien. Wußte er wirklich nicht, daß er ein Medium war? Das Sehen der Aura eines Menschen beispielsweise ist ein allbekanntes parapsychologisches Phänomen. Er hat diese Fähigkeit auf seinem Schulungsweg erworben. Wie kommen dann Menschen dazu, die nie einen Fuß auf seinen »Weg« gesetzt haben? Ist ihm nie aufgefallen, daß die Eingeweihten, die er oft erwähnt, größtenteils parapsychologische Fähigkeiten besaßen? Man weiß es mit Sicherheit etwa von Paracelsus, Swedenborg, Goethe.

[1] H. Bender, »Parapsychologie«, Kap. »Die wissenschaftliche Parapsychologie der Gegenwart« von Hans Driesch, S. 96, Wissenschaftliche Buchgesellschaft, Darmstadt, 1966

[2] F. Moser, »Das große Buch des Okkultismus«, a.a.O., S. 137

Noch eine wichtige Frage ist offen: Steiner läßt für sein übersinnliches Erkennen nur das wache, helle Tagesbewußtsein gelten. Er behauptet für alle parapsychologischen Phänomene, sie spielten sich bei abgedämpftem Bewußtsein ab. Die Forschung stellt fest, daß das Unterbewußte das fast ausschließliche Gebiet des Okkulten ist. Sozusagen das allerunterste Unterbewußtsein. Manche Phänomene jedoch spielen sich gleichsam neben dem normalen Wachbewußtsein ab. Das Absinken ist bei manchen Medien so gering, daß Laien es gar nicht bemerken. Wir sahen bereits im Kapitel über die Meditation, daß Steiner eine sehr undifferenzierte Vorstellung von Bewußtseinszuständen hatte. Die meisten seiner Schauungen dürfte er ohne Zeugen gehabt haben. Niemand wird je erfahren, in was für einem Bewußtseinszustand er sich dabei befand. Aber mit Sicherheit war er ein Medium.

Immer wieder spricht Steiner davon, der »Geistesschüler« werde erreichen, leibfrei zu denken, zu erkennen, also ohne Hilfe der Sinne und ohne Gehirn. Sein Versuch, dies rein logisch zu begründen, ging daneben. Er schloß aus der Tatsache, daß beim reinen Denken der Mensch unabhängig ist von den Sinnesorganen; er sei auch unabhängig vom Leib überhaupt, und daher sei bewiesen, daß jener Wesensteil des Menschen, der denkt, sein Geist, den Tod überleben könne. Später geht er detaillierter an das Problem heran: Er erklärt sein Denken als unabhängig vom physischen und ätherischen Leib, wenn sich Astralleib und Ich zu Erkenntnissen höherer Welten aufschwingen. »Man hat *ohne den Leib* unmittelbar durch die in sich stärker gewordene Seele beobachtet. Man hat die Vorstellung eines Erlebnisses *außerhalb* seines Leibes gewonnen.«[1] Wie üblich gibt es auch hier keine sauberen, eindeutigen Aussagen.

[1] R. Steiner, »Ein Weg zur Selbsterkenntnis«, a.a.O., S. 25, Dornach, 1968

»Außerhalb« des Leibes würde man sich zur Not gefallen lassen, wenn auch bezüglich des Wahrheitsgehalts mit allen Vorbehalten. Denn Medien erfahren sich allgemein nach dem Schauen als »in den Leib zurückkehrend«. Gerda Walther zitiert die »Seherin von Prevorst«, ein berühmtes Medium: »Im Hellschlafwachen tritt der innere Mensch ganz hervor und durchschaut den äußeren, welches aber weder im Schlaf noch im Traum geschieht, denn da ist das hellste Wachen, weil der innere geistige Mensch da ungebunden und frei von dem Körper lebt.«[1] Hier wird Steiners waches Bewußtsein und seine Unabhängigkeit vom Körper bestätigt – allerdings von einem Medium. Mögen Medien sich subjektiv unabhängig vom Leib fühlen – objektiv sind sie es nicht. Die Forschung stellte fest, daß eine Wahrnehmung ohne Sinnestätigkeit, keineswegs auch ohne Nerventätigkeit erfolgt. »Im Gegenteil: Eine erhöhte Nerventätigkeit ist ihre unerläßliche Voraussetzung und Bedingung.«[2]

Auch Reanimierte erfahren sich als in den Leib zurückkehrend, und vorübergehend waren sie wie unabhängig von ihm. Erlebnisse dieser Art wurden in den letzten Jahren veröffentlicht.[3] Irgendwie war in diesen Grenzerfahrungen die Verbindung mit dem Körper gelockert. Das alles ist noch wenig erforscht. Immerhin gilt heute ein Mensch dann als klinisch tot, wenn keine Gehirnströme mehr gemessen werden können. Also auch hier nur eine subjektiv erlebte Unabhängigkeit vom Leib.

Nehmen wir uns nun Steiners »Lesen in der Akasha-Chronik« vor. Sie ist die Krönung des Schulungswegs zur

[1] G. Walther, »Phänomenologie der Mystik«, a.a.O., S. 114

[2] F. Moser, »Okkultismus«, a.a.O., S. 436

[3] Johann Christoph Hampe, »Sterben ist doch ganz anders«, Kreuz Verlag, Stuttgart, 1975, Eckart Wiesenhütter, »Selbsterfahrungen im Sterben«, GTB Siebenstern 196, Gütersloh, 1977

Erlangung von »Erkenntnissen höherer Welten«. Liegt auch hier ASW vor? Steiner beschreibt es: »Nehmen wir an, es läßt der Geistesforscher den Blick zurückschweifen bis zu Karl dem Großen oder bis in die römische Zeit oder in das griechische Altertum. Alles, was da geschehen ist, ist seinen geistigen Urbildern nach durch Spuren erhalten geblieben in der geistigen Welt und kann dort geschaut werden. Dieses Schauen der Spuren, welche alle Geschehnisse in der geistigen Welt zurücklassen, nennt man das ›Lesen in der Akasha-Chronik‹. Es gibt eine solche lebendige Schrift, die das geistige Auge sehen kann.«[1] Die Akasha-Chronik ist kein Buch, sondern eine geistige Schrift, geschrieben in den Weltenäther, ein ungeheures Weltengedächtnis. Fatalerweise kann der Lesende Fehler machen. »Aber dem Menschen sind die Wege offen zur Wahrnehmung des Ewigen . . . Von der vergänglichen Geschichte dringt er zur unvergänglichen vor. Diese wird in der Gnosis, in der Theosophie die Akasha-Chronik genannt . . . Auch die geistige Anschauung kann sich täuschen, kann ungenau, schief, verkehrt sehen . . .«[2] Steiner bittet, man »möge sich nicht daran stoßen, wenn die Mitteilungen, die aus solchen geistigen Quellen stammen, nicht immer völlig übereinstimmen . . . Die Eingeweihten schildern zu allen Orten und zu allen Zeiten im wesentlichen das Gleiche.«[3]

Es ist wohl ein bißchen viel verlangt, sich nicht daran zu stoßen, denn leider gibt es neben geringeren auch gravierende Unterschiede zwischen den Schilderungen der »Eingeweihten«, und diese selbst stoßen sich heftig

[1] R. Steiner, »Das Johannes-Evangelium«, Dornach, 1975, S. 28

[2] Rudolf Steiner, »Aus der Akasha-Chronik«, 1904, 2. Auflage, Basel, 1955, S. 22

[3] Rudolf Steiner, »Aus der Akasha-Chronik«, Vorträge aus den Jahren 1904–1908, a.a.O., Vorwort

daran, liegen sich in den Haaren und erklären sich gegenseitig für unglaubwürdig. Steiners tiefgehende Zerwürfnisse mit den Theosophen beruhten u. a. auch darauf, daß gerade *nicht* »im wesentlichen das Gleiche« geschildert wurde. Dennoch gelang es beiden, ihre Anhänger mit einer Sicherheit ohnegleichen einzuschüchtern und aufkommende Zweifel zu unterdrücken. Hierauf wirft ein Wort von Stefan Zweig ein bedeutsames Licht:

»Persönlich wirkte er nicht so führerhaft wie Herzl, aber mehr verführerisch. In seinen dunklen Augen wohnte eine hypnotische Kraft, und ich hörte ihm besser und kritischer zu, wenn ich nicht auf ihn blickte . . .«[1]

»Im wesentlichen Gleiches« findet sich dagegen interessanterweise bei Leuten, die sich nie als Eingeweihte bezeichneten, sondern als Medium. Die Themen sind hüben wie drüben von verblüffender Ähnlichkeit. So fasziniert z. B. Eingeweihte wie Medien der Untergang des sagenhaften Erdteils Atlantis. Was Steiner darüber an detaillierten Mitteilungen macht, findet sich auch bei Edgar Cayce, der »der größte Prophet der Gegenwart« genannt wird.[2] Er lebte von 1877–1945, war also ein Zeitgenosse Steiners. Nach ihm wurde Atlantis vor zehneinhalb Millionen Jahren besiedelt. Während der 200 000 Jahre seiner Hochblüte fanden zahlreiche Umwälzungen und Veränderungen statt, und nach drei großen Katastrophen soll es endgültig zerstört worden sein, etwa 10 000 Jahre vor Christi Geburt. Der Verfall des hochentwickelten Volkes habe eingesetzt, als es seine Gaben mißbrauchte. Die Leute von Altantis ent-

[1] Stefan Zweig, »Die Welt von Gestern«, Fischer tb 1152, 1970, S. 92

[2] Mary Ellen Carter, »Prophezeiungen in Trance«, Keller Verlag, Genf, 1973

wickelten unter vielem anderen die Luftfahrt, usw., usw. Man kann hier nur noch fragen: Wer hat wen »angezapft«? Oder haben beide die gleichen alten Bücher gelesen?

Steiner erläutert weiter: »Wer aber in diesen Dingen bewandert ist, der weiß, daß es um so leichter ist, in der Akasha-Chronik zu lesen, je weniger man dieselben Dinge aus der äußeren Geschichte kennt. Denn die äußere Geschichte und ihre Kenntnis ist geradezu eine Störung für den Seher . . . Das alles stört eigentlich den Blick und kann ihn befangen machen für das, was in der Akasha-Chronik zu lesen ist.«[1]

Die wissenschaftliche Erklärung, wiederum aus der Parapsychologie, gibt Fanny Moser: »Die Intelligenz, der Bildungsgrad, die Erinnerungen und Erwartungen des Mediums und das psychische Milieu sind von entscheidendem Einfluß auf seine transnormalen Wahrnehmungen und ihre Gestaltung.«[2] Auch weiß man, daß der Hellsehende in Schwierigkeiten kommt und das Ergebnis verfälscht, wenn er während des Hellsehens reflektiert. Noch eins kommt hinzu: »Das Medium kann selten restlos und unverfälscht das transnormal Wahrgenommene erfassen und zum Ausdruck bringen. Je komplizierter dies ist, je vielseitiger es also an dessen Mentalität appelliert, um so größer sind die Fälschungen bei Transferierung aus dem Unterbewußten und Übersetzung in die gewöhnliche Sprache.«[3] All das trifft auf Steiner zu. Es sei denn, er »sah« gar nicht erst, sondern formte die Informationen von den Theosophen-Sehern nur um. Ganz gleich, ob diese oder er original »sahen«, alles

[1] R. Steiner, »Das Johannes-Evangelium«, a.a.O., S. 29 f.

[2] Fanny Moser, »Das große Buch des Okkultismus«, Verlag Walter, Olten u. Freiburg/Br., 1974, 1. Aufl. 1935, S. 484

[3] ebendort

Mitgeteilte ist von höchster Kompliziertheit. Kein Wunder, wenn auch Steiner widerfuhr, was von dem berühmten Medium Mrs. Piper berichtet wird, nämlich, daß sie in buntem Durcheinander ein schwer zu entwirrendes Gemisch von Wahrheit und Dichtung brachte.

Wir haben mehrfach feststellen müssen, daß Steiners Phantasie auch dann mit ihm durchgeht, wenn er gerade nicht »schaut«. Im Klartext: Er hatte schon bei gewöhnlichem Bewußtsein ein gestörtes Verhältnis zu Wahrheit und Realität. Er selbst beschreibt, wie verheerend sich das auswirkt für die übersinnlichen Erkenntnisse: Wenn das höhere Ich sich entwickelt, tut es das auf Kosten des niederen, das es geschwächt hinterläßt. Es wäre also notwendig, daß das niedere von vornherein so stark ist, daß seine Kraft auch noch für das höhere gut mit ausreicht. Ist das nicht der Fall, tritt im gewöhnlichen Ich ungeordnetes, verworrenes, phantastisches Denken auf. Das niedere erlangt die Herrschaft über das höhere, und so wird auch das Schauen in die höheren Welten verworren. Der gelockerte Wahrheitssinn bewirkt, daß der Schüler alles mögliche für geistige Wirklichkeit hält, was nur seine Phantasterei ist.

Das ist wahrlich eine vernichtende Konsequenz. Betroffen macht, daß Steiner das alles genau beschreibt, ohne im entferntesten daran zu denken, es auf sich anzuwenden.

Der Fortschritt der Wissenschaft entzieht Steiners Argumentation den Boden. Was er so geschickt eingefädelt zu haben glaubt, erweist sich als Rohrkrepierer. Während er alles Parapsychische in Bausch und Bogen verächtlich macht, ins Zwielicht rückt, es mit der Bemerkung abwertet, dabei werde das »Ich« ausgeschaltet und würden nur »Überreste alter Bewußtseinszustände« hervorgeholt, ahnt er nicht, wie *er* hier Ernst Bloch voll ins offene Messer seines scharfen Verstandes rennt: »Nicht zu vergessen, was die schlechte Seherei hierin leistet. Auch sie will mit wirren Mitteln sich in Geheimnisse drängen und tut es. Zu herabgesetztem Preis werden diese erworben und sehen danach aus . . . Völlig verwildert, aber atavistisch interessant, die Blavatsky mit ihrer ›Entschleierten Isis‹. An der Spitze der ›Erkenntnis höherer Welten‹ etablierte sich der okkulte Journalist Rudolf Steiner, eine Merkwürdigkeit für sich. Eine mediokre, ja unerträgliche Merkwürdigkeit und doch wirksam, als würde hier noch die Mistel gebrochen, als gärte, wässerte, raunte, schwätzte eine Art verlottert Druidisches auf Zeitungspapier. Ob das Geschwätz und das tiefe Niveau für diese Art ›Einweihung‹ oder okkulte Belebung notwendig sind, steht dahin . . . Trotzdem erscheint zuweilen auch ein Schuß medialer Anlage, eine atavistische Fähigkeit zu parapsychischen Erscheinungen, vor allem zu atavistischem Hellsehen. Daß es dergleichen Erscheinungen und Anlagen noch gibt, kann nicht bezweifelt werden, desgleichen nicht, daß sie in Typen wie der Blavatsky und dem lunatischen Steiner recht hochgestiegen sind . . . So kamen alte Unter-, Zwischen-, Hinterwelten verrottet hoch. Vermischt mit absonderlichen Korrespondenzen quer durch die Welt; unter Aufhebung der üblichen Verbindungslinien, mit sozusagen verrückten Grenzsteinen. Ein Beispiel hierfür ist etwa eine atavistisch-sympathetische Analogie zwischen – Uterus, Gehirn und Himmelsgewölbe. Dergleichen (zuletzt noch paracelsische) Witterungen für vermeinte ›Entsprechungen‹ kommen heute nur noch in solch theosophischen Schmökern vor, in der Gnosis für Mittelstand mit einem Stich.«[1] Von einem ganz anderen Ausgangspunkt her kommt der Philosoph Bloch eben-

[1] Ernst Bloch, »Prinzip Hoffnung« (in 5 Teilen), Kap. 53, S. 1392–1398, Suhrkamp, 1959

falls zu dem Ergebnis: als Geisteswissenschaft ist die Anthroposophie nicht anzuerkennen.

Offenbar sind die Anthroposophen doch nicht die kleine, mißverstandene, vielfach verleumdete Minderheit, die nun endlich ihre späte, verdiente Rehabilitation erlebt, sondern es hatte seine guten Gründe, wenn ihnen breite Anerkennung versagt blieb.

Diese Gründe wurden nur im Lauf der Jahrzehnte vom Vergessen zugedeckt, der kritische Blick durch Emotionen verstellt. Bloch tut Steiner nicht die Ehre an, sich im Detail mit einer »Widerlegung« zu befassen. Auch er scheint das Sprichwort »Ein Narr kann mehr fragen, als sieben Weise beantworten können« abgewandelt auf Steiner anzuwenden: »Ein Narr kann mehr behaupten, als hundert Weise widerlegen können.«

7. Steiners Selbstverständnis

In Steiners Leben und Werk wird manches leichter durchschaubar, wenn wir sein Selbstverständnis einmal zusammenfassend erläutern. Zwei Linien lassen sich darin erkennen: eine »okkulte« und eine »christliche«.

»Okkult« soll bei Steiner bisweilen nur einfach dem Wortsinn nach »verborgen« heißen. Dann wieder versteht er darunter mediale Phänomene, in andern Zusammenhängen ein Geheimwissen aus alten Traditionen. Entsprechend kann man, wenn er »Einweihung« sagt, nur aus dem Zusammenhang zu erschließen versuchen, ob er es im alltäglichen Sinne meint: Jemand wird in die Geheimnisse des Violinspiels eingeweiht oder in die der lateinischen Grammatik. Die kann ja auch sehr okkult sein für einen Schüler! »Einweihung« kann sich aber auch auf jenes »Geheimwissen« beziehen, das von »Geheimschulen« den »Geheimschülern« gegeben wurde und das die so »Eingeweihten« tradierten.

Steiners mediale Begabung, die bereits in seiner Kindheit auftrat, deutet er selbst als mitgebrachte Gabe, setzt sich dann aber ab gegen andere Medien und sagt, *er* habe daraus etwas ganz anderes gemacht, etwas Höheres: die Fähigkeit, mit hellem, wachem Bewußtsein in die geistige Welt zu schauen.

Dazu hatten wir festgestellt, daß auch Medien keineswegs nur in Trance arbeiten. Auch Steiners Sehen der toten Tante vollzog sich nicht in Trance nach seiner Beschreibung. Seine Schauungen waren zum guten Teil denen von Medien auch inhaltlich sehr ähnlich. Und da bis heute niemand seinen Weg gegangen ist, legte sich die Annahme nahe: Seine Schauungen waren entweder normale Hellsicht eines Mediums oder Phantasie oder Kopie oder alles miteinander. Demnach hätte er keineswegs etwas Höheres aus seiner Gabe gemacht.

Dafür gewinnt man jetzt den Eindruck, als hätten andere aus seiner Gabe etwas gemacht. Gespeist wird diese Vermutung aus Steiners Reden von »Einweihungen«, die ihm zuteil geworden seien.

Er berichtet von zwei Bemühungen, die in seinen jungen Jahren nebeneinanderherliefen. »Ich hielt mich damals für verpflichtet, durch die Philosophie die Wahrheit zu suchen.«[1] Dabei ging es ihm um den Erweis, daß es eine geistige Welt gibt und wie diese zu denken sei. Daneben läuft seine mediale Begabung: »Den gestorbenen Menschen verfolgte ich weiter auf seinem Wege in die geistige Welt hinein.«[2] Er schreibt dies mit über 60 Jahren, also zu einer Zeit, da er alles gut geordnet glaubte, nämlich seine natürliche Hellsicht in wissenschaftliche Erkenntnis umgewandelt zu haben. Es könnte einen erbarmen, wie der junge Mensch verzweifelt versucht, auf irgendeine Weise mit seinem Mediumismus fertig zu werden. Er will und muß ihn akzeptieren, will aber ebenso entschlossen aus der Isolation heraus, in die er ihn einsperrt. Denn immer noch stößt er auf Unverständnis und Ablehnung bei verehrten und ihm freundschaftlich verbundenen Menschen, wenn er anfängt, von seiner Hellsicht zu sprechen. Noch verständnisloser schauen sie ihn an, wenn er entwickelt, daß und wie er seine Schauungen überhöht hat, wenn er Philosophie und Parapsychologie zu kombinieren versucht. »Eingeweihte« durchbrechen endlich seine Einsamkeit.

Während Steiner sich mit Fichte und Hegel befaßte, lernte er einen einfachen Mann aus dem Volke kennen, den »Dürrkräutler« Felix Koguzki. Dieser verkaufte

[1], [2] Rudolf Steiner, »Mein Lebensgang«, a.a.O., S. 42 ff.

seine gesammelten Heilkräuter in Wien an Apotheken. Unberührt von Wissenschaft und Zivilisation besaß er nach Steiners Beschreibung so etwas wie ein instinktives Wissen der Vorzeit. »Mit ihm konnte man über die geistige Welt sprechen wie mit jemand, der Erfahrung darin hatte.«[1] – »Er offenbarte sich so, als ob er als Persönlichkeit nur das Sprachorgan wäre für einen Geistesinhalt, der aus verborgenen Welten heraus sprechen wollte.«[2] Möglicherweise hat Steiner von hier einiges einfließen lassen in seine späteren Anregungen für die anthroposophische Medizin, denn er nennt den Kräutersammler einen, ». . . der in die Geheimnisse der Wirksamkeit aller Pflanzen und ihres Zusammenhangs mit dem Kosmos und mit der menschlichen Natur vollkommen eingeweiht war.«[3]

Steiner war erst 19 Jahre alt, als die zweite, noch wichtigere Begegnung erfolgte. In einem Vortrag am 4. 2. 1913 in Berlin lüftete Steiner ein wenig den Schleier, den er über diesen »Meister« gebreitet hatte: »Mein Felix war gewissermaßen nur der Vorherverkünder einer anderen Persönlichkeit, die sich eines Mittels bediente, um in der Seele des Knaben, der ja in der spirituellen Welt darinnenstand, die regulären, systematischen Dinge anzuregen, mit denen man bekannt sein muß in der spirituellen Welt.«[4]

Niemals hat jemand Beruf und Namen dieses »Meisters« erfahren. Dunkel, »okkult« bleiben alle Äußerungen Steiners über ihn. Da er sonst recht offenherzig auch intimere Begegnungen beschreiben kann, gewinnen diese Beziehungen etwas den Charakter des Unheimlichen. Einzig ins Vertrauen gezogen hat Steiner einen französischen Freund, den Philosophen Edouard Schuré, auch ein »Eingeweihter«. Er übersetzte »Das

[1], [2], [3], [4] Rudolf Steiner, »Mein Lebensgang«, a.a.O., S. 43 ff.

Christentum als mystische Tatsache« ins Französische und schrieb eine biographische Vorrede dazu. Darin gibt er eine Charakterisierung des geheimnisvollen »Meisters«: »Der große Lehrer Rudolf Steiners war einer jener stillen Eingeweihten, die, unerkannt von der Welt, unter der Maske irgendeines bürgerlichen Berufes leben, um eine Mission zu erfüllen, deren Tragweite allein ihresgleichen aus der Brüderschaft der Meister der Entsagung ermessen können. Sie greifen nicht in offensichtlicher Weise in die menschlichen Ereignisse ein. Das Inkognito ist die Bedingung ihrer Stärke, aber ihre Wirksamkeit ist deshalb nur um so bedeutender. Denn sie geben die Impulse, bereiten und lenken diejenigen, die vor die Öffentlichkeit treten. In dem vorliegenden Falle war es dem Meister ein leichtes, die ursprüngliche, von selbst eingetretene Einweihung seines Schülers zu vervollständigen. Er brauchte ihm gewissermaßen nur das Geheimnis, den ›Fingersatz‹ seiner eigenen Organisation zu zeigen, um ihn mit den notwendigen Werkzeugen auszustatten. Lichtvoll zeigte er ihm die Zusammenhänge der offiziellen und der Geheimwissenschaft, der Religionen und okkulten Strömungen, die sich gegenwärtig die Führung der Menschheit streitig machen, die Vorzeit der okkulten Überlieferung, die die verborgenen Fäden der Geschichte zieht, mischt, trennt und wieder verknüpft im Laufe der Jahrhunderte. –

Sehr rasch ließ er ihn die aufeinanderfolgenden Stufen der methodischen inneren Schulung bis zur Erlangung der bewußten, exakten Geistesschau durchlaufen. In wenigen Monaten lernte der Schüler durch mündlichen Unterricht die unvergleichliche Tiefe und Herrlichkeit der umfassenden okkulten Esoterik kennen . . .

Auf die sorgenvollen Fragen seines Schülers antwortete er im wesentlichen: Wenn du den Feind bekämpfen willst, mußt du damit anfangen, ihn zu verstehen. Du wirst den Drachen nicht anders besiegen, als wenn du in seine Haut schlüpfst. Man muß den Stier bei den Hörnern packen, den Feind mit seinen eigenen Waffen schlagen . . . Ich habe dir gezeigt, wer du bist – nun geh – und bleibe du selbst.«[1] Und der solcherart Eingeweihte hatte alles, absolut alles nur aus sich selbst!

Im September 1907 schrieb Steiner für Schuré eine »Autobiographische Skizze«. Darin erwähnt er eine Erkenntnis, der er großen Wert beimißt: »In diese Zeit fiel – und dies gehört schon zu den äußeren okkulten Einflüssen – die völlige Klarheit über die Vorstellung der Zeit. Diese stand mit den Studien in keinem Zusammenhang und wurde ganz aus dem okkulten Leben her dirigiert. Es war die Erkenntnis, daß es eine mit der vorwärtsgehenden interferierende rückwärtsgehende Evolution gibt – die okkult-astrale. Diese Erkenntnis ist die Bedingung für das geistige Schauen. Dann kam die Bekanntschaft mit dem Agenten des Meisters.«

Steiner war während des Studiums der Geometrie mit der Lehre bekanntgeworden, nach der eine Linie im Raum sich nicht einfach im Unendlichen verliert, sondern sich, wenn sie von rechts ausgegangen ist, von links wieder dem Ausgangspunkt nähert. Diese Anschauung übertrug er auf die Zeit. Für ihn enthielt die Vorstellung von einem Fortschreiten in die unendlich ferne Zukunft ein Zurückkommen aus der Vergangenheit. »Jene eigenartigen Strömungen, die durch die okkulte Welt gehen, die man nur erkennen kann, wenn man eine aufwärts- und eine abwärtsgehende Doppelströmung ins Auge faßt, traten damals lebendig vor des Knaben Seele.«[2] Seltsamerweise spricht Steiner von dieser Erkenntnis als einer Bedingung für das geistige Schauen in seinen

[1] Rudolf Steiner, Briefe I, S. 35 ff.
[2] Rudolf Steiner »Mein Lebensgang«, a.a.O., S. 277

anthroposophischen Standardwerken nicht, nur in Vorträgen und Briefen.

Steiner berichtet Schuré in seiner »Autobiographischen Skizze« weiter von äußeren Tätigkeiten und fährt dann fort: »Bei alledem konnte von einer öffentlichen Hervorkehrung der okkulten Ideen keine Rede sein. Und die hinter mir stehenden okkulten Mächte gaben mir nur den einen Rat: ›alles im Kleide der idealistischen Philosophie‹.« Er war damals 25 Jahre alt.

Eine weitere »Einweihung« wurde Steiner von theosophischer Seite zuteil. Er rühmt sich, einer der ersten Käufer theosophischer Literatur gewesen zu sein. Aber über die theosophischen Kreise, in denen er in Wien verkehrte, äußert er sich abschätzig. Nur einen bemerkenswerten Mann lernte er kennen, Dr. Friedrich Eckstein. Dieser rangierte für ihn gleich hinter dem »Meister«. Er nennt die Begegnung mit ihm eins der »allerwichtigsten Erlebnisse« seines Lebens. Später schrieb er ihm: ». . . daß ich Ihnen unbegrenzt zu danken habe, das aber weiß ich!«[1] Eckstein seinerseits erzählt rückblikkend, wie überaus begierig Steiner war, alles theosophische Wissen aufzunehmen, das Eckstein in reichem Maße besaß. Er teilte ihm davon freigebig mit und führte ihn auch in die »Geheimlehre« der Blavatsky ein.

Während Eckstein, »der ausgezeichnete Kenner jenes ›alten Wissens‹«, für Geheimhaltung eintrat, vertrat Steiner die Meinung, man müsse mit dieser Tradition brechen. »Wir leben in der Zeit, die Öffentlichkeit will, wo irgendein Wissen auftritt. Und die Anschauung von der Geheimhaltung ist ein Anachronismus. Einzig und allein möglich ist, daß man Persönlichkeiten stufenweise mit der Geist-Erkenntnis bekannt macht und niemand zuläßt zu einer Stufe, auf der die höheren Teile des Wissens

[1] Rudolf Steiner, »Mein Lebensgang«, a.a.O., S. 277

mitgeteilt werden, wenn er die niedrigeren noch nicht kennt.«[1] Etwaige Bedenken zerstreut er: »Ich hatte auch niemand gegenüber eine Verpflichtung zur Geheimhaltung. Denn ich nahm von ›alter Weisheit‹ nichts an; was ich an Geist-Erkenntnis habe, ist durchaus Ergebnis meiner eigenen Forschung. Nur wenn sich mir eine Erkenntnis ergeben hat, so ziehe ich dasjenige heran, was von irgendeiner Seite an ›altem Wissen‹ schon veröffentlicht ist, um die Übereinstimmung und zugleich den Fortschritt zu zeigen, der der gegenwärtigen Forschung möglich ist.«[2]

Hatte Steiner vergessen, was er Eckstein verdankte? Wir wissen ja schon, daß er alles aus sich hat – und gleichzeitig erfährt man aus seinem eigenen Mund, wem er seine Einweihungen zu verdanken hat. Hätte Steiner seinen Vertrauensbruch mit seinem Selbstverständnis gerechtfertigt, nach dem er derjenige ist, der eine neue Zeit heraufführt, der sich im Gewissen gedrängt fühlt zu veröffentlichen, was ihm anvertraut worden war mit der Verpflichtung zur Geheimhaltung – man hätte das stehen lassen können. Aber daß er die fremden Quellen seines Wissens umlenkt und sie aus seinem eigenen Innern sprudeln läßt – das ist unwahrhaftig und unredlich.

1897 rät Steiner: ». . . jedem, der mit einem Theosophen zusammenkommt, sich zunächst vollständig gläubig zu stellen und zu versuchen, etwas von den Offenbarungen zu hören . . . man hört nämlich nichts, nichts als Redensarten . . . ohne eine Spur von Inhalt. Die inneren Erlebnisse sind nichts als Heuchelei.«[3] Sicher traf er auf

[1] Rudolf Steiner, »Mein Lbg.«, a.a.O., S. 277
[2] Rudolf Steiner, »Mein Lbg.«, a.a.O., S. 277
[3] Rudolf Steiner, »Magazin für Literatur«, 1897, S. 1066

Theosophen von sehr unterschiedlicher Qualität. Trotzdem ist einem bei diesem Rat nicht wohl, weder im Blick auf seine Vergangenheit noch im Vorblick, denn wenige Jahre später wurde er Generalsekretär der Theosophischen Gesellschaft.

Nach 1900 entwickelte sich die »christliche« Linie in Steiners Selbstverständnis. Es finden sich biographische Angaben, die meist indirekt sprechen, aber doch deutlich genug, daß die Beziehung zu Steiner unverkennbar ist.

Er mißt der Zeit zwischen dem 30. und 33. Lebensjahr für Menschen eine besondere Bedeutung bei. »Eine Umwechslung der Persönlichkeit findet statt.« – »Der Mensch opfert seine Individualität und wird einer anderen Individualität Haus.«[1] Bei Steiner wären dies die Jahre 1891–94. Im »Lebensgang« spricht er im Blick auf diese Zeit von einem »inneren Umschwung« und von seiner Entdeckung der Meditation, die später in seinem »Weg« eine so wichtige Rolle spielt. Er sagt nicht, ob auch er einer anderen Individualität Haus wurde.

Er sagt auch nie klar, wer er in früheren Inkarnationen war, aber indirekt ist zu erschließen, daß er sich selbst meint mit jenem, der vor langer Zeit ein Boddhisatva war, der dann »der Essäer Jeshu ben Pandira« wurde und der in Zukunft einmal der Mathreya Buddha werden wird.[2]

Das nächste einschneidende Erlebnis, er war 40 Jahre alt, ist sein »geistiges Gestandenhaben vor dem Mysterium von Golgatha in ernstester innerster Erkenntnisfeier«. An anderen Stellen nennt er dies sein »Damaskus-

[1] »Die Ätherisation des Blutes, Das Eingreifen des ätherischen Christus in die Erdenentwicklung, Der intellektuelle und moralische Pol im Menschen«, Dornach, 1947, S. 17

[2] Rudolf Steiner, »Buddha und Christus. Die Sphäre der Boddhisattvas«, Dornach, 1944, S. 20

Erlebnis«. Er vergleicht sich mit dem Apostel Paulus, in dem er einen Eingeweihten in die Mysterienreligion sieht (in das althebräische und griechische Prinzip). Damaskus sei nur der Gipfel seiner Initiation gewesen. Sie beide seien ohne die Verkündigung durch die Apostel und ohne Jesus persönlich kennengelernt zu haben und unabhängig von den Evangelien hellsehend geworden. Paulus habe den Christus im Erdenäther gesehen, so wie er im 20. Jh. von vielen werde gesehen werden können, so wie Steiner ihn um 1910 sah und verkündete. Durch dieses übersinnliche Erlebnis seien sie beide zum Verständnis des Christentums gekommen.

Der Vergleich hinkt an allen Ecken und Enden. Nur soviel: Paulus war Pharisäer und kam aus der Synagoge, nicht aus dem Mysterientempel. Er war Schüler des Gamaliel und stand in der Tradition des Alten Testaments. Paulus, der die Christen blutig verfolgt hatte, erkannte vor Damaskus den gekreuzigten und auferstandenen Herrn, für den er sich fortan verzehrte. Christus machte ihn zum Apostel der damals bekannten Welt. Für ihn litt er Unsägliches, wurde gefoltert und gefangengehalten. Ein Blick in seine Schriften des Neuen Testaments ließe erkennen, welch Abgrund ihn von Steiner trennt, vor allem im Verständnis von Christus und Christentum.

Steiner bezieht auf seine Person das Johanneswort: »Noch vieles hätte ich euch zu sagen, aber ihr könnt es jetzt noch nicht (er)tragen.« Er versteht sich als den, der der nun endlich reif gewordenen Christenheit unentbehrliche Mitteilungen zu machen hat. Man erfährt leider nicht, wie er damit die Geheimhaltung der »Zyklen« vereinbart, die das Wichtigste über das Christentum enthielten, das er mitzuteilen hatte. Man muß sogar fragen: Wie konnte er überhaupt nichtöffentliche Vorträge halten? Er verstand sich doch auch als den, der mit der Tradition der Geheimhaltung brechen sollte? Ebenso unverständlich ist, daß bis heute die Versammlungen der Anthroposophen nur Mitglieder zulassen. Hin und wieder wird auch ein öffentlicher Vortrag gehalten, der als solcher eigens angekündigt wird. Vielleicht, weil die Zuhörer die Voraussetzungen nicht mitbringen? Wer will das jemals feststellen? Steiners Bücher konnte man alsbald kaufen – aber wer kontrolliert, ob die Zuhörer sie gelesen und last not least auch verstanden haben? Wie wird das stufenweise Zulassen zu den nächsthöheren Geheimnissen gehandhabt? Sogar mancher Anthroposoph, damals wie heute, scheint durch die Anthroposophie überfordert zu sein. »Da, wo Eigenerkenntnis walten sollte, hat sich weithin das Mit- und Nachleben in Vorträgen, Darbietungen, ›Anregungen‹ eingenistet.« – »Was Steiner gesagt hatte, das war in nicht seltenen Fällen nicht etwa der Anfang, sondern das Ende der eigenen Gedankenführung. Ich schreckte oft davor zurück, wie Anthroposophie aufgenommen und – dann doch nur genossen wurde.«[1] Auf jeden Fall kann jeder Ablauf und Tempo der »Einweihung« durch Lesen der Bücher selbst bestimmen, und niemand kümmert sich um etwaige Fehleinschätzungen.

So bleiben auch hier viele Fragen offen, und unlösbare Widersprüche müssen stehenbleiben. Eins aber ist sicher: Steiner besaß ein ungeheuer dynamisches Sendungsbewußtsein und vermochte seine Überzeugung auf seine Anhänger zu übertragen.

[1] Bernhard Martin, »Von der Anthroposophie zur Kirche«, Pilger Verlag, Speyer, 1959, S. 107

II. Christentum und Anthroposophie

1. Ansprüche Steiners

Wir hatten gesehen, wie negativ Steiner sich vor 1900 über das Christentum äußert. Unnötig war manche gehässige Polemik, unsachlich die Methode, seine Ablehnung mit zeitbedingten Negativerscheinungen zu begründen, mit Richtungen, die nicht für das Ganze stehen konnten, mit schiefen Haltungen religiös ungebildeter oder verbildeter Christen. Das Christentum bot zu allen Zeiten Angriffspunkte, wenn man sich einzelne Vertreter oder Gruppen vornahm. Ganz sicher galt dies auch für den österreichischen Katholizismus des ausgehenden 19. Jahrhunderts oder für die theologischen Streitigkeiten in der evangelischen Kirche um die Jahrhundertwende. Darüber kann man trauern oder mit Reformvorschlägen reagieren, aber nicht mit grundsätzlicher Verachtung. Will man eine fundierte, gar eine wissenschaftliche Auseinandersetzung führen, muß man auf das Grundlegende einer Sache zurückgehen.

Später waren Steiner seine aggressiven Ausbrüche peinlich, oder sie paßten nun nicht mehr in sein Konzept. Er stellte sie hin als nur auf das »äußere Christentum« gerichtet. Damit meinte er nicht etwa ein ver-äußerlichtes Christentum, sondern ein von ihm so genanntes »exoterisches« Christentum. Er verstand darunter die Bibel, die christliche Offenbarung und das Abendmahl. Diese Kennzeichnung von »exoterisch« ist irreführend bis falsch. Außerdem umfaßte Steiners Angriff noch mehr. Er tut das philosophische Bemühen als solches verächtlich ab, dann die Religion allgemein und zuletzt das Christentum speziell.

In der Metaphysik vermutet Steiner eine Art Ablagerungsstätte für alle möglichen unklaren Vorstellungen, identifiziert das »Jenseits« der Philosophen mit dem des Christentums und erklärt es als nichtexistent. Seine Begründung enthält Sätze wie diesen: »Ein gesundes menschliches Denken hält sich aber an diese Welt. Es kümmert sich um keine andre. Aber es vergeistigt zugleich diese Welt.«[1] Steiner trifft das Christentum im Kern, in seiner Substanz, nicht in Äußerem, wenn er sagt, Religion sei nur *menschliches* Machwerk. Da der Mensch zu feige sei, selbst Verantwortung zu übernehmen, erfinde er Götter nach seinem Bild und lasse von ihnen die Welt regieren.

Wie so oft gibt Steiner zur gleichen Sache verschiedene Erklärungen ab, die untereinander nicht zur Deckung zu bringen sind. So soll sein Widerspruch nach einer weiteren Version nur der historischen Erscheinungsform des Christentums gelten, in der der »esoterische Kern« der Lehre von Anfang an durch maßgebende Leute mit Gewalt unterdrückt worden sei. Hartnäckig hält sich bis heute bei Anthroposophen die Überzeugung, in der katholischen Kirche gebe es für einige wenige Eingeweihte ein esoterisches Wissen, das der Masse der Gläubigen vorenthalten werde. Einerseits wird das als Vorwurf ausgesprochen, andrerseits darauf hingeweisen, auch Christus habe ja ein bestimmtes geheimes Wissen seinen Jüngern vorbehalten. Dieses sei in den apokryphen Schriften niedergelegt worden.

Schon die Theosophen sprachen davon! Die Pistis Sophia, ein gnostisch-apokryphes Evangelium, enthalte jene Lehren, die Jesus ausschließlich seinen Jüngern mitteilte. Von geheim kann hier keine Rede sein, denn

[1] Rudolf Steiner, »Goethe IV«, Seite XV und »Philosophie der Freiheit – Die letzten Fragen«, a.a.O., S. 264

die Schriften sind jedermann zugänglich. Aber sie wurden nicht in den Kreis der verbindlichen neutestamentlichen Schriften, in den »Kanon« aufgenommen. Sie waren im Lauf der Zeit vielfach Gegenstand der Forschung christlicher Theologen. Im übrigen steht bei Johannes (18,20) die Antwort Jesu an den Hohen Rat, als dieser von ihm verlangte, er solle noch einmal seine Lehre darlegen, deretwegen er angeklagt wurde: »Ich habe öffentlich zur Welt geredet; ich habe zu jeder Zeit in der Synagoge und im Tempel gelehrt, wo alle Juden zusammenkommen, und im Verborgenen habe ich nichts geredet.«

Ein letzter Entlastungsversuch besteht in der Erklärung Steiners, seine Feindschaft gegen das Christentum sei eine karmische Notwendigkeit gewesen. Diese entzieht sich jeder Beurteilungsmöglichkeit.

Steiners Anspruch, das Christentum in »einzigartiger Weise« interpretiert zu haben, besteht nur insofern zu Recht, als er alle, die vor ihm versucht haben, sich das Christentum für ihre Sache dienstbar zu machen, übertrifft. Alle andern ließen wenigstens gelten, daß es sich beim Christentum um eine Religion handelt.

Religion beinhaltet das Verhältnis zwischen Gott und Mensch. Das Nachdenken über dieses Verhältnis ist Aufgabe der Theologie. Das Ursprüngliche aller Religion ist die Scheu vor der geheimnisvollen Kraft, die Furcht vor dem ganz anderen, zugleich aber die zitternde Anbetung, hingerissene Furcht und zagendes Lieben zugleich. Nicht einmal die Andeutung von etwas Religiösem findet sich bei Steiner. Anthroposophie betrachtet Gott als nicht existent, und darum kann sie auch nicht das Mittel sein, eine Religion, also das Verhältnis zwischen Gott und Mensch, zu interpretieren, zu deuten. Damit wird Steiners Anspruch gegenstandslos. Der ungeheure Aufwand, den er mit zahllosen Vorträgen, auch

Büchern, treibt, ist auf den Sand seiner gott-losen Voraussetzung gebaut.

Schon zu seinen Lebzeiten wurde dies erkannt und ausgesprochen. Gewiß nicht immer ohne Schärfe, aber sie wird dem verständlich, der das volle Ausmaß der Verwirrung und Zerstörung überblickt, das Steiners Unternehmen anrichtet. Auf der anderen Seite stehen jene, die Steiners Deutungen bewundernd akzeptieren als »erneuertes« Christentum. Sie hören, wie er christliches Vokabular benutzt, Zitate aus der Bibel verwendet, große Namen fallenläßt wie Augustinus, Thomas von Aquin, Luther, Jakob Böhme. In Arglosigkeit und ohne ausreichende Prüfung glauben sie, hier könne ihre religiöse Sehnsucht erfüllt werden.

Steiners Bemühung galt nicht Christus. Sie galt seiner Anthroposophie. Nicht er wollte Christus dienen, sondern er wollte Christus zwingen, ihm zu dienen, indem er ihn verfälschte: Seine Philosophie ist ein Kult des Ich. Im Ich konzentrieren sich für ihn Freiheit und Entwicklungsmöglichkeit. Der Christus wird bei Steiner Repräsentant des Ich. Als Welten-Ich, als Ur-Ich ist er Führer zur vollkommenen Ichheit. Christi Predigt ist Ich-Verkündigung. Christus führt die Ich-Entwicklung, die zum Egoismus hätte führen können, in die Ich-Freiheit der Liebe. Die Ich-Werdung wird eingeordnet in die Geschichte des Kosmos. Sie ist Pflicht der Menschen auf der gegenwärtigen Stufe der Entwicklung. Geschichte und Worte des Christus zeigen Pflicht und Möglichkeit des Menschen zur Ich-Werdung auf.

Nach Steiners Meinung verdanken wir unsere Freiheit der Liebestat des Christus und sind dennoch selbst Schöpfer unserer Freiheit. Joh. 8,32 übersetzt er falsch: »Ihr werdet erkennen die Wahrheit durch Wahrheit und euch frei machen.« Richtig heißt die Stelle: ». . . und die Wahrheit wird euch frei machen.« Energisch und empört weist Steiner den Gedanken zurück, der Mensch könne durch Christus in seiner ganzen Existenz Vergebung erfahren, eine »neue Schöpfung in Christus« werden. Bei Steiner kann der Mensch sich nicht nur von seinen karmischen Verfehlungen selbst erlösen, er *muß* es. Durch Christi Heilstat wird der Mensch bei ihm nicht frei, sondern kann sich selbst zur Freiheit hindurchringen.

In seinem Entwicklungsgedanken zieht Steiner von Anfang an eine Verbindungslinie zu Darwin und Haeckel: Die Naturentwicklung des Menschen sei abgeschlossen. Mit gleicher naturgesetzlicher Zwangsläufigkeit folge nun die Entwicklung des Geistes bis hin zu dem Ziel, da alles wieder Geist ist. In diesen Gang der Dinge hinein gehört auch die Entwicklung eines höheren, erweiterten Bewußtseins. Christus bewirkt, daß sich höhere Kräfte im Menschen entwickeln. Bevor er auf die Erde kam, half sein kosmisches Wirken, die Leiblichkeit des Menschen zu bereiten. Mit dem »Mysterium von Golgatha« begann ein entscheidender Abschnitt der Ich-Entwicklung. Einen weiteren bildet die Wiederkunft Christi, die den Menschen mit einer noch höheren Gabe beglückt: Er vermag Christus in der Ätherwelt zu schauen.

Ein autobiographisches Bekenntnis Steiners beleuchtet die Seelengründe, aus denen sein existentielles Interesse am Ich verständlich wird. Erkennen ist für ihn den ganzen Menschen erfassendes Erleben. Steiner denkt nicht um des Denkens willen, sondern im Tiefsten, um seine Daseins-Angst zu überwinden. 1891 schreibt er in einem Brief an Rosa Mayreder: »Das Individuum-Sein, das Absondern als ›Ich‹ bedeutet mir die große Frage, bedeutet mir Schmerz und Qual des Daseins. Das Finden im Objekt, das Aufgehen im Universum – die Erlösung und das heitere Genießen der höchsten Welt-Harmonie.

Es ist furchtbar, sich ausgeworfen zu sehen aus dem Gebiete des Weltgeistes, ein Punkt zu sein im Weltbau, es ist unerträglich Ich zu sein; aber abzuwerfen diese Haut der Besonderung, hinauszutreten auf den Plan, da wo der Weltgeist schafft . . . das ist ein Augenblick des Entzückens.«[1] Später überträgt er seine eigenen Probleme auf Christus und folgert, in Gethsemane habe er die Angst, »das Übel der Besonderung« gegenüber dem »Weltgeist« in »ungeheuer gesteigertem Maße« erlebt. Dies sei eine Stufe auf dem Einweihungsweg, den der Christus vorbildlich durchgemacht habe. Die Angst sei ein Empfinden der Größe des in der Welt ausgebreiteten Weltgeistes, das Empfinden unsrer Ohnmacht, weil wir so weit weg sind vom göttlichen Dasein. Das sei eine Erlebnisstufe auf dem Weg in die geistige Welt.

1901 erschien Steiners Buch »Das Christentum als mystische Tatsache«, 1902 »Die Mystik im Aufgang des Abendlandes«. Beide Bücher wurden aus Vorträgen zusammengestellt, die Steiner in der Theosophischen Gesellschaft gehalten hatte. Die Titel scheinen die neue christliche Linie zu erweisen. Man wird enttäuscht. »Die Mystik . . .« müßte erwartungsgemäß Liebe zu Christus erkennen lassen. Das ist nicht der Fall. Wir gehen später näher darauf ein.

»Das Christentum . . .«, dessen Titel später durch den Zusatz »und die Mysterien des Altertums« erweitert wurde, befaßt sich mit der Frage, ob die antiken Mysterien nicht viel mehr als das Judentum als Wurzeln des Christentums zu betrachten seien.

Steiner stellt alles auf den Kopf. Er macht den eindeutigen Zusammenhang des neutestamentlichen Heilsgeschehens mit dem Heilsgeschehen des Alten Testaments

[1] Rudolf Steiner, »Briefe I«, Herausgeber Froböse und Teichert, S. 158 f.

zur Nebensache. Das Christentum ist aber unlöslich verbunden mit der israelitischen Religion, aus der es herauswuchs. Immer wieder sagt das urchristliche Bekenntnis »gemäß der Schrift«. Heute bemühen sich sogar jüdische Gelehrte, nachzuweisen, wie stark Jesus in der jüdischen Tradition stand, natürlich ohne ihn als Messias anzuerkennen.

Steiner wurde von christlichen Theologen darauf hingewiesen, wie sehr er die religionshistorischen Tatsachen ignoriere. Das gab er unumwunden zu: »Ich kenne seine Fehler, namentlich die historischen, ganz genau . . . Ich lege den Wert auf die Erkenntnisgesinnung, die ich zum Ausdruck bringe.«[1] Steiner begründet nicht, wieso er bei diesem Geschäft nicht genausogut von richtigen historischen Fakten hätte ausgehen können. Und dieses Buch mit seinen teils überholten, teils extrem ausgedeuteten, teils falschen Grundaussagen ist Ausgangspunkt aller weiteren Darlegungen über das Christentum. Steiner kommt immer wieder darauf zurück, denn hier glaubt er *den* Schlüssel gefunden zu haben zur Deutung des Christentums nach seiner Erkenntnismethode. Hier überträgt er seine Erkenntnisart, die Transzendenz nicht kennt, auf seine Erkenntnisart des Christentums. Wahrheit kommt für ihn dadurch zustande, daß der Mensch in den stofflichen Vorgängen »das geistige Gesetz« erkennt. Nachdem er in Kreuzigung und Auferstehung das Christentum quasi als stofflichen Vorgang vor sich zu haben meinte, war er überzeugt, das Geistige im Christentum – genannt mystische Tatsache – erkannt zu haben. Er vernimmt nun, was das »Geistige« über das Christentum sagt, nicht was Bibel und Kirche sagen: In den Riten der Mysterienreligionen hatte jeder einzelne

[1] G. Wehr, »Christusimpuls und Menschenbild«, Herder-Verlag, 1974 S. 82: Wehr zitiert aus einem Brief Steiners an Wolfgang Kirchbach vom 2. 10. 1902; veröff. in Briefe II, S. 306

Kreuzigung und Auferstehung mystisch am eigenen Leibe erfahren müssen. Das ist nun nicht mehr nötig. Christus hat die Mysterienvorgänge von Sterben und Auferstehen, das Scheiden aus der sinnlichen Welt und das Erleben der übersinnlichen vor aller Augen vorgelebt. Er ist zum Repräsentanten der geistigen Welt und zum Wegweiser zu ihr geworden.

Steiner beruft sich hier noch nicht auf seine Schau höherer Welten (das beginnt erst bei seinem nächsten Buch »Aus der Akasha-Chronik«, das zwischen 1904 und 1908 entstand), aber der wissenschaftliche Boden, auf den er sich stellt, ist äußerst schwankend. Dabei wohnte er sozusagen Tür an Tür mit dem bedeutenden Berliner Altertumsforscher Wilamowitz-Moellendorf, einem zu seiner Zeit unübertroffenen Kenner des Griechentums. Er gesteht Steiners Ausgangspunkt bestenfalls den Wert einer Hypothese zu. »Ich sehe nur, daß da ein Schneeball von Hypothesen gewälzt wird, der immer größer wird. Aber verträgt er die Sonne? Mir scheinen diese hypothetischen Mysterien aus dem Wunsch geboren zu sein, den Christus des Johannes-Evangeliums und gewisse Wendungen und Lehren des Paulus und des Epheserbriefs irgendwoher abzuleiten, weil das Judentum dazu nicht hinreicht. Der Wunsch ist berechtigt, aber die Erfindung einer ›Mysterienreligion‹ erfüllt ihn für den nicht, der Zeugnisse verlangt.«[1]

Auch Peuckert wertet Steiners »Zeugen« gering: »Neben manchen anscheinend sehr deutlichen Übereinstimmungen stehen solche, die man als ›an den Haaren herbeigezogen‹ kennzeichnen muß. Es liegt hier nämlich eine in religionsgeschichtlichen wie in volkskundlichen Untersuchungen leider oft geübte Methode der Beweis-

[1] Ulrich von Wilamowitz-Moellendorf, »Der Glaube der Hellenen«, Bd. 2, Wiss. Buchgesellschaft, Darmstadt, 1955, S. 381

führung vor; man bringt zwei in einigen Nebensächlichkeiten sich ähnelnde Erscheinungen in Deckung und behauptet dann ihre Identität, während es doch darauf ankommt, daß zwei Erscheinungen in ihren Grundzügen sich decken müssen, wenn man eine Gleichheit oder Verwandtschaft feststellen will.«[1]

Er zitiert aus einem Buch aus dem Jahr 1894: »Die christlichen Sakramente sind den Mysteriendiensten nicht entlehnt, sind nicht aus ihnen genommen worden, sondern wurden als weiterer Mysteriendienst, als ein zu den vorhandenen hinzukommender aufgefaßt.«[2] Man muß sich in diese Zeit hineinversetzen: Als die christliche Botschaft zu den Griechen kam, wurde sie von ihnen zunächst als eine der vielen orientalischen Kulte und Philosophien betrachtet, die seit Jahrhunderten nach Griechenland geströmt waren. »An Taufe und Abendmahl hängten sich Gewohnheiten, Einzelheiten, Züge der Mysterienkulte, aus denen man kam und die man in das neue kultische Geschehen hineingesehen hat.«[3] Aber gerade weil in den Grundzügen keine Übereinstimmung bestand, kam es zu Auseinandersetzungen, und: »Je stärker das Christentum seine Ausschließlichkeit geltend macht, desto rascher muß sich das allzuleicht geknüpfte Band wieder lösen.«[4]

Auch in jüngerer Zeit wird eine Abhängigkeit der christlichen Sakramente Taufe und Abendmahl in ihrem Kern von den Mysterienkulten verneint, da die Unterschiede zu tiefgehend sind. Reclams Bibellexikon vermutet, daß einzelne Motive der Mysterien in das NT eingedrungen sind.

[1] Will-Erich Peuckert, »Geheimkulte«, Pfeffer, Heidelberg 1951, S. 533 f.

[2] Gustav Anrich, »Das antike Mysterienwesen in seinem Einfluß auf das Christentum«, 1894

[3] W. E. Peuckert, »Geheimkulte«, a.a.O., S. 540

[4] W. E. Peuckert, »Geheimkulte«, a.a.O., S. 547

»Das Christentum wurde . . . im Schoß des Judentums empfangen und geboren.«[1] Friedrich Heiler betont den grundlegenden Unterschied bei äußerlicher Ähnlichkeit: Die Mysterienreligionen verkünden einen sterbenden und auferstehenden Erlösergott, jedoch war dieser jeweils eine mythische Gestalt, wie etwa Osiris, Attis und Mithra, wohingegen Christus eine geschichtliche Persönlichkeit war, der noch viele urchristliche Zeugen begegnet waren.

Das alles steht nicht im Gegensatz zu dem Namen haeres gentium, den die christliche Kirche trägt – Erbin nicht nur des Judentums, sondern auch des gesamten Heidentums. Vorgebildet waren Gestalt und Auftrag Jesu Christi in heidnischen Heilandsgedanken. Aber nicht sie prägten die wesentlichen Aussagen des NT, sondern umgekehrt: Sie fanden Korrektur, Erfüllung, Vollendung – konzentriert in dem Wort Christi: Ich bin der Weg, die Wahrheit und das Leben.

Fast tut man Steiner zuviel Ehre an mit diesen Klarstellungen, denn seine »Erkenntnisgesinnung«, auf die er Wert legt, führt ihn nicht nur weit weg von allem Christlichen, sondern mißbraucht auch die Mysterien. Er vergißt, daß die »Vergottung« des Menschen in der Mysterienreligion besagt: Man wird etwas, was man vorher nicht war. Während man bei ihm wird, was man vorher auch war, nämlich Geist. Und er übersieht vor allem, daß die Mysterien nur richtig zu verstehen sind aus der Glaubensgeschichte der Hellenen. Sie sind religiöser Sehnsucht entsprungen und können darum Steiners unreligiösem System nicht dienen.

»Wes das Herz voll ist . . .« – Steiner floß keineswegs der Mund über. Er brachte ein anthroposophisches Werk

[1] Friedrich Heller, »Die Religionen der Menschheit«, Reclam, Stuttgart, 1980, 1. Aufl. 1959, S. 411

nach dem anderen heraus, ohne darin ein Wort über das Christentum zu verlieren. 1904 erschien die »Theosophie«, 1904/5 »Wie erlangt man Erkenntnisse höherer Welten?«, 1904/8 »Aus der Akasha-Chronik«, 1910 »Die Geheimwissenschaft«. Die Anthroposophie braucht offenbar das Christentum nicht. Inhalt und Methode sind auch ohne dieses darstellbar. Aber umgekehrt braucht das Christentum um so dringender die Anthroposophie. Steiner setzt nach 1902 seine Vortragstätigkeit über das Christentum fort, noch gesteigert nach seiner Trennung von den Theosophen.

Wir haben hier zu unterscheiden zwischen öffentlichen und nichtöffentlichen Vorträgen, solchen, die ausschließlich für Mitglieder bestimmt waren. Steiner hielt über 50 sogenannte »Zyklen«, deren Inhalt stenografisch festgehalten wurde. Als Skripte standen sie den Mitgliedern der Anthroposophischen Gesellschaft zur Verfügung und *nur* diesen. Es war streng verboten, sie Nichtmitgliedern zu überlassen. Wie konnte Steiner diese wichtigen Mitteilungen in den engen Kreis seiner Jünger einschließen? Da das Christentum ohne seine Erkenntnisse verlorengegangen wäre, hätte er doch dringend an ihrer Verbreitung interessiert sein müssen! Als Grund gibt er Zeitmangel an. Das ist unbefriedigend. Er hätte Prioritäten setzen können. Zwar enthalten auch die öffentlichen Vorträge einiges über das Christentum, aber einmal erreichten sie jeweils nur relativ wenige Menschen, und zum andern enthielten die geheimen Zyklen den weitaus größeren und wichtigeren Teil seiner Aussagen. Und überdies hatte er doch ausdrücklich gesagt, die Zeit der Geheimhaltung sei unwiderruflich vorbei!?

Offen bleibt auch die Frage: Warum nahm Steiner sich überhaupt des Christentums an? Da seine Anthroposophie offenbar ohne dieses auskam – wo liegen seine Motive? Hielt er seine Lehre doch für nicht genügend attraktiv? Brauchte er eine Bereicherung, damit sie sich in Mitteleuropa besser verkaufen ließ? Gedachte er zwei Fliegen mit einer Klappe zu schlagen? Ansehen und Anhänger gewinnen durch das Schild »christlich« und Fortsetzung der Linie – Steiner hat sich immer darauf versteift, daß in seiner Entwicklung kein Bruch vorliege. Er konnte das Christentum wesentlich wirkungsvoller bekämpfen durch Aushöhlung von innen als durch offene Angriffe von außen!

Nach alledem liegt es nahe, den Standpunkt zu vertreten, es erübrige sich jedes weitere Wort. Das ist richtig. Da Steiner aber schon so viele Menschen mit Einzelaussagen getäuscht hat, durch die gerade in ehrlich Suchenden tausendmal die Frage wieder aufstand: »Hat er nicht recht? So ungefähr sagt's unser Pfarrer auch!« – erscheint es doch unumgänglich, wenigstens in großen Zügen Hilfe zur Einordnung anzubieten.

2. Steiner – ein Gnostiker?

Von den meisten Kritikern wurde Steiner als Gnostiker bezeichnet. Er wehrte sich heftig. Auch in diesem Punkt ist er schwer zu durchschauen. Es läuft auch hier am Ende darauf hinaus: Er ist es und ist es doch nicht. Er hat aus dem Gedankengewebe »Gnosis« einige kräftige Fäden herausgezogen, teilweise verkürzt und dann in seinen anthroposophischen Teppich eingewoben.

Steiners Urteile über die Gnosis, die Begründungen seiner Ablehnung finden sich überwiegend in seinem Vortragswerk, meist in aphoristisch kurzer Form. So äußert er sich in seinen »Anthroposophischen Leitsätzen«: »Die Gnosis war die aus alter Zeit bewahrte Erkenntnisart, die das Mysterium von Golgatha bei seinem Eintritte am besten zum Menschenverständnisse bringen konnte.«[1]

Heute findet Steiner die Gnosis nicht mehr brauchbar, weil die Menschheitsentwicklung vorangeschritten sei von der »Empfindungsseele« zur »Bewußtseinsseele«. Man könne nicht auf eine geistige Strömung zurückgreifen, die einer vergangenen Bewußtseinsstruktur angemessen gewesen sei. Anthroposophie müsse »einen ebenso reichen Inhalt aus der Bewußtseinsseele auf völlig neue Art holen.«.[2]

Steiner hat die »wunderbaren Weisheitsschätze«, das »wunderbare Begriffssystem« und die zugrunde liegende Erkenntnishaltung als »etwas Gewaltiges« hochgeschätzt. Kritisiert hat er die Lehre von der Erschaffung

[1], [2] Rudolf Steiner, »Anthroposophische Leitsätze«, a.a.O., S. 277 f.

der Welt durch den Demiurgen, von der Weltverneinung, von aller Materie als etwas Bösem.

Gemessen an der komplexen Problematik müssen Steiners Äußerungen als unbefriedigend angesehen werden. Gelehrte von Rang und Namen haben sich über Generationen hinweg darum bemüht, Ursprung und Wesen der Gnosis zu ergründen und aus diesen Erkenntnissen ihr Verhältnis zum Christentum zu bestimmen. Sie sahen sich vor den größten Schwierigkeiten, da die Quellen nur äußerst spärlich erhalten geblieben sind. Im Abwehrkampf der jungen christlichen Kirche gegen eine Zersetzung und Auflösung ihrer Glaubenslehre wurden die weitaus größten Teile der gnostischen Schriften vernichtet. Als 1947 in Nag Hammadi (Ägypten) eine große gnostische Bibliothek entdeckt wurde, erhielt die Forschung neue Impulse. Einfacher wurde sie nicht. Gnosis und Gnostizismus sind höchst differenzierte Lehrsysteme, aus denen nur mit Vorbehalt allgemeingültige Aussagen, Zusammenfassungen herausdestilliert werden können.

Über das *Wesen* der Gnosis lassen sich leichter Aussagen machen, als daß man ihre religionsgeschichtliche Genesis im Ganzen wie in den Einzelheiten unwiderleglich feststellen könnte. Verschiedene Theorien werden aufgrund von Nachweisen bestimmter Ähnlichkeiten und Parallelen vertreten: Die Gnosis sei hellenistischen, orientalischen, ägyptischen, babylonischen oder iranischen Ursprungs. »Die meisten Mythen und Begriffe der Gnosis haben doch geradezu ein griechisch-orientalisches Doppelantlitz, so daß mit Recht von einer gnostischen ›Alchimie der Weltanschauungen‹ gesprochen worden ist.«[1]

[1] Hans-Joachim Schoeps, in »Gnosis und Gnostizismus«, Wissensch. Buchgesellschaft, Darmstadt, 1975, Hrg. Kurt Rudolph, S. 467

So pluralistisch wie ihr Ursprung blieb die Gnosis auch während ihrer Geschichte. Im 4. Jh. werden noch mehr als 60 gnostische Richtungen gezählt. Zusätzlich schwer wird es der Forschung dadurch gemacht, daß nicht zwei oder drei von ihnen übereinstimmen. Die Gemeinsamkeiten herauszuarbeiten ist überdies erschwert, weil die unterschiedlichen mythologischen Bilder mit der Zeit ihrerseits noch an Kompliziertheit zunehmen.

Es gab also eine vor- und eine außerchristliche Gnosis. Lange Zeit sprach man auch von einer jüdischen und einer christlichen Gnosis. Diese Bezeichnung verwendet man heute bestenfalls noch mit Vorbehalt, da sie irreführend ist. Der monotheistische Glaube der Juden ist dem Dualismus der Gnosis diametral entgegengesetzt. Ebenso widerspricht er dem Gottesbild des Christentums. Auch andere wesentliche Lehren sind unvereinbar mit der Gnosis. Gnostische Einflüsse sind jedoch nachzuweisen in der jüdischen Mystik wie im Neuen Testament. Damit ist bereits ein Kennzeichen der Gnosis hervorgetreten: Sie verbreitet sich nicht nur als geschlossenes System, sondern sie unterwandert und durchdringt von innen her andere Anschauungen, auf die sie trifft.

Die großen Themen der Gnosis sind Theologie, Kosmologie, Anthropologie und Eschatologie – also die Frage nach Gott, nach dem Ursprung der Welt, dem Wesen des Menschen und nach dem Sinn und Ziel all dessen. Es sind die Hauptthemen aller religiösen Systeme. Auf welche Weise werden sie spezifisch gnostisch abgehandelt?

Typisch gnostisch ist die Verwendung überlieferten Materials aus ganz verschiedenen Kulturkreisen. Das Christentum wurde zunächst als eine Religion unter anderen betrachtet und Jesus unter die geschichtlichen Boten der höchsten Gottheit eingereiht. Die Gnosis meinte, die wahre Interpretation des Christentums bieten zu können.

Gnosis (wörtlich Wissen) ist die Kenntnis göttlicher Mysterien, die stets einer Minderheit, einer Elite (dafür hält sie sich jedenfalls), vorbehalten bleibt. Nicht immer haben diese Kenntnisse Heilsbedeutung. Sie sind dann nur eine Form intellektueller Spekulation. Sehr oft aber wird die Erkenntnis als das einzige und genügsame Mittel zur Erlösung betrachtet.

In den gnostischen Vorstellungen ist die Urempfindung des Menschen ausgedrückt, »Wanderer zwischen zwei Welten zu sein«, zwischen der göttlich-geistigen und dieser greifbaren Welt. Am Uranfang steht die Gottheit, die Fülle des göttlichen Lebens: das Pleroma. Dieses Göttliche trägt selbst keine persönlichen Züge. Es ist unzugänglich und unerkennbar. Es wird bezeichnet als das Lichtreich, als das unendlich Feine, als das Geistige im Gegensatz zum Stofflichen. Die stoffliche Welt ist böse und schlecht. Dieser Dualismus zeigt verschiedene Versionen. Entweder wird die Welt als Ausfluß, als Emanation aus dem göttlichen Pleroma angesehen. Oder das Dasein der Welt ist die Folge einer Katastrophe, eines Sündenfalls. Göttliche Kräfte lösten sich von dem göttlichen Urkern und empörten sich gegen die Urmacht. Diese sich von Gott loslösenden Bestandteile, die immer stofflicher gedacht wurden und in die auch der Mensch verstrickt ist, haben auch Teile der göttlichen Lichtwelt mit heruntergerissen. Sie sind nun gefangen in der ungöttlichen Materie und streben nach Wiedervereinigung mit dem Reich des Lichtes. Auch im Menschen leben solche Lichtteile, »göttliche Funken«, die befreit und mit dem Urlicht wieder vereinigt werden wollen.

Die körperliche Welt ist das Endprodukt einer Hinabentwicklung, einer Devolution. Sie hat Katastrophencharakter. (Im Gegensatz zum Neuplatonismus, der harmonistisch ist.) Daher trägt sie auch mythologische Züge. Tragödie, Drama, Krise und Fall erfordern individuelle Gottheiten, mythologische Figuren, mögen sie auch noch so symbolisch gedacht sein.

(Plotins Abstieg des Seins, in mancher Hinsicht eine Analogie zu dem der Gnosis, unterscheidet sich doch deutlich. Er vollzieht sich durch die autonome Bewegung unpersönlicher Begriffe, gemäß einer inneren Notwendigkeit, die ihre eigene Rechtfertigung ist. Bei Plotin steht Philosophie gegen Mythologie.)

Die Entstehung der stofflichen Welt wird noch auf eine andere Weise erklärt: Es werden von vornherein zwei sich entgegenstehende und ausschließende Prinzipien angenommen. Die Welt des Demiurgen, des Schöpfers der materiellen bösen Welt, steht der göttlichen Lichtwelt gegenüber. Lichtteile sind in die Materie gestürzt, wodurch in dieser Welt Licht und Finsternis nebeneinanderwohnen. Das »Evangelium« der Gnostiker besagt, die Lichtfunken, die menschlichen Seelen, werden aus dieser Welt befreit durch einen Erlöser, der die Lichtkräfte stärkt, der die göttlichen Geheimnisse mitteilt und der die Seele wieder mit dem göttlichen Urlicht vereinigt. Dieses »Evangelium« ist eingehüllt in phantastische Kosmologien, in denen die verschiedensten Geister, Engel, ein vielgegliedertes Zwischenreich zwischen Himmel und Erde bilden. Die Gnosis ist das rechte Wissen um die Stufen des Aufstiegs der Seele nach dem Tod durch die Planetensphären, zurück zu ihrem Urgrund, in das Pleroma.

Für die Gnosis kam im Christentum zur Vollendung, was im Heiden- und Judentum seit langem vorbereitet war. Sie dachte jetzt ihre Lehren weiter, assimilierte christliche Aussage oder wandelte sie ab. So unternahm die Gnosis den Versuch, ihren Dualismus durch kosmologische Spekulationen zu überwinden mit der Äonenlehre: Die aus Gott herausfließenden Emanationen sind reale Kräfte und himmlische Personen, in denen sich die

Gottheit entfaltet. Die größte dieser Emanationen ist die Gestalt des Christus, der von einer ungeheuren Lichtkraft umgeben ist und eine beispiellose Freude ausströmt. Im kosmischen Prozeß hat er eine entscheidende Rolle. Sein Erscheinen auf der Erde bringt den Wendepunkt im Weltgeschehen, von dem an die Evolution beginnt, das Zurück, das Wiederhinauf in die göttliche Welt. Christus war für die Gnostiker eine mythologische himmlische Lichtsubstanz, durch deren Vermengung mit der Welt diese naturhaft verwandelt wird.

Jene Gnostiker, die einen Demiurgen als Weltschöpfer annahmen, konnten, da ja für sie die Materie böse ist, nicht hinnehmen, daß Christus in einem irdischen Körper gelebt und gelitten habe; daß Passion, Kreuzigung, Tod und Auferstehung, die Erlösung durch Christus als wahrer Mensch und wahrer Gott vollzogen worden sein sollte. Daher entwickelte sich die gnostische Lehre vom Scheinleib Christi. (Die gnostische Abwertung des Leiblichen, speziell des Geschlechtlichen, schlich sich trotz aller Abwehr der Urkirche in das christliche Denken ein und verursachte bis in die Neuzeit hinein viel Unheil, Mißverständnisse und Leid.)

Die Gnostiker meinten dann auch, im NT Stellen gefunden zu haben, die sich auf ihre Sonderstellung als Wissende, als Mehr-Wissende, bezogen. Nach Mt. 13,11 und Mk. 4,10 gibt es Menschen, denen es gegeben ist, das Geheimnis des Himmelreichs zu vernehmen, anderen nicht. Auch Paulus' Unterscheidung zwischen dem natürlichen Menschen, der nichts vom Geiste Gottes vernimmt, und dem geistlichen Menschen verstanden sie als gnostische Aussage und fühlten sich bestätigt: *Sie* verstanden auch Botschaft und Person Jesu Christi in der rechten Weise.

Schon bis hier sehen wir die Konturen der Anthroposophie an vielen Stellen hindurchschimmern. Noch deutlicher wird das im Folgenden:

Die Warnungen, die im NT sehr deutlich ausgesprochen sind, stammen aus einer späteren Zeit, da die Gnosis als Gefahr immer deutlicher erkannt wurde. Es standen letzte Wahrheiten auf dem Spiel. In diesem Kampf ging es für die Kirche um Sein oder Nichtsein – das muß bei allem Erschrecken vor der Härte des Kampfes im Bewußtsein gehalten werden. Warum hätte die Gnosis tödlich wirken können für das Christentum?

Zunächst das Herz der nichtchristlichen oder häretischen Gnosis: Die Ursünde geschieht nicht *in* der Schöpfung, sondern *vor* der Schöpfung; sie ist nicht menschlich, sondern göttlich. Der fundamentale Unterschied zu Judentum und Christentum liegt auf der Hand. Konsequenzen sind: Die Gnosis kann auch von dieser Seite nichts anfangen mit der Fleischwerdung Christi, mit Passion und Kreuz, der Gnostiker will ja nicht von einer Schuld erlöst werden, sondern aus der »Gefangenschaft«. Er braucht keinen Erlöser als »Lamm, das hinwegnimmt die Sünde der Welt«, sondern die gnostische Erlösung der Einzelseele ist Bestandteil eines kosmischen Prozesses, der Rückkehr zum Geist. Wir werden noch sehen, wie eng hier die Beziehungen Steiners zur Gnosis sind.

Die gleiche Nähe stellen wir bei einem anderen wichtigen Stichwort fest: Erkennen, Erkenntnis, Wissen. Es ist bei Steiner wie bei der Gnosis ein Schlüsselwort. Es wird in einen unversöhnlichen Gegensatz zum Glauben gebracht. »Die Religionen sind wahr, aber die Zeit ist für viele Menschen vorbei, in der Begreifen durch den bloßen Glauben möglich war.« Das hängt nach Steiner mit dem helleren Bewußtsein zusammen, das der Mensch mittlerweile gewonnen hat. Obwohl die Gnostiker zur Zeit des »träumenden Bewußtseins« lebten, waren sie von dem gleichen Gedanken erfüllt wie Steiner: Glaube ist abzulehnen. Und doch trennt beide ein tiefer Graben! Die Gnostiker suchten ehrlich das Göttliche, das diese Welt übersteigt. Steiner sucht nur Innerweltliches. Und wenn er es tausendmal »die göttlich-geistige Welt« nennt – sie ist Bestandteil dieser Welt. Das Bemühen der Gnostiker ist religiöser Natur. Das Wissen, dessen sie sich rühmten, ist heiliges Wissen. Es darf als Anfang aller Religionsphilosophie bezeichnet werden. Es diente der Vorbereitung auf die Vereinigung mit der Gottheit, die durch geheimnisvolle Weihen und Sakramente erstrebt wurde. In hoher Vollendung ist sie als Identitätsmystik zu bezeichnen, als eine religiöse Hingabe, vor der jede Kritik verstummt.

Dort jedoch, wo die Gnosis den Glauben als minderwertig bis wertlos erachtet, muß Widerspruch angemeldet werden. Erkenntnis darf nicht als Alternative zum Glauben ausgegeben werden, schon gar nicht kann der Glaube radikal der Erkenntnis geopfert werden.

Es ist leider nicht unnötig, heute darauf hinzuweisen, daß Glaube nicht so primitiv verstanden werden darf: »Glaubst du, daß morgen schönes Wetter wird?« Oder darauf, daß ein Glaubender nicht als ein geistig Minderbemittelter anzusehen ist, dem man jeden Bären aufbinden kann. Religiös glauben heißt nicht, blindlings irgend etwas ungeprüft annehmen.

Der Begriff »Glaube« machte eine Entwicklung durch. Bei den Juden drückt er seit Abraham eine Grundhaltung aus: ein Leben lang, auch in Bedrängnis, geduldig und unbeirrbar auf Gott vertrauen. Im Christentum wird diese Haltung erweitert und vertieft. Jesus selbst gilt als der »Anführer und Vollender des Glaubens«, er hat den Glauben im eigentlichen und vollendeten Sinne geübt, vor allem durch die Bewährung im Leiden und im Gehorsam dem Vater gegenüber. »Anführer«, weil er an der Spitze der Schar der Gläubigen, seiner Brüder, in das himmlische Erbe vorausgezogen ist: »Ich gehe, euch eine

Wohnung zu bereiten.« Davon künden die Evangelien. Sie fordern und ermöglichen den Glauben. Der Glaube gewinnt über das Evangelium und *nur* über das Evangelium den Zugang zu dem, der Jesus von den Toten auferweckt hat. Gleichzeitig drückt er ein das Leben prägendes Verhältnis des Vertrauens und Gehorsams gegenüber Jesus als dem Herrn aus.

Glaube ist für das Christentum nicht wie für die Gnosis ein Verharren auf einer zu überwindenden, niedrigen Entwicklungsstufe des Menschen, sondern er ist Geschenk, Gnadengabe, die nicht hochmütig zurückgewiesen werden kann von einem Menschen, der überhaupt etwas mit Gott zu tun haben will. Erst der geschenkte Glaube ermöglicht das religiöse Erkennen. »Im Glauben erkennen wir« – und zwar nicht irgend etwas, sondern es ist immer *Heils*erkenntnis: »Herr ist Jesus Christus!« Daraus und darin wird klar: Glaube ist immer auch Bekenntnis. Nur aus der Glaubenserfahrung kann das Bekenntnis zum Erkannten vollzogen werden. »Christus will ich erkennen und die Macht seiner Auferstehung und die Gemeinschaft mit seinem Leiden; sein Tod soll mich prägen« (Phil. 3,10).

Diese Heilserkenntnis stand und steht jedem offen, nicht nur einer Elite. Wohl gibt es Reifungsstufen, je nach dem Bemühen des einzelnen und dem Maß der Gnade; wohl gibt es auch für den frömmsten Christen immer noch eine Vertiefung seines Glaubens, eine Erweiterung seiner Heilserkenntnis, aber es gibt keine, die dem schlichten Menschen oder dem demütigen, umkehrbereiten grundsätzlich verschlossen bliebe. Im Gegenteil, es gibt sehr einfache Menschen mit einer bewundernswerten Spiritualität, die vielleicht mehr von Christus »wissen«, die ihn besser »erkannten« als ein hochgelehrter Theologe, dessen Glaube schwach und dessen Bereitschaft zum Empfangen von intellektuellem

Hochmut überdeckt ist. Denn das biblische Erkennen meint immer gleichzeitig sowohl das intellektuelle Erkennen, wie das Erkennen aus und durch Liebe, intuitives Erkennen zwischen Verstand und Ekstase mit der Totalität der Person. Für den Orientalen (auch für den Afrikaner) war das eine Selbstverständlichkeit. Uns ist der Begriff zerfallen in einzelne Bestandteile, die immer unverbundener gedacht wurden, die wir uns erst bewußt wieder zusammenfügen müssen.

Die Geschichte der Gnosis ist die Geschichte der Theosophie. Sie überlebte die Unterdrückung und überdauerte die Jahrhunderte. Um die Wahrheit kann eben auf die Dauer nur mit adäquaten Mitteln gekämpft werden. Es gab theosophische Strömungen außerhalb und innerhalb des Christentums.

Zu jeder Zeit hatte das Christentum seine Theosophen. Es ließ dem gnostisch-theosophischen Verlangen einen gewissen Spielraum, zumal es Berührungspunkte gibt zwischen dem Theosophen und dem Mystiker. Immer wieder kam es jedoch zu Grenzsituationen, versuchte eine theosophische Richtung den Glauben zugunsten der Gnosis auszuschalten und unaufgebbares Glaubensgut auszumerzen. Die Beurteilung war oft ungeheuer schwierig, denn noch immer hielten sich gnostische Formulierungen in der Schwebe, im Unscharfen. Der Religionshistoriker Walter Nigg trat in verdienstvoller Weise ungerechten und einseitigen Urteilen entgegen, die aus Mißverständnissen und aus menschlicher Schwäche resultierten. Er befreite das Bild des Ketzers von Entstellung und Verleumdung. Aber nicht überhört werden darf seine Warnung: »Die Beschäftigung mit den Ketzern ist freilich nicht ungefährlich. Für unreife, innerlich ungefestigte Gemüter ist das Buch der Ketzer nicht geeignet, da es auf sie nur eine verwirrende Wirkung ausüben kann. Es müssen neben großen Wahrheiten auch dämonische Versuchungen zur Sprache gebracht werden, welche ein kritisches Denken und die Gabe der Geisterunterscheidung erfordern.«[1]

[1] Walter Nigg, »Das Buch der Ketzer«, Artemis Verlag, Zürich und Stuttgart, 1949, S. 12

3. Die Evangelien:

Nach Steiner will Anthroposophie weder selbst Religion sein noch sie ersetzen. Aber erst Anthroposophie soll den Menschen befähigen, die vorhandene Religion zu erfassen. Diesen falschen Grund-Satz deckten wir bereits auf. Wir müssen ihn im Auge behalten, während wir seinen ebenso falschen weiteren Gedankengängen folgen.

Steiner wäre nicht der erste, der den Anspruch erhebt, das Christentum endlich richtig zu verkünden. Woran ist er zu messen? Genügt es nicht überhaupt, wenn Menschen ihr persönliches Verhältnis zu Christus für sich befriedigend gestaltet finden? Für das Leben des einzelnen hat das ganz sicher einen hohen Wert. Und es mag Menschen geben, deren bescheidene geistige Gaben wenig darüber Hinausgehendes zulassen. Für die Mehrzahl jedoch ist diese Haltung nicht zu akzeptieren, denn Christ ist man niemals für sich allein, und überdies ist sie zu anspruchslos. Auch für den religiösen Bereich gilt das Wort des Naturwissenschaftlers und leidenschaftlichen Christen Pascal, das dieser Arbeit voransteht.

Der Anspruch, Gültiges über das Christentum auszusagen, ist letztlich an der Heiligen Schrift zu messen. Auch in diesem Punkt versagt Steiner. Selbst in bezug auf die Bibel beruft er sich auf seine »Schau höherer Welten«, auf seine angebliche Hellsicht. Er will das wahre Christentum mit seinen Hellseherorganen aus der Akasha-Chronik lesen. Die Akasha-Chronik ist ihm »Richterin« der Evangelien. »Was geschehen ist im Laufe der Menschheitsentwickelung, das wird von der Geisteswissenschaft ganz unabhängig von allen Dokumenten erforscht; und dann erst, wenn der Geistesforscher mit den Mitteln, die unabhängig von einer jeden Urkunde sind, über die betreffenden Dinge geforscht hat und sie zu charakterisieren weiß, wird an die betreffende Urkunde herangegangen und nachgesehen, ob sich auch in den Urkunden findet, was man zunächst ganz unabhängig von einer jeden Überlieferung erforscht hat. Wenn uns aber in den Urkunden das Gleiche entgegentritt, was wir in der Akasha-Chronik selbst zu verfolgen in der Lage sind, *dann* ergibt sich für uns, daß diese Urkunden wahr sind, und ferner, daß sie jemand geschrieben haben muß, der auch in die Akasha-Chronik zu schauen vermag.«[1]

Man kommt aus dem Staunen nicht heraus, wenn man weiter vernimmt, Steiner habe den Inhalt der Evangelien nicht gekannt, bevor er ihn als Erwachsener mit etwa 40 Jahren in der Akasha-Chronik las. Selbst, wenn man annimmt, daß im 19. Jahrhundert die Schriftlesung von Katholiken wenig gepflegt wurde, so hat Steiner doch jahrelang Religionsunterricht bekommen, war Ministrant und besuchte viele Male den Gottesdienst und hörte Predigten. Er lernte privat Latein und Griechisch und erzählt in seinem »Lebensgang«, wie er sich intensiv mit verschiedenen Gebieten der Theologie beschäftigt habe und daß ihm dazu vorzügliche Lehrbücher zur Verfügung standen.[2]

Wenn Christen Steiners Schauungen ablehnen und darauf beharren, für sie sei ihr NT letzte Glaubensgrundlage, versucht Steiner einen weiteren Trumpf auszuspielen: Die Schriften seien sowieso mehr oder weniger zufällig zusammengestellt worden. In kirchlichen und politischen Machtkämpfen sei entschieden worden, was aufgenommen werden sollte und was nicht.

1 Rudolf Steiner, »Johannes-Evangelium«, a.a.O., S. 27
2 Rudolf Steiner, »Lebensgang«, a.a.O., S. 29

Tatsache ist demgegenüber: Das NT ist vor allem im 1. Jh. entstanden. Am Ende des 2. Jh. war es in seinem Bestand im wesentlichen abgeschlossen. Einzelne Teile hatten länger um ihre gesamtkirchliche Anerkennung zu kämpfen, so der 2. Petrusbrief, der 2. und 3. Johannesbrief, der Jakobus- und der Judasbrief. Vor allem bestanden Meinungsverschiedenheiten zwischen West und Ost bezüglich der Offenbarung des Johannes. Der Osten wollte sie nicht anerkennen. Der Ausgleich beginnt in der Mitte des 4. Jahrhunderts. Der große Athanasius erwarb sich dabei Verdienste. Von da an bis heute haben die christlichen Kirchen dasselbe Neue Testament.

Vorbild für die Bildung des NT-Kanons war, daß bereits eine Sammlung eines AT-Kanons existierte. (Kanon – aus dem Semitischen »Rohr« oder »Richtmaß«, als theologischer Fachausdruck: Sammlung jener Bücher zur Heiligen Schrift, denen die Inspiration zukommt und die Glaubensnorm sind.)

Das Evangelium wurde anfangs mündlich verbreitet, durch Verkehr und Austausch zwischen den Gemeinden. Aus dem schriftlich Fixierten wurde später ausgewählt, was im Glaubensbewußtsein der jungen Kirche als inspiriert galt. Maßgebend war, ob man eine apostolische Autorität hinter der Schrift vermutete. Das erste rechtgläubige Verzeichnis des NT ist der sog. Kanon Muratori (2. Hälfte des 2. Jh.).

Prompt folgt ein neues »Argument« Steiners: Die Texte des NT seien durch vieles Abschreiben und Übersetzen wertlos geworden, von Fehlern und Entstellungen durchsetzt.

Tatsache ist demgegenüber: Wohl von Anfang an, auf jeden Fall sehr früh (es gab ja noch eine Menge Augen- und Ohrenzeugen in der jungen christlichen Gemeinde), hat es eine wissenschaftliche Überwachung der Texte des NT gegeben. In den »Skriptorien« sorgten Aufseher für die Korrektheit der Abschrift. Im 4. Jh. ist in gelehrten Zentren jeweils eine Textrevision durchgesetzt worden (z. B. in Ägypten, wahrscheinlich auch in Caesarea durch Eusebius). Die Vielfalt der lateinischen Übersetzungen wollte Hieronymus (gest. 420) durch seine Vulgata beenden. Er hat damit eine hervorragende wissenschaftliche Arbeit geleistet. Luther übersetzte aus dem Urtext, ebenfalls wissenschaftlich und sprachlich ausgezeichnet.

Aber auch damit ist Steiner noch lange nicht mattgesetzt. Er hält das NT in der vorliegenden Form für verdorben. Luthers Übersetzung wertet er pauschal ab. Er findet sie pedantisch und philiströs. Die modernen Übersetzungen erklärt er rundherum als mangelhaft. *Er* gehe auf die wahren Bedeutungen zurück, beseitige alle Mißverständnisse und Fehlübersetzungen und fülle die Lücken. Alles mittels seiner Schau. Wissenschaftliches Rüstzeug, Argumente braucht er darum nicht. Er vergleicht das NT mit einem durch moderne Theologen gerupften Huhn, das er mit neuen und besseren Federn ausstattet. Dazu ist festzustellen, daß er vom NT nur die Evangelien und einige Stellen bei Paulus heranzieht. Den Rest läßt er unbeachtet und unkommentiert. (Das AT zieht er fast gar nicht heran.)

Dafür bringt er aus seiner Schau ein 5. Evangelium zurück. Dieses unterrichtet uns über die Zeit zwischen dem 12. und 30. Lebensjahr Jesu. Außerdem enthält es Mitteilungen darüber, daß es zwei Jesusknaben gegeben hat und daß Jesus die Reinkarnation gelehrt hat.

Steiners »Übersetzungen«, sein Umgang mit den biblischen Texten können nur als Willkür bezeichnet werden. Was ihm nicht in den Kram paßt, läßt er weg; er »übersetzt« Worte, die gar nicht dastehen oder so nicht dastehen; er prägt den Text um oder leitet das Gegenteil von dem ab, was dasteht. Er löst aus dem Zusammenhang oder mißdeutet einzelne Stellen. Nach seinem Selbstverständnis ist er derjenige, der für die heute reif gewordene Menschheit das ausspricht, was sie zu Jesu Zeiten noch nicht (er)tragen konnte. Er bezieht sich auf Johannes 21,25 und 16,12. Dort wird allerdings der Heilige Geist beauftragt mit der schrittweisen Einführung der Christen in die Wahrheit, nicht Steiner.

Um einige Denkanstrengung kommen wir auch im Folgenden nicht herum, wenn wir Steiners Verwirrspiel durchschauen wollen. Ein engagierter Seelsorger variierte Pascals Satz so: »Denken ist die Buße des modernen Menschen.« – Aber wer büßt schon gern? Das Wort schon weckt zuallermeist Abwehr, aggressive Ablehnung. Dabei wird nicht bemerkt, daß diese verweigerte Buße wie eine nicht bezahlte Schuld mit Zins und Zinseszins zu andrer Zeit und von einer anderen Seite wieder auf den Menschen zukommt. Im Leben des einzelnen wie im Leben der Völker.

Friedrich Kabermann analysiert in seinem Buch »Die Jesus-Falle« in geistreicher Weise die komplexen Gründe für den ungeheuren Zulauf, den die Großsekten, auch Jugendsekten genannt, haben. Ihnen gelingt es in jeweils wenigen Tagen, Menschen mit normaler, zum Teil sogar überdurchschnittlicher Intelligenz zu willenlosen Werkzeugen, zu denkunfähigen Robotern zu machen. Die Frage »Wie ist das möglich?« dürfte uns nicht mehr schlafen lassen. Eine Anklage enthält die Antwort mit Sicherheit: Weder unsere Schulen noch unsere Kirchen haben ausreichend dafür gesorgt, daß genügend Denkfähigkeit und Denkwillen, die Freude am Denken entwickelt wurde bei den ihnen Anvertrauten. Diese Schuld, dieses Versagen schaufelt Wasser auf die Mühlen aller geistigen Verführer, auch auf Steiners.

Jedermann muß sein Maß an Denkfähigkeit selbst herausfinden und nicht darunterbleiben. Das kann ihm niemand abnehmen. Aber Hilfe kann angeboten werden, sich im Labyrinth Steinerscher Auslassungen rascher und besser zurechtzufinden und sie dann zu konfrontieren mit den Grundaussagen des Christentums.

4. Der Gottesbegriff

Zum Frappierendsten an Steiners Lehre gehört wohl, daß er nicht etwa einen uneinheitlichen, sondern gar keinen Gottesbegriff hat. Aus verschiedenartigen Äußerungen könnte man auf einen schillernden Gottesbegriff schließen, etwa wenn er sagt: »Die erhabenste Gottesidee ist für mich die, daß Gott sich nach der Schöpfung des Menschen ganz von der Welt zurückgezogen und den letzteren ganz sich selbst überlassen habe.«[1] Dieser Deismus könnte im Hintergrund gedacht werden, wenn Steiner die Welt beschreibt als hervorgegangen aus »dem Geistigen«, »dem Göttlichen«. Aber er verneint ja ausdrücklich alles wie immer gedachte Göttliche außerhalb dieser Welt, so daß sein Ausspruch nur rhetorischen Wert haben kann.

Geistige Wesenheit

Obwohl es eigentlich unnötig ist, beendet Steiner das Sein Gottes; denn, wenn es ihn nie gab, kann er auch nicht aufhören zu sein. Zu einer Zeit, als er schon ganz christlich sein wollte, stellt er fest: ». . . er (Gott) hat aufgehört zu sein um der Freiheit der Menschen willen, um der Göttlichkeit der Menschen willen. Wir haben die höchste Potenz des Daseins in uns aufgenommen.«[2] Er

[1] Rudolf Steiner, »Goethe II«, S. VI, Weimar, 1887

[2] Rudolf Steiner, »Die Apokalypse des Johannes«, Zyklus VI, Dornach, 1945, S. 1780 ff.

kann damit auch nicht das »Göttlich-Geistige« meinen, von dem alles ausging, denn er versichert ausdrücklich, daß sich niemals alles Geistige restlos herabentwickeln würde.

Die Anthroposophische Gesellschaft veranstaltete 1922 einen »Theologischen Tag« in Dornach. Führende Theologen der Evangelischen Kirche Deutschlands waren eingeladen. Sie wiesen hin auf die Kontingenz alles Seienden und die Nichtkontingenz, die Unbedingtheit Gottes als des absoluten Seins. Entweder verstand Steiner diese philosophischen Begriffe nicht, oder er verstellte sich: »Das wurde sehr häufig wiederholt, daß der Gott das Unbedingte sei, das überall durchbricht . . . man stelle sich das also vor, überall, und dann bricht's durch, bricht heraus . . . aber eben das Unbestimmte bricht überall durch.«[1] Aus dem Unbedingten macht er in dümmlicher Ironie, die in bewegten Klagen über diese gottverlassenen Theologen gipfelt, das Unbestimmte. Er lenkt ab, weil er nicht antworten kann oder will.

»Um Mißverständnisse zu vermeiden, sei hinzugefügt, daß ›göttliche Welt‹ und ähnliche bei Steiner gelegentlich vorkommende Formulierungen nicht einfach ›Gott‹, den Lebendigen, den ganz Anderen, den verborgenen Gott meinen. Über ihn schweigt Steiner, denn kein Schauen erreicht den Unschaubaren.«[2] G. Wehr ließ sich von Steiner verwirren und vermehrt seinerseits noch die Verwirrung. Im ersten Satz stellt er klar, daß Steiner den christlichen Gott mit seinen Formulierungen nicht meint. Er läßt offen, ob er ihn irgendwo doch denkt. Der zweite Satz verneint das

[1] Bericht vom Theol. Tag, 10. 3. 22, in Nachrichtenblatt 22, Jg. 1945, S. 190

[2] Gerhard Wehr, »Christusimpuls und Menschenbild«, a.a.O., S. 73

wieder, denn über den christlichen Gott zu schweigen ist ganz und gar unchristlich. Wie innig sprach Christus von Gott als seinem und unserm Vater, der uns Kinder, nicht mehr Knechte nennt, sondern Erben, Freunde. Daß der nahe Gott zugleich immer auch der ferne Gott ist, macht die Spannung aus, in der der Christ zu leben hat. Das wußten auch die Juden des AT, ebenso, daß kein Schauen Gott erreicht. Aber auch sie schwiegen keineswegs, sondern sprachen von ihm und mit ihm. Weil er dennoch der ganz Andere ist, wagten sie nicht, seinen Namen auszusprechen: Jahwe.

Steiner wagt das unbekümmert, er meint ja auch nicht den Gott Abrahams, Isaaks und Jakobs, sondern eine »geistige Wesenheit«, einen primus inter pares im anthroposophischen Kosmos:

»Im Urbeginne war Jahwe und Jahwe war bei den Elohim und Jahwe war einer der Elohim und Jahwe lebt in mir. Und Christus lebt in mir und Christus ist einer der Elohim und Christus ist bei den Elohim, am Ende wird sein Christus.«

Das ist ein Beispiel aus den »Mantren«, die Steiner den Mitgliedern der 1. Klasse seiner Esoterischen Schule, seinen Musterschülern, zur Meditation gab.[1]

Der Steiner-Schüler Emil Bock versucht das später so auszuführen: »Über der Ebene der Urbeginne haben wir die der *Exusiai*, der Schöpfergeister, die das AT Elohim nennt. Sie sind die geistigen Gewalten, die in den Naturreichen schöpferisch und formgestaltend wirken. Von ihnen spricht der Anfang der biblischen Bücher, weil durch ihr plastizierendes Schöpferwirken unser Erdenplanet in sein gegenwärtiges physisches Dasein getreten ist. Der mächtigste unter den Elohim ist Jahwe, die

[1] Rudolf Steiner, »Anweisungen für eine Esoterische Schulung«, Dornach, 1969 (Inhalt aus den Jahren 1905–08)

Gottheit des Alten Bundes, die sich auch dem Moses auf dem Sinai aus Blitz und Donner geoffenbart hat.«[1]

Was auch Bock als Obergott unter den Göttern vorstellt, war niemals der, der zu Moses sagt, als dieser ihn nach seinem Namen fragte: »Ich bin der Ich-bin-da!« Denn das besagt: In Gott, dem einzigen Gott, ist die ganze Fülle des Seins beschlossen. Und dieses absolute Sein ist Person. Bock trägt nur noch zu weiterer Verwirrung bei. Das Wort Elohim ist das allgemeine semitische Wort für die Gottheit. Es ist ein Gattungsname, mit dem alles, was unter Menschen als Gott gilt, bezeichnet werden kann. Wo das Wort in der Heiligen Schrift für den einzig wahren Gott gebraucht wird, rückt der Akzent mehr nach dem universalen Charakter Gottes. Elohim ist dann der Gott der Natur, der Menschheit, der Welt, und deshalb auch wie in Genesis 1 der Schöpfer. Gerade die Genesis ist der deutlichste Ausdruck für Israels Monotheismus. Die »Schöpfergeister« hingegen sind von Steiner geschaffene mythologische Wesen.

Der Monotheismus Israels ist einzigartig und ohne Parallele in der Religionsgeschichte. Er ist der Endpunkt einer langen Geschichte Gottes mit seinem Volk. »Am Anfang gibt es die Offenbarung als lebendige Wirklichkcit, dann folgt, allmählich wachsend, die Reflexion darüber und die gänzliche Bewußtwerdung und schließlich ihre genaue Formulierung.«[2] Wird die Spannung mißachtet, die zwischen der schwer zusammendenkbaren Transzendenz und Immanenz Gottes besteht, dann geht es, wie die Geschichte der Menschen zeigt, in Zickzacklinien hin und her zwischen dem einen und dem

[1] Emil Bock, »Die drei Jahre«, Urchristentum Bd. III, Urachhaus, Stuttgart, 1971, S. 315

[2] H. Renckens, »Urgeschichte und Heilsgeschichte«, Grünewald Verlag, Mainz, 1959, S. 57

andern Extrem: zwischen Pantheismus und Materialismus, zwischen Monismus und Dualismus, Deismus und Emanatismus, Polytheismus und Atheismus. Steiner irrt ziellos zwischen allen diesen Extremen herum und trägt dabei das Schild »christlich« vor sich her. Geistige Redlichkeit erforderte, daß Name und Inhalt sich decken.

Mit dem Gottesbild eines geistigen Systems hängt untrennbar die daraus abgeleitete Kosmologie und Anthropologie zusammen. Steiner schleppt Bausteine aus allen Zeiten und Kulturen herbei, um ein mythologisches Weltbild zu konstruieren, das er dann rationalisiert und zur »Wissenschaft« preßt. Vor der Verwendung reinigt er die Bausteine sorgfältig von jedem religiösen Bezug. So läßt er beispielsweise das Pleroma aus dem Spiel, und schon paßt ihm der gnostische Baustein in sein Werk. F. Ch. Baur schreibt zum Grundcharakter der Gnosis: »Von der höchsten Höhe eines rein geistigen Prozesses geht der Prozeß der Weltentwicklung erst zu der Sphäre des physischen und materiellen Lebens fort . . . Es ist der nicht weiter erklärbare Zug des sich selbst materialisierenden Geistes von oben nach unten . . . Der Geist entledigt sich der Gewalt wieder, die die Materie über ihn erhalten hat und kehrt zu sich selbst zurück. In einer unendlichen Reihe von Welten besteht für den Geist die Möglichkeit oder Notwendigkeit, immer wieder in denselben Prozeß hineingezogen zu werden.«[1]

Bei Steiner entwickelt sich das Stoffliche aus dem Geistigen: »Nicht dadurch, daß sich physische Materie zusammenballt, entsteht ein Weltkörper, sondern dadurch, daß von einem geistigen Wesen aus ein neuer geistiger Mittelpunkt, ein neuer Schauplatz geschaffen wird. Vom Geistigen aus beginnt die Bildung eines

[1] Ferdinand Christian Baur in »Gnosis und Gnostizismus«, Wiss. Buchgesellschaft, Darmstadt, 1975, S. 11

Weltenkörpers. Jeder physische Weltenkörper ist zuerst Geist gewesen.«[1] Auch bei Steiner haben wir »den nicht weiter erklärbaren Zug«, d. h. wir erfahren nicht, warum sich irgendwann »vom Geistigen aus« etwas Physisches entwickelt. Wir erfahren nicht, wozu das ganze verwikkelte Welttheater aufgeführt wird, das sich noch mehrmals wiederholt »in einer unendlichen Reihe von Welten«, wann und warum es am Ende wieder seinem Urzustand zustrebt. Man steht vor dem bedrückenden Schauspiel völliger Sinnlosigkeit.

Völlig anders ist der Inhalt von Gottesbegriff und Kosmogonie beim Christentum und selbst schon beim Judentum. Sie sprechen von »Schöpfung aus dem Nichts« durch Gott als Person. Israel suchte und fand diese Antwort aus der Erfahrung seiner Geschichte mit Gott. Die Gemeinde Christi hat diese Antwort übernommen, wenn auch um neue Akzente und Ansätze bereichert. Philosophen aller Jahrhunderte befaßten sich mit Angriff oder Verteidigung dieses Verständnisses, wobei sie sich grundlegender Denkergebnisse ihrer vorchristlichen griechischen Kollegen bedienten. Wir können diesen Weg hier nur andeutungsweise nachzeichnen und legen den Schwerpunkt weniger auf die Philosophie als auf die Theologie. Dies erscheint insofern als berechtigt, als die Philosophie gerade in dieser Frage zurückzukehren hat zu der theologisch sehr klar erfaßten Erkenntis des Autors von Genesis 1.

»Wir können noch bescheiden zu ihm in die Lehre gehen, um unsere vielleicht schärferen Definitionen mit dem lebendigen Inhalt zu füllen, der bei ihm so viel reicher und ursprünglicher ist.« Wir können es positiv

[1] Rudolf Steiner, »Das Johannes-Evangelium im Verhältnis zu den andern drei Evangelien, insbesondere dem Lukas-Evangelium«, Ein Zyklus von 14 Vorträgen aus dem Jahr 1909, Dornach, 1975, S. 29

ausdrücken »Die Totalität des Seins hat in IHM ihren Grund.«[1]

Der Autor will sagen: Der Kosmos ist durch die Kraft des göttlichen Geistes aus dem Chaos hervorgegangen. Das Chaos ist ein biblisches Äquivalent für nichts, es ist tohu und bohu, d. h. nichts und gar nichts. Schöpfung – erschaffen ist Inhalt des biblischen Wortes bara. Das ist eine Art des Machens, die nur Gott vorbehalten ist, die mit keiner einzigen menschlichen Tätigkeit verglichen werden kann, ein souveränes Handeln, das keine Hindernisse kennt. Auch in altorientalischen Mythen ist vom Chaos die Rede. Aber hier gibt es den Kampf zwischen Schöpfer und Mächten des Chaos, während Gen. 1 sagt, Gott bändigt mühelos das Chaos. Durch bara kommt nicht nur der Kosmos zustande, sondern auch die gesamte Seinsordnung, die Ordnung des Kosmos, seine Gesetze. Das liegt ebenfalls in dem Wort beschlossen.

Die »Schöpfung aus dem Nichts« betont Gottes strenge Transzendenz und Wesensverschiedenheit von allem Geschaffenen, seine Weltüberlegenheit und Selbstmächtigkeit, aber auch seine Weltzugewandtheit in Huld und grundloser Güte: Er hat der Welt ihr Sein geschenkt. Sie ist Gottes, aber sie ist nicht Gott. Sie ist danach auch nicht Ausströmung, Emanation, Teil von ihm und nicht Entwicklungsergebnis aus dem Geist. Paulus formuliert das »In Gott leben wir, bewegen wir uns und sind wir.« Aber wir waren nie Gott und werden es nie sein.

Luzifer-Ereignis – Christus-Ereignis

Mit der Erschaffung ist Gottes Beziehung zur Welt keineswegs beendet. Auch ihr Bestehen ist sein Werk.

[1] H. Renckens, »Urgeschichte und Heilsgeschichte«, a.a.O., S. 80

Gottes Schöpfungstat wird auch gesehen als Eröffnung der Heilsgeschichte Gottes mit dem Menschen. Nichts davon findet sich bei Steiner. So überrascht es nicht, daß der »Sündenfall« bei ihm eine völlige Umdeutung des biblischen Mythos ist, den er dann seinem System einverleibt. Wieder hört sich alles vertraut an, da er von Adam, vom Baum der Erkenntnis von gut und böse spricht – und wenn man dem nachgeht, gerät man in einen Dschungel unbiblischer Konstruktionen. 1. Mose 3 deutet Steiner als das »Luzifer-Ereignis«. Er kennt genau Wesen, Herkunft und Absicht des Versuchers. Der Herabstieg des Menschen in die Materie war zwar sowieso von den Göttern geplant, aber nun geschah er vorzeitig. Er sollte den Menschen zu vollem Ich-Bewußtsein führen. Die luziferischen Mächte versetzten ihn vorzeitig in den Stand des »Selbstentscheiders« über gut und böse. Er rückt zur Freiheit auf und gewinnt gleichzeitig Begeisterung und Leidenschaft für das Höhere. Da zu dieser Zeit der Mensch noch nicht im Vollbesitz seines Ich war, war er auch noch keiner vollen Veranwortung fähig, so daß von Schuld nicht gesprochen werden kann. Er wird aber tiefer, als von den Göttern geplant war, in die Materie verstrickt.

Die Herabentwicklung, die Verstofflichung von Mensch und Erde, hätte mit dem Tod im Stoff geendet, wenn nicht das »Christus-Ereignis« stattgefunden hätte. Dieses vermittelt die Impulse zur Wiedervergeistigung, zur Entwicklung wieder hinauf zum Geist. Das »Christus-Ereignis« war zwar auch von den Göttern vorgesehen, aber nun mußte Christus durch Tod und Auferstehung gehen. Die Götter beschlossen, daß er dieses Opfer bringen sollte. Sie waren gewissermaßen dazu verpflichtet, ihrerseits für das Wieder-Hinauf zu sorgen. Der Mensch ist in dem ganzen Prozeß mehr oder weniger Zuschauer, Objekt. Er kann sich allerdings dem Vergeistigungsprozeß anschließen oder ihn verweigern. Wer sich anschließen will, muß den von Steiner gewiesenen Weg gehen. Die sich verweigern, sind jene, die von Erkenntnisgrenzen reden.

Als Folge des »Luzifer-Ereignisses« treten als Gegenspieler der luziferischen die ahrimanischen Mächte auf. Ahriman ist der große Lügner, der den Menschen vorgaukelt, es gäbe nichts als Materie. Er beeinträchtigt die Erkenntniskräfte. Luzifer hingegen gaukelt dem Menschen eine Geistigkeit vor, die nur außerhalb der Materie zu finden sein soll. Eine Schuld des Menschen tritt erst dann auf, wenn er dem luziferischen oder dem ahrimanischen Einfluß erliegt. Andrerseits wird Sünde aufgefaßt als »Sündenkrankheit«, die den Menschen durch die Verstrickung in die Materie befällt, die wiederum unumgänglich notwendig war für seine Ich-Entwicklung.

Die Tore zur geistigen Welt schließen sich hinter dem Menschen nicht sofort. Der Abstieg vollzieht sich nach und nach. Ein Teil des Ätherleibs Adams bleibt in dieser Reinheit erhalten und wird ihm entnommen. »Dieser noch unschuldige Teil Adams wurde aufbewahrt in der großen Mutterloge der Menschheit, wurde dort gehegt und gepflegt.«[1] Zu gegebener Zeit wird diese reine Substanz der Menschheit mitgeteilt werden und den Wiederaufstieg aus dem Stoff zum Geist ermöglichen.

Nur dies sei zu alledem festgestellt: Sünde ist nach biblischem Verständnis ein Vorgang im personalen Bereich. Sünde ist Absonderung, Sich-Abwenden. In 1. Mose 3 hat der Mensch in voller Verantwortung gehandelt und sich gegen Gott entschieden. Die Folge ist, daß er vertrieben wird aus dem vertrauten Umgang mit Gott, aus dem Bereich der Unmittelbarkeit. Wohl gehen dem Menschen die Augen auf, aber er wird nicht

[1] Rudolf Steiner, »Das Lukas-Evangelium«, Dornach, 1931, S. 109

wie Gott, sondern er erkennt seinen bejammernswerten Zustand, der im Verlust der Nähe Gottes besteht, in der Verlassenheit von dem, dessen Willen er mißachtete.

Im AT ist bemerkenswerterweise mit der nicht von Gott gewirkten, sondern erschlichenen Erkenntnis die gesamte okkulte Sphäre zurückgewiesen. Während es für andere Völker ganz natürlich war, Hellseher und Medien zu befragen, etwa so, wie man heute telefonisch den Wetterbericht hört, war dieses den Juden kategorisch verboten. »Niemand finde sich bei dir, der seinen Sohn oder seine Tochter durchs Feuer gehen läßt, niemand, der Wahrsagekünste, Zeichendeuterei, Geheimkünste und Zauberei betreibt, niemand, der Bannungen vornimmt, einen Totengeist oder Wahrsagegeist befragt oder Auskunft bei den Toten sucht. Denn ein Greuel für den Herrn ist jeder, der ein solches tut. Untadelig sollst du dem Herrn, deinem Gott anhangen. Denn diese Völker, die du vertreibst, hören auf Zeichendeuter und Wahrsager, dir aber erlaubt der Herr, dein Gott, solches nicht.« (5. Mose 18,9)

Darauf ist Israel nicht angewiesen, ihm gab der Herr seine Propheten. Und nichts soll sie ablenken, dem Glauben Kräfte entziehen, die dann dem Aberglauben zufließen.

Unerschöpflich fließt Steiners Phantasie auch bei der Umdeutung des neutestamentlichen Christusbildes weiter.

5. Jesus – Christus

Der doppelte Jesus

»Ihr aber, für wen haltet ihr mich?« (Mt. 16,15). Steiner beantwortet diese Frage:

»Im Beginne unsrer Zeitrechnung sind zwei Jesus-Knaben geboren worden. Der eine stammte aus der nathanischen Linie des Hauses David, der andere aus der salomonischen Linie desselben Hauses. Diese beiden Knaben waren nicht ganz zu gleicher Zeit geboren, aber doch annähernd. In dem salomonischen Jesus-Knaben, den das Matthäus-Evangelium schildert, inkarnierte sich dieselbe Individualität, die früher als Zarathustra auf der Erde gelebt hat, so daß man in diesem Jesus-Kinde des Matth.-Evangeliums vor sich hat den wiederverkörperten Zarathustra oder Zoroaster. So wächst heran, wie ihn Matthäus schildert, in diesem Jesus-Knaben bis zum 12. Jahre die Individualität des Zoroaster. In diesem Jahre verläßt Zarathustra den Körper dieses Knaben und geht hinüber in den Körper des anderen Jesus-Knaben, den das Lukas-Evangelium schildert. Daher wird dieses Kind so plötzlich etwas anderes. Die Eltern erstaunen, als sie es in Jerusalem im Tempel wiederfinden, nachdem in dasselbe der Geist des Zarathustra eingetreten war. Das wird dadurch angedeutet, daß der Knabe, nachdem er verlorengegangen war und in Jerusalem im Tempel wiedergefunden wurde, so gesprochen hat, daß ihn die Eltern nicht wiedererkannten, weil sie dieses Kind – den nathanischen Jesus-Knaben – eben nur so kannten, wie es früher war. Aber als es anfing, zu den Schriftgelehrten im Tempel zu reden, da konnte es so sprechen, weil in dasselbe der Geist des Zarathustra eingetreten war.

Bis zum 30. Jahre lebte der Geist des Zarathustra in dem Jesus-Jüngling, der aus der nathanischen Linie des Hauses David stammte. In diesem andern Körper reifte er heran, zu einer noch höheren Vollendung. Noch ist zu bemerken, daß in diesem andern Körper, in dem jetzt der Geist des Zarathustra lebt, das eigentümliche war, daß in dessen Astralleib der Buddha seine Impulse aus der geistigen Welt einstrahlen ließ . . .

Das alles war notwendig, damit der Leib zustande kommen konnte, welcher dann am Jordan die ›Johannes-Taufe‹ empfing . . .

Bei dem Christus-Jesus blieben nach der Johannes-Taufe die kosmisch-geistigen Kräfte allein wirksam, ohne alle Beeinflussung durch die Gesetze der Erdenentwicklung. Während Jesus von Nazareth als Christus Jesus in den letzten drei Jahren seines Lebens vom dreißigsten bis zum dreiunddreißigsten Jahre in Palästina auf der Erde wandelte, wirkte fortwährend die ganze kosmische Christus-Wesenheit in ihn herein. Immer stand der Christus unter dem Einfluß des ganzen Kosmos.«[1]

Und wer war dieser Christus Steiners, der bei der Jordantaufe in den Jesus herabstieg? Bei Steiner ist Christus das große Sonnenwesen, der Führer der geistigen Wesenheiten, die, als sich die Sonne von der Erde trennte, mit der Sonne aus der Urerde hinausgingen, um von der Sonne aus auf die Erde zu wirken. Während der großen kosmischen Entwicklungsperioden nähert sich der Christus immer mehr der Erdensphäre, seine Sonnenkraft hineingießend in die sich entwickelnde Menschheit. Als die Zeit reif war, wollte sich der Christus selbst hineinsenken in die Menschenwelt. Dazu bedurfte er eines außerordentlichen Leibes, den er in Jesus fand.

[1] Rudolf Steiner, »Die geistige Führung des Menschen und der Menschheit«, 1911, Dornach, 1960, S. 74–76

»In diesem Jesus von Nazareth lebte eine Ichheit, von der wir gezeigt haben, daß sie durch viele Inkarnationen vorher durchgegangen ist, wiederholt auf der Erde gelebt hat, in diesem Leben immer höher gestiegen ist und sich allmählich hinaufentwickelt hat zu der Fähigkeit des großen Opfers. Dieses Opfer bestand darin, daß gegen das 30. Jahr das Ich des Jesus von Nazareth den physischen Leib, den Ätherleib und den astralischen Leib, die es bis dahin geläutert, gereinigt und veredelt hatte, verlassen konnte, so daß eine dreifache menschliche Hülle da war, eine reine, beste menschliche Hülle . . . in die drei Hüllen senkte sich der Christus hinein . . . dieser Christus ist dieselbe Wesenheit, von der im AT gesagt wird: ›und der Geist Gottes schwebte, oder ›brütete‹, über den Wassern. Dieser selbe Geist, also der göttliche Geist unseres Sonnensystems, begab sich in die dreifache Hülle des Jesus von Nazareth.«[1] Wir haben demnach bei Steiner zu unterscheiden: Er spricht von »Jesus« bis zur Jordantaufe, von da an von dem »Christus-Jesus« als Doppelwesen.

Daß der Christus eine der innerweltlichen Wesenheiten ist, ebenso wie Gott einer der Elohim – diese Fehldeutung hatten wir schon kennengelernt. Was Steiner weiter daraus ableitet, kann natürlich nur in der gleichen Richtung liegen, die weit wegführt von allem Christus-Verständnis der Urgemeinde bis heute, das konzentriert ausgesprochen ist im Glaubensbekenntnis: ». . . und an den einen Herrn Jesus Christus, Gottes eingeborenen Sohn, aus dem Vater geboren vor aller Zeit: Gott von Gott, Licht vom Licht, wahrer Gott von wahrem Gott, gezeugt, nicht geschaffen, eines Wesens mit dem Vater; durch ihn ist alles geschaffen. Für uns Menschen und zu unserm Heil ist er vom Himmel gekommen, hat Fleisch

[1] Rudolf Steiner, »Johannes-Evangelium«, a.a.O., S. 178 f.

angenommen durch den Heiligen Geist von der Jungfrau Maria und ist Mensch geworden.«[1]

Die grundlegende Frage: Wer war Jesus Christus? löst Steiner nicht mit Hilfe wissenschaftlicher Disziplinen, sondern er konstruiert aus seiner Schau höherer Welten ein Gespinst, das er über die Evangelien wirft und mit Gewalt passend macht. Die Kindheitsgeschichten, die sich ja nur bei Matthäus und Lukas finden, sollen erweisen, daß der, der da geboren wurde, gar nicht der Messias war, sondern ein reinkarnierter Mensch jeweils von Eltern, die beide Josef und Maria hießen.

Ein führender Anthroposoph, Emil Bock, gelernter Theologe, übernahm es, Steiners Schau im Detail auf die Evangelien anzuwenden und preist sich glücklich, endlich die »Widersprüche« auflösen zu können. Dabei handelt es sich viel eher um Verschiedenheiten. Sie erklären sich daraus, daß die Evangelien nicht begleitend zum Leben Jesu geschrieben wurden, sondern nach seiner Auferstehung, und zwar jeweils für andere Zielgruppen und mit anderer Aussageabsicht. Sie wollten nicht eine Biographie schaffen, sondern sie deuten bereits das Leben Jesu, und zwar von Ostern her, im Licht der Auferstehung. Bock seinerseits reißt erst echte Widersprüche auf, um die er sich aber nicht kümmert. Seine Phantasie stürmt mit ihm davon in immer neue Spekulationen über das Leben der zwei Familien mit den zwei Jesusknaben.[2]

Er erklärt nicht, warum nirgends im NT von zwei Jesusknaben die Rede ist. Wenn ein Austausch von Ichs damals, wie Steiner meint, eine quasi alltägliche Sache

[1] Evang. Kirchengesangbuch, Ausgabe für die evang.-luth. Kirche in Bayern

[2] Emil Bock, »Kindheit und Jugend Jesu«, Bd. II von »Urchristentum«, Urachhaus, Stuttgart, 1949

gewesen wäre, hätte es wie selbstverständlich erwähnt werden können. Er erklärt nicht, warum die Benennung vor und nach der Jordantaufe gleich ist. Es ist keineswegs so, daß es vor der Taufe immer nur Jesus und danach immer nur Christus oder Christus Jesus hieße. Vielmehr steht da ohne jede Regelung bald Jesus, bald Christus oder auch der Herr Jesus Christus, sogar schon bei der Geburt. Und was fängt Bock an mit Schriftstellen, die eindeutig gegen Steiners Schau reden?

Der Engel Gabriel sagte zu Maria: »Du wirst einen Sohn gebären, dem sollst du den Namen Jesus geben. Er wird Macht haben aus Gottes Macht, und man wird ihn Sohn Gottes nennen . . .« (Lk 1,31) Das bezieht sich nicht etwa auf ein späteres Lebensalter Jesu, denn bei Lukas 1,42 ruft Elisabeth aus: »Keine Frau ist so gesegnet wie du. Wie ist es möglich, daß die Mutter meines Herrn zu mir kommt?« Darauf folgt das Magnifikat.

Gott hatte dem Simeon versprochen, er werde nicht sterben, bevor er Christus gesehen habe. Das Kind auf den Armen, preist er die Stunde: »Nun haben meine Augen geschaut das Heil, das du bereitet hast vor aller Völker Angesicht.« Und er weissagt: »Mit diesem wird das Volk Israel stehen oder fallen. Er wird für viele die Entscheidung bedeuten für Tod oder Leben . . .« (Lk 2,25 ff.).

Den Hirten verkünden die Engel: »Denn euch ist heute der Heiland geboren, welcher ist Christus der Herr« (Lk 2,11). Das Matthäus-Evangelium beginnt: »Das ist das Wort von der Geburt des heiligen Herrschers über Gottes Volk, Jesus, der Christus.« Und etwas später, 2,4, steht: ». . . ist etwas bekannt, wo der Christus, der kommende König Israels, geboren werden soll?«

In den Jahren 1947 bis 1952 wurden in Qumran am Toten Meer Schriftrollen gefunden, die dort im Jüdischen Krieg (66–70 n. Chr.) versteckt worden waren. Sie enthalten im wesentlichen Teile des AT, Kommentare zu biblischen Schriften sowie Schriften zu Wesen, Weltanschauung und Lebensform des jüdischen Ordens der Essener, zu dessen Bibliothek sie gehörten. Bis heute sind die Funde noch nicht vollständig erforscht. Was jedoch veröffentlicht wurde an Forschungsergebnissen, fand höchstes Interesse in der ganzen Welt. Auch bei den Anthroposophen. Sie triumphierten: »Die Qumran-Texte machen es unmöglich, dem Zwei-Messias-Problem auszuweichen. Das hat viele Besorgnisse in der christlichen Welt hervorgerufen, weil man fürchtet, die Einmaligkeit des Christus-Jesus zu verlieren. In den Schriften Rudolf Steiners, lange vor der Entdeckung dieser Qumran-Rollen geschrieben, aber findet sich die wahre Sinngebung dessen, was nun in bruchstückhaftem Wirrwarr aus alten Manuskripten zutage tritt.«[1]

Der Triumph war voreilig, denn soviel ist heute sicher: Die doppelte Messias-Erwartung findet sich bei dem weitaus größten Teil der Juden nicht. Johannes der Täufer, der ganz sicher enge Beziehungen zu den Schreibern der Rollen pflegte, aber einen eigenen Jüngerkreis hatte, spricht immer nur von dem einen, dem er den Weg bereite. Auf die Frage, ob *er* der Messias sei, antwortet er eindeutig: »Nein.« Die Qumran-Leute, auch Essener genannt, waren priesterlichen Geschlechts. Daher rührt der Name, den ihnen die Handschriften geben: »Söhne Sadoks« – Sadokiten. Sadok war ein Hoherpriester zur Zeit Salomons. Die Sadokiten hatten sich unter den Makkabäern von der jüdischen Gemeinschaft abgespalten. Als Legitimisten gewissermaßen, die der Linie Sadoks die Treue hielten, erwarteten sie zwei Messiasse: den aus dem Hause Aaron als Hohenpriester und den aus

[1] Hella Krause-Zimmer, »Die zwei Jesusknaben in der bildenden Kunst«, Freies Geistesleben, Stuttgart, 1969, S. 123

Juda als untergeordneten. Der untergeordnete sollte nun derjenige Jesusknabe sein, der mit 12 Jahren stirbt, da er sein Ich dem andern zur Verfügung stellt.

Den Sadokiten fiel es verständlicherweise schwer, Jesus als den Messias anzuerkennen. Die Forschung sieht als nahezu gesichert an, daß der Hebräerbrief des Paulus an die Sadokiten gerichtet war. Er bemüht sich darin, den Sadokiten klarzumachen, daß auch sie ihre Erwartung als erfüllt betrachten dürfen. Er legt dar, daß Jesus beide Ämter, Priester und König, in seiner Person vereinigt habe. Er weist darauf hin, daß dies bereits bei Melchisedek vorbildhaft der Fall war. Paulus argumentiert, der wahre Messias führe sich eben nicht auf die Linie Aarons zurück, sondern entspringe einer höheren Ordnung: »Du bist Priester auf ewig nach der Ordnung des Melchisedek« (Hebr 6,20).

Die dreitägigen Initiationen

Immer neue Einzelheiten erfahren wir darüber, wie Steiner das ganze Christus-Ereignis seinen anthroposophischen Gedankengängen einpaßt. Danach sollte jetzt einmal historisch auf den Plan der Erde gelenkt werden, was bisher in einer anderen Weise bei der Initiation in die Mysterien geschehen war. Was im NT als Passion, Kreuzestod und Auferstehung erscheint, identifiziert Steiner mit den dreitätigen Initiationen. Jesu einzige Sorge in Gethsemane ist, ob die Jünger sich im richtigen Bewußtseinszustand halten werden. Nicht vor dem Tod hatte er Angst, sondern davor, sie könnten die geistigen Zusammenhänge nicht begreifen zwischen dem Mysterium von Golgatha und den Mysterien des Altertums. Das Blutschwitzen erklärt er damit, daß der Christus bereits beginnt, sich aus dem Jesusleib zu lösen. Das Unverständnis der Jünger hat den Zusammenhang des Doppelwesens gelockert. Das »Mein Gott, warum hast du mich verlassen?«, das Jesus am Kreuz spricht, soll sich darauf beziehen, daß am Kreuz nur noch Jesus hängt, denn bei der Gefangennahme hat sich der Christus von ihm getrennt. Der Jüngling, von dem die Häscher nur noch das Leintuch in Händen hielten, weil er nackt floh, war die entfliehende Christuswesenheit. Diese umschwebte allerdings noch den Jesus am Kreuz.[1]

An andrer Stelle läßt Steiner Jesus am Kreuz sagen: »Mein Gott, wie sehr hast du mich verherrlicht«, das solle heißen: vergeistigt.[2] Diese Version stammt schon aus der »Geheimlehre« der Blavatsky.

Steiners Deutung des Todes Christi hat drei wichtige Merkmale: Das Hineinfließen des Blutes Christi in die Erde bedeute, daß er der Geist der Erde geworden sei. Er beeinflusse die Entwicklung der Erde und befinde sich als Geist der Erde in einer ganz neuen Nähe zur Menschheit. Er bereite eine neue Verbindung der Erde mit der Sonne vor. Christi Tod wird bezogen auf Steiners »Sündenfall«. Aller schuldige Tod (die Schuld hatten die Götter, nicht der Mensch) mußte ausgelöscht werden durch den unschuldigen Tod eines der Götter. Diese hatten aber von dem Opfer des einen auch ihren Vorteil. Sie kannten bis dahin den Tod nicht. Christus wurde mit deswegen von ihnen abgesandt, um diese Erfahrung einmal für sie alle zu machen. Die Menschen ihrerseits gewannen auch etwas: Sie können nun den Sieg alles Geistigen über das Irdische im Tod begreifen.

Steiner bemängelt, das Kreuz sei von den Christen überbetont worden. Er spricht sogar von einer Preisgabe

[1] Rudolf Steiner, »Das Markus-Evangelium«, Dornach, 1930
[2] Rudolf Steiner, »Die Mysterien des Geistes, des Sohnes und des Vaters«, Frühwerk III

der Auferstehung zugunsten des Kreuzes durch die evangelische Kirche. Das stimmt natürlich nicht. Eine zeitweilige Überbetonung mag es gegeben haben, mit einer Preisgabe würde eine christliche Kirche sich selbst aufheben. Volksfrömmigkeit gerät bisweilen in eine einseitige Sicht.

Die Auferstehungskräfte teilen sich nach Steiner allen Menschen ohne ihr Zutun mit. Christus kehrt zurück und verbindet sich wieder mit Teilen der Jesus-Leiblichkeit. Dazu führt Steiner den Begriff des »Phantoms« ein. Der zurückkehrende Geist verbindet sich mit dem Ätherleib des Jesus und gewinnt dadurch Sichtbarkeit. Es findet sich daneben eine Deutung Steiners, nach der Jesus keine neue Verbindung mit dem zurückkehrenden Christus eingeht.

Die Himmelfahrt ist nur ein Bewußtseinsvorgang, der das Ende der Erscheinungen bedeutet. Der Hellsehende kann die Wirkung all dieser Vorgänge auf die Erde und die Menschheit erkennen. »Auch göttlich-geistige Wesenheiten erleben etwas, was sie zu einer höheren Stufe führt. Das aber, was er erlebt hat, sein Hinaufsteigen in eine noch höhere Welt als die, in der er vorher war, das ließ er denen, die seine Genossen auf der Erde waren, erscheinen als seine Himmelfahrt. Daher kann auch derjenige, der durch das Instrument des physischen Gehirns als Uneingeweihter, als Nichthellsehender lebt, er kann verstehen, wenn auch nicht selber sehen, die sechs ersten Stufen der christlichen Einweihung. Die siebente Stufe aber, die Himmelfahrt, kann nur der Hellseher verstehen, der nicht mehr an das Instrument des physischen Gehirnes gebunden ist, der einmal selber gesehen hat, was es heißt, ohne das Gehirn zu denken und ohne das Gehirn zu sehen.«[1]

[1] Rudolf Steiner, »Johannes-Evangelium«, a.a.O., S. 25

Für das Jahr 1910 prophezeit Steiner die Wiederkunft Christi in der ätherischen Welt. Sie ist keine Wiederkunft im eigentlichen Sinne, denn er hält sich dort sowieso auf. Aber von jetzt an können die Menschen ihn dort erkennen. Allerdings nur Anthroposophen. Bald werden es mehr und mehr sein. Es werden schon Berichte gesammelt von solchen, die ihn gesehen haben wollen.

»Ihr aber – für wen haltet ihr mich?« Steiners Antwort ist viel zu penetrant widerchristlich, als daß man auf Einzelheiten eingehen müßte. Ansatz und Durchführung bieten nicht die geringste Möglichkeit einer Verständigung. Offen bleibt die Frage, wie Steiner die große Täuschung gelingen konnte. Zum Teil sicher durch Formulierungen, die dem vertraut klingen, der im Christentum aufgewachsen ist. Wenn er etwa von dem »hohen Sonnenwesen« spricht, können Arglose eine Gedankenverbindung herstellen zu den Worten aus dem Credo: ». . . Gott von Gott, Licht vom Licht . . .«, oder zum Lied, in dem Christus die »Sonne der Gerechtigkeit« genannt wird, oder zu seinen eigenen Worten »Ich bin das Licht der Welt!« Aber Steiners »Sonnenwesen« hat nicht das geringste zu tun mit dem Christus des NT.

Besonders anziehend wirkt auf viele Steiners »kosmischer Christus«. Aber auch hier ist ganz anderes gemeint. Für das biblische Denken vertritt der Mensch die Schöpfung vor Gott. Daher wird auch die Schöpfung von dem der ganzen Menschheit geltenden Opfertod Christi mitbetroffen. Insofern hat die Erlösung kosmische Ausmaße. Durch Christus wird alles mit Gott versöhnt, Irdisches und Himmlisches – 2 Kor 5,19 –, darum ist die Auferstehung der Sieg der Gnade über die Sünde, nicht, wie Steiner sagt, der Sieg des Geistes über den Stoff.

Grundfalsch ist Steiners Sicht, in der »felix culpa«, der Karfreitagsliturgie, werde der Fortschritt in der Entwicklung zum Geist gepriesen. Vielmehr meint sie die herrliche Erlösung von Schuld und Versagen, die Christus heraufführte. Die Auferstehung ist nicht Wendepunkt einer gesetzmäßig ablaufenden Entwicklung, sondern Beginn eines neuen Lebens aus und mit dem Auferstandenen als Frucht seiner absolut freien Tat.

Das NT ist kein Steinbruch, aus dem man sich geeignet erscheinendes Material für den eigenen Hausbau holen kann. Jesus hat sich als den »Eckstein« bezeichnet. Wer diesem seine Form und seine Funktion nicht beläßt, dem stürzt sein ganzes Gebäude zusammen.

6. Der Geist

Sein Verhältnis zum Geist nimmt die wichtigste Stelle in Steiners System ein. Seine philosophischen Versuche führten zur Verneinung eines Transzendenten. Damit ging der Unterschied verloren zwischen geschaffenem und ungeschaffenem Geist. Er verwischte auch den Unterschied zwischen dem Geist des Menschen und dem seiner »göttlich-geistigen Wesenheiten«. Er kennt nur *einen* Geist, aus dem sich alles entwickelt und zu dem alles zurückkehrt.

In dieses innerweltlich verstandene System zieht Steiner auch den Heiligen Geist hinein. Er erhofft für die Zukunft »die Auferstehung des heiligsten Geistes«, womit gemeint ist: des wahrhaftigen spirituellen Lebens, nämlich seines anthroposophischen. »Sünde wider den heiligen Geist« ist ihm jede Handlung, die sich der fortschreitenden Umwandlung des Astralleibs widersetzt.

Trinität:

Es versteht sich von selbst, daß nicht der geringste Bezug hergestellt wird zur dritten Person in der Trinität, wie sie das Christentum versteht und im Credo bekennt: »Wir glauben an den Heiligen Geist, der Herr ist und lebendig macht, der aus dem Vater und dem Sohn hervorgeht, der mit dem Vater und dem Sohn angebetet und verherrlicht wird, der gesprochen hat durch die Propheten!«

Wie der Heilige Geist im Bewußtsein heutiger Christen lebt, das spiegelt unmittelbar ein pfingstliches Kirchenlied wider:

»Der Geist des Herrn erfüllt das All
mit Sturm und Feuersgluten,
er krönt mit Jubel Berg und Tal,
er läßt die Wasser fluten.
Ganz überströmt von Glanz und Licht erhebt
die Schöpfung
ihr Gesicht, frohlockend: Alleluja.

Der Geist des Herrn treibt Gottes Sohn,
die Erde zu erlösen,
er stirbt, erhöht am Kreuzesthron,
und bricht die Macht des Bösen.
Als Sieger fährt er jauchzend heim und ruft den Geist,
daß jeder Keim aufbreche: Alleluja.

Der Geist des Herrn durchweht die Welt
gewaltig und unbändig;
wohin sein Feueratem fällt,
wird Gottes Reich lebendig.
Da schreitet Christus durch die Zeit in seiner Kirche
Pilgerkleid, Gott lobend: Alleluja.«

Steiner täuscht die Menschen wieder, wenn er seinem »Weg« trinitarischen Charakter zuspricht: In einem »Vatererlebnis« lehre die Betrachtung der Natur den Menschen, daß er mit ihr wesenhaft verbunden sei. Das »Sohneserlebnis« sei die Begegnung mit dem »Christusprinzip«, verstanden als das Erwachen des Ich-Bewußtseins. Das »Geisterlebnis« bestehe darin, daß der Erkennende frei werde. Christus sende den Geist, damit der Mensch aus dem Intellektualismus heraus sich zum Begreifen des Geistes aufschwingen könne.

Von »Trinität« spricht Steiner auch im Zusammenhang mit der Christusstatue, die er für den Johannesbau in Dornach schnitzte. Als dieser Bau 1922, fast vollendet, in Flammen aufging, blieb die Statue unversehrt, weil sie noch unfertig in der Schreinerei stand. Sie zeigt einen aufrecht stehenden Christus, der mit der hoch erhobenen Hand Luzifer und mit der anderen nach unten weisenden Ahriman abwehrt. Beide sind nach Steiner nicht ganz böse, sie fordern nur zum Übertreiben des einen oder andern Standpunkts zum Geist auf, keineswegs zur Auflehnung gegen Gott. Sie sind notwendige und berechtigte Weltenkräfte. Christus ist der Gleichgewichtspunkt für das Pendel, das nach der luziferischen oder ahrimanischen Seite zu sehr ausschlagen könnte. Für diese drei Kräfte benutzt Steiner die Bezeichnung »Trinität«.

Zwangsläufig vermag Steiner auch nicht zwischen geistig und geistlich zu unterscheiden. Paulus geht es darum, dem natürlichen Menschen den geist-lichen gegenüberzustellen, der den Geist Gottes empfangen hat und dadurch ein von Glückseligkeit ergriffener Mensch geworden ist (1 Kor 1,14). Steiner hingegen versucht, Paulus' Unterscheidung zwischen psychischem und pneumatischem Menschen zu einer anthropologischen Aussage umzufunktionieren. Damit will er dann seine Einteilung des Menschen in Leib, Seele und Geist rechtfertigen.

Gerade in diesem Punkt richtet Steiner eine so heillose Verwirrung an, daß wir näher darauf eingehen müssen.

Der abgeschaffte Geist

Steiner behauptet: »Die katholische Kirche hat den Geist abgeschafft.« Man muß das zweimal lesen – es steht wirklich da. Mit »entlarvenden« Kommentaren.

»Es ist dem römisch werdenden Christentum immer mehr und mehr darum zu tun, den Begriff des Geistes völlig verschwinden zu lassen. Unendlich viele Gewissensfragen, Erkenntnisfragen, gewinnen erst dadurch das rechte Licht, wenn man auf dieses Bedürfnis des europäisch gewordenen Christentums eingeht, den Geist abzusetzen. Und diese Entwicklung führt ja zuletzt dahin, daß in dem achten ökumenischen Konzil in Konstantinopel 869 eine Formel, ein Dogma aufgestellt wird, das vielleicht in seinem Wortlaut noch nicht so klar spricht, das aber dann dazu geführt hat, so ausgelegt zu werden, daß es unchristlich sei, von Leib, Seele und Geist zu sprechen; daß es einzig und allein christlich sei, nur zu sagen, der Mensch bestehe aus Leib und Seele. Das achte ökumenische Konzil hat zunächst die Sache nur so dargestellt, daß die Formel lautete: Der Mensch hat eine denkende und eine geistige Seele. Um vom Geiste nicht als besonderer Wesenheit sprechen zu müssen, wurde die Formel geprägt: Der Mensch hat eine vorstellende und eine geistige Seele. Aber alles lief darauf hinaus, den Geist herauszudrängen aus der Weltanschauung. – Mit diesem ist vieles verknüpft, was die Leute nicht wissen.«[1]

Steiner scheint das auch so gegangen zu sein! Vieles, was damit verknüpft ist, weiß er gar nicht, vieles nur oberflächlich; er übersieht manches, verschweigt – und weitet seinen Angriff aus: »Die Philosophen der Gegenwart sprechen noch immer nicht vom Geiste, denn sie folgen dem Dogma des 8. ökumenischen Konzils.«[2]

»Die große Verwirrung in bezug auf dieses Dogma hat natürlich nur dadurch entstehen können, daß man überhaupt den Begriff des Geistes nach und nach ganz verlor. Allerdings hängt das ja zusammen damit, daß gegen die

[1] Rudolf Steiner, »Bausteine zu einer Erkenntnis des Mysteriums von Golgatha«, Vorträge von 1917, Dornach, 1961, S. 166
[2] Rudolf Steiner, »Bausteine . . .«, a.a.O., S. 167

5. nachatlantische Kulturperiode herauf der Mensch eine Zeitlang von der Anschauung des Geistes ausgeschlossen sein sollte.«[1] Damit nicht genug, geht es weiter: ». . . und es ist nicht allein damit getan, daß der Geist nur abgeschafft worden ist – die Menschheit tendiert dahin, auch die Seele abzuschaffen.«[2] Wie das? »Wenn man mit *Engels* und *Marx* die hauptsächlichsten . . . »Propheten« des historischen Materialismus ins Auge faßt, so sind sie die direkten, die unmittelbaren Nachkommen – historisch gefaßt – der Väter vom achten ökumenischen Konzil. Da haben Sie die kontinuierliche Fortentwicklung. Was die Väter dazumal getan haben in der Abschaffung des Geistes, das setzten die Marx' und Engels' fort in ihrem eigenen, schon sehr weit gehenden Versuche der Abschaffung der Seele.«[3]

Als Motiv unterstellt Steiner: »Die katholische Kirche, die sehr stark unter den Resten des Impulses der Akademie von Gondischapur stand, die hat 869 auf dem allgemeinen ökumenischen Konzil von Konstantinopel dogmatisch bestimmt, daß man nicht an den Geist zu glauben habe, weil sie nicht etwa jeden aufklären wollte über das Mysterium von Golgatha, sondern Finsternis darüber verbreiten wollte. Von der katholischen Kirche ist 869 der Geist abgeschafft worden.«[4]

Ein ganzer Komplex von Fragen ergibt sich aus diesen Ungeheuerlichkeiten. Theologische, philosophische und anthropologische Fragen durchdringen einander. Einer redlichen Auseinandersetzung schneidet Steiner von vornherein schon durch sein Miß-Verständnis vom Geist den Weg ab.

[1] Rudolf Steiner, »Bausteine . . .«, a.a.O., S. 168
[2] Rudolf Steiner, »Bausteine . . .«, a.a.O., S. 169
[3] Rudolf Steiner, »Bausteine . . .«, a.a.O., S. 170
[4] Rudolf Steiner, »Was tut der Engel in unserm Astralleib«, 1918, S. 49

Anthroposophen werfen auch heute noch mit dem Satz vom abgeschafften Geist um sich. Steiners Darstellung wird ungeprüft weitergereicht: »Bis zum 9. Jh. galt im Abendland die sogenannte Trichotomie, die Gliederung des Menschen nach Leib, Seele und Geist. Die märchenschaffenden Pädagogen pflegten die Lehre des dreigegliederten Menschen, die schon Aristoteles begrifflich formuliert hatte, weiter, obwohl die Zweigliederung nach Leib und Seele inzwischen zum Dogma erhoben worden war.«[1]

Alles in allem: die Anthroposophen erheben den alleinigen Besitzanspruch auf den Geist, und ihnen gebührt der Ruhm, ihn vor dem Untergang gerettet zu haben. Wenigstens die wichtigsten Punkte sollen korrigiert werden:

Die Frage nach der Gliederung des Menschen beschäftigte seit eh und je die Menschheit. Sie wurde im Lauf der Geschichte immer wieder neu, von einer anderen Sicht aus zu beantworten gesucht. Bisweilen waren es nur Fragen der Nomenklatur, der Betonung. Die Fragen bezogen sich sowohl auf die Wesenserfassung der einzelnen Glieder wie auf ihre Abgrenzung gegeneinander und ihr Verhältnis zueinander. Auf dem Konzil 869 wurde diese Frage nur am Rande behandelt und nicht zum ersten Mal.

Die Trichotomie hatte immer wieder als Stütze gedient für Lehren, die entweder die Gottheit oder die Menschheit Christi bestritten. So der Arianismus (Arius starb 336), der die Logos-Lehre überspitzte und die Ansicht vertrat, bei Christus sei der Logos (die 2. Person in Gott) an die Stelle der menschlichen Seele getreten. Damit war Christus nicht mehr wahrer Mensch. Im gleichen Jahr-

[1] Friedel Lenz, »Bildsprache der Märchen«, Urachhaus, Stuttgart, 1976, S. 15

hundert lehrte Apolinarius, der Logos habe bei Christus die Stelle des Geistes eingenommen.

Die Trichotomie betrachtet Leib, Seele und Geist als real geschiedene Prinzipien. Daher erscheint ihren Vertretern der »Austausch« von Seele oder Geist als denkmöglich. Die Kirche lehnte bereits seinerzeit die Trichotomie ab, weil sie ihr mit der Wirklichkeit des Erlebens und der Sinneinheit der Lebensvorgänge nicht vereinbar erschien. Selbstverständlich hatte sie nie die Absicht, den Geist »abzuschaffen«. Nachdem das Konzil sich durch die Bezeichnung »geistige Seele« gegen die Trichotomie abgesetzt hatte, gibt es auch heute wieder christliche Theologen und Philosophen, die »Leib«, »Seele« und »Geist« sagen, jedoch nicht, um die Trichotomie wieder zu Ehren zu bringen; aus dem Kontext ist klar ersichtlich, daß die Ganzheit des Menschen, seine substantielle Einheit oberstes Prinzip ist.

Was heute noch als »Geist« definiert wird, straft Steiner Lügen: »Der Geist ist ein immaterielles Wesen, das zum Selbstbesitz durch Selbstbewußtsein und freie Selbstbestimmung und zum Erfassen und Verwirklichen übersinnlicher Werte veranlagt ist . . . Da der Geist das Höchste im Menschen und das formende Prinzip aller Kulturwerte ist, da er überdies durch seine Unsterblichkeit den gesamten Bereich der irdischen Werte überragt, ist wesensgemäße Pflege geistigen Lebens die vornehmste Aufgabe der Menschenformung.«[1]

Grotesk ist, daß Steiner seinerseits keineswegs die Trichotomie auf sein anthroposophisches Menschenbild anwendet. Leib, Seele und Geist gliedert er noch einmal in je drei Bereiche, die ihrerseits alle neun untereinander in mannigfaltigen Beziehungen stehen. Dazu tritt noch

[1] Philosophisches Wörterbuch, Hrg. Walter Brugger S.J., Herder, Freiburg/Br., 1947

das Ich. Dieses lebt laut Steiner in Leib und Seele; der Geist aber lebt im Ich. Es handelt sich also keineswegs, wie es sich für die Trichotomie gehören würde, um strenge Geschiedenheit der Wesensglieder. Das hindert Steiner nun durchaus nicht, seine Spekulationen über die zwei Jesusknaben, die ähnlich wie die Lehren des Arius und des Apolinarius einen »Austausch« der Wesensglieder vorsehen, auf die Geschiedenheit der Wesensglieder aufzubauen. Denn wir sollen uns das so vorstellen: Bei der Jordantaufe verließ das Ich des Jesus von Nazareth (das ohnehin nicht sein eigenes war, sondern das des andern Jesusknaben) die physische Hülle, bestehend aus physischem Leib, Ätherleib und Astralleib. In diese dreifache Hülle sei der Christus herabgestiegen. Wo die übrigen sechs von den neun Wesensgliedern des Jesus geblieben sind, wird nicht mitgeteilt.

Wenn man dann noch erlebt, wie Steiner viele Male Seele sagt, wo nach seiner Lehre Geist stehen müßte, wenn er unzählige Male »seelisch-geistig« sagt, begreift man, daß er offenbar nur einen Streit um Worte entfesselte. Seine Anklage besagt: eine Kirche, die den Geist abschafft, ist das Schlimmste, Verworfenste, Böseste, was je Gottes Erde trug. Und wenn man sich die Begründung ansieht, ist sie völlig nichtig und rein emotional.

7. Die Christengemeinschaft – eine Übergangslösung

Die »Christengemeinschaft« wuchs aus der anthroposophischen Bewegung heraus, ist aber als kirchlicher Zusammenschluß selbständig. 1922 wurde sie gegründet. Steiner erklärt den Unterschied: »Die Anthroposophie wendet sich an das Erkenntnisbedürfnis und bringt Erkenntnis. Die Christengemeinschaft wendet sich an das Auferstehungsbedürfnis und bringt Christus.«[1] Ergänzend ist hinzuzufügen, daß nach anthroposophischer Vorstellung auch Erkenntnis zu Christus führen kann, und daß umgekehrt auch Mitglieder der Christengemeinschaft Erkenntnisbedürfnisse bekommen können, die dann von der Anthroposophie befriedigt werden. Anthroposophen betrachten den Erkenntnisweg als den höheren. Mitglieder der Christengemeinschaft befinden sich nach ihrem Dafürhalten auf einer Entwicklungsstufe, auf der sie den Kult *noch* brauchen.

Der erste »Erzoberlenker« der Christengemeinschaft war Friedrich Rittelmeyer, ein bekannter evangelischer Pfarrer. Nach 25jähriger Tätigkeit trennte er sich von seiner Kirche und stellte sich Steiner zur Verfügung. »Im Jahre 1921 waren einige junge Menschen zu Steiner gekommen und hatten ihn gefragt, was er ihnen für ein religiöses Wirken, das nicht im Sinn der bisherigen Kirchen, sondern im Sinn einer neuen Geistigkeit sei, zu raten habe. Sie hatten an ihren Universitäten nicht gefunden, was sie suchten, und kamen nun vertrauend und hoffend zur Anthroposophie. Nach kurzem Überlegen ging Steiner mit tatbereitem Willen auf ihre Wünsche

[1] F. Rittelmeyer, »Meine Lebensbegegnung . . .«, a.a.O., S. 113

ein. Er hatte ja immer betont, daß die Anthroposophische Gesellschaft keine Kirche sei und auch keine neue Kirche gründen wolle. Sie lasse vielmehr jedem alle Freiheit, wie er sein religiöses Leben pflegen wolle. So mußte der Wille zu einer religiösen Wirksamkeit von andrer Seite kommen und die Verantwortung für eine neue Gründung von andrer Seite getragen werden. Dann aber konnte Rudolf Steiner helfen. Einer Bitte, die mit solchen Gründen zu ihm kam, konnte er sich nicht entziehen.«[1]

Rittelmeyer meinte es zweifellos ehrlich. Er war hingerissen von der Persönlichkeit Steiners und gibt dem in vielen Superlativen beredten Ausdruck. Er identifizierte sich so mit ihm, daß er auch die Kunst übernahm, das Widersprüchlichste überzeugt in einem Gedankengang zu vereinen. »Nichts Anthroposophisches ist Dogma der Christengemeinschaft.«[2] Wirklich nicht? Aber es drückt der Liturgie und der persönlichen Überzeugung der Mitglieder, dem Inhalt der Predigten und den »Sakramenten« seinen Stempel auf. Es soll sich um ein bekenntnisfreies Christentum handeln, ist aber totales Steiner-Bekenntnis. Es geht weiter: »Was die Christengemeinschaft eint, sind die großen Grundwahrheiten und Grundtatsachen des Christentums, allerdings aus einer neuen Geistigkeit heraus geschaut – und daß sie ohne diese verloren worden wären, zeigt die Geschichte der Gegenwart – aber doch so, daß sich in ihr die objektiven Heilstatsachen der Menschheit aussprechen.«[3] »Die neue Geistigkeit« ist die Anthroposophie. Und ohne sie wäre das ganze Christentum verloren gegangen. Folglich ist alles, was es außerhalb der Christengemeinschaft noch an Christentum gibt, gar keins.

[1], [2], [3] R. Rittelmeyer, »Meine Lebensbegegnung . . .«, a.a.O., S. 109 und 114

Das »Bekenntnisgebet« der Christengemeinschaft ist der einzige Teil der Liturgie, der bisher an die Öffentlichkeit drang und den die Mitglieder in die Hand bekommen: »Ein allmächtiges geistig-physisches Gotteswesen ist der Daseinsgrund der Himmel und der Erde, das väterlich seinen Geschöpfen vorangeht.

Christus, durch den die Menschen die Wiederbelebung des ersterbenden Erdendaseins erlangen, ist zu diesem Gotteswesen wie der in Ewigkeit geborene Sohn.

In Jesus trat der Christus in die Erdenwelt.

Jesu Geburt auf Erden ist eine Wirkung des Hl. Geistes, der, um die Sündenkrankheit an dem Leiblichen der Menschheit geistig zu heilen, den Sohn der Maria zur Hülle des Christus bereitete.

Der Christus-Jesus hat unter Pontius Pilatus den Kreuzestod erlitten und ist in das Grab der Erde versenkt worden.

Im Tode wurde er der Beistand der verstorbenen Seelen, die ihr göttliches Sein verloren hatten.

Dann überwand er den Tod nach dreien Tagen.

Er ist seit dieser Zeit der Herr der Himmelskräfte auf Erden und lebt als der Vollführer der väterlichen Taten des Weltengrundes.

Er wird sich einst vereinen zum Weltenfortgang mit denen, die er durch ihr Verhalten dem Tode der Materie entreißen kann.

Durch ihn kann der heilende Geist wirken.

Gemeinschaften, deren Glieder den Christus in sich fühlen, dürfen sich vereinigt fühlen in einer Kirche, der alle angehören, die die heilbringende Macht des Christus empfinden.

Sie dürfen hoffen auf die Überwindung der Sündenkrankheit, auf das Fortbestehen des Menschenwesens und auf ein Erhalten ihres für die Ewigkeit bestimmten Lebens.«[1]

Die übrigen Texte dürfen nicht gedruckt werden. Nur die Priester besitzen handgeschriebene Exemplare. Als Grund wird vor allem Schutz vor Mißbrauch angegeben. Wenn man der sogenannten »Menschenweihehandlung« beigewohnt und die liturgischen Texte gehört hat, ahnt man den wahren Grund. Was gedruckt ist, ist jedermann zugänglich und könnte leichter von außen her kritisiert werden. Im Ganzen ist bei der »Menschenweihehandlung« unentwegt die Rede von der Erde und dem Verhältnis des Menschen zu ihr. Davon ist auch das Abendmahlsverständnis geprägt. Über dieses finden sich relativ breite Äußerungen bei Steiner, während man sich über die anderen sechs Sakramente besser bei der Christengemeinschaft direkt erkundigt. Sie sind genauso verdorben wie das Abendmahl. Unfaßlich ist nur, daß nicht einmal Theologen Steiner auf die Schliche kamen und bemerkten, daß das, was er als Christentum vorstellte, keinen Gott hat, nicht einmal ansatzweise Religion ist. Und Sakramente gibt es nur in einer Religion.

Einige Zitate mögen das Gesagte verdeutlichen:

»Damals, als das Kreuz erhöht wurde auf Golgatha und das Blut rann aus den Wunden des Christus Jesus, da wurde ein neuer kosmischer Mittelpunkt geschaffen. Wir waren dabei, als dieser neue kosmische Mittelpunkt geschaffen wurde. Wir waren dabei als Menschen, ob nun in einem physischen Leibe oder außerhalb des physischen Leibes zwischen Geburt und Tod.«[2]

»Wir sind erst im Anfange derjenigen Entwickelung, welche die christliche Entwickelung ist. Die Zukunft

[1] R. Glauner, »Anthroposophie« in »Zeugnis und Wahrheit«, Patmos-Verlag, 1964, S. 64

[2] Rudolf Steiner, »Johannes-Evangelium«, a.a.O., S. 249

dieser Entwickelung besteht darinnen, daß wir in der ganzen Erde sehen den Körper des Christus. Denn der Christus ist seit jener Zeit in die Erde eingezogen, hat in der Erde einen neuen Lichtmittelpunkt geschaffen und durchdringt die Erde, leuchtet in die Welt hinaus und ist ewig in der Erdenaura verwoben. Sehen wir daher die Erde heute ohne den Christus-Geist, der ihr zugrunde liegt, so sehen wir das Verwesende, das Verfaulende der Erde, den sich zersetzenden Leichnam . . . Dann erst erkennen wir die Wahrheit, wenn wir in jedem Atom sehen einen Teil des Christus-Geistes, der seit jener Zeit darinnen ist . . . Jedes Atom hat nur dadurch einen Wert und kann nur dadurch erkannt werden, daß Sie in ihm sehen eine Hülle, die ein Geistiges umschließt. Und dieses Geistige ist ein Teil des Christus.«[1]

»Weil er die Seele der Erde geworden ist, konnte er zu dem, was fest ist, sagen: ›Dies ist mein Fleisch!‹ und zu dem Pflanzensaft: ›Dies ist mein Blut!‹ . . . wie Sie sagen zu Ihrem Fleisch: Dies ist mein Fleisch, und zu Ihrem Blut: Dies ist mein Blut! Ohne den Gedanken, der an Christus anknüpft im menschlichen Herzen, kann keine Anziehungskraft entwickelt werden zu dem Christus-Geist beim Abendmahl. Aber durch diese Gedankenform wird solche Anziehungskraft entwickelt. Und so wird für alle diejenigen, welche das äußere Symbolum brauchen, um einen geistigen Actus zu vollziehen, nämlich die Vereinigung mit dem Christus, das Abendmahl der Weg sein, der Weg bis dahin, wo ihre innere Kraft so stark ist, wo sie so erfüllt sind von dem Christus, daß sie ohne die äußere physische Vermittelung sich mit dem Christus vereinigen können. Die Vorschule für die mystische Vereinigung mit dem Christus ist das Abendmahl – die Vorschule. So müssen wir diese Dinge verstehen.

[1] Rudolf Steiner, »Johannes-Evangelium«, a.a.O., S. 267

Und ebenso wie sich alles entwickelt vom Physischen zum Geistigen, muß sich das Abendmahl entwickeln, um hinzuführen zur wirklichen Vereinigung mit Christus.«[1]

Die Worte Christi beim Abendmahl verwendet die Liturgie der Christengemeinschaft nicht. Bei ihr heißt es: »Empfanget meinen Leib mit dem Brot.« Entsprechend: »Empfanget mein Blut mit dem Wein.« Das entspricht der Vorstellung, daß die Erde und alles, was sie trägt, der Leib Christi sei. Nur dürfte dann nicht von einer »Wandlung« gesprochen werden. Aber das ist nur einer der Widersprüche.

Durch das am Kreuz herabrinnende Blut soll der Christus in die Erde eingezogen sein. Aber am Kreuz hing nur noch Jesus. Emil Bock folgt auch hier Steiners Spuren: Schon am Gründonnerstag habe der Christus begonnen, sich von seinem Leibe zu lösen. »Der hohe Sonnengeist schickte sich an, über die menschlichen Hüllen, in denen er drei Jahre lang gewohnt hatte, hinauszuwachsen . . .« Er bezieht sich auf Markus 14,50–52, wenn er fortfährt: »Ihn selbst konnten die Feinde und Häscher nicht greifen. Er ging seine eigenen Wege, nachdem er in der äußersten Einsamkeit von Gethsemane den Kelch bis zur Neige geleert hatte. Er war schon im Begriff, über seine Menschwerdung hinaus den nächsten Schritt: den der Erdwerdung zu tun . . . Die Häscher konnten nur noch die menschliche Hülle greifen . . . In der Gestalt des Jünglings, von dem die Häscher nur das Gewand in Händen halten, erkennen wir die Christuswesenheit selbst . . .«[2] Inkonsequent spricht Bock bei seinen weiteren Betrachtungen über Passion und Kreuzigung, Tod und Auferstehung von Christus, obwohl nach seinen eigenen Erläuterungen da nur noch Jesus ist.

[1] Rudolf Steiner, »Johannes-Evangelium«, a.a.O., S. 268
[2] Emil Bock, »Die drei Jahre«, a.a.O., S. 317 f.

Man hat den Eindruck, hier sei nach dem Spruch »doppelt genäht hält besser« verfahren worden. Dieses »Christentum ohne Gott« wurde zum Überfluß auch noch in sich zersetzt bis zur Unkenntlichkeit. Trotzdem sind Mitglieder der Christengemeinschaft tief gekränkt, daß die christlichen Kirchen ihre Taufe nicht anerkennen wollen. Sie fühlen sich falsch beurteilt, aber sie gehen den vorgebrachten Argumenten nicht nach, sondern beharren blind auf Steiners Schauungen. Die Christengemeinschaft übernahm seine Lehre von der Reinkarnation und dem Karma, sie übernahm seine Ethik und seine völlige Umdeutung der Sakramente, der gesamten Glaubenslehre des Christentums. Sie akzeptierte seine Art, mit dem NT umzugehen, seine ganze Argumentationsweise. Sie akzeptierte die rücksichtslose Vergewaltigung, wie sie einmal wenigstens an einem Beispiel demonstriert werden soll:

Wir erinnern an Steiners Wesensglieder des Menschen: physischer Leib, Astralleib und Ätherleib. Um zu zeigen, wie das NT über diese Wesensglieder Jesu spricht, bedient er sich einer Stelle bei Lukas 2,25: »Und Jesus nahm zu an Weisheit, Alter und Gnade bei Gott und den Menschen.« Steiner hält es für eine Banalität, daß erwähnt wird, Jesus sei älter geworden. Das verstehe sich doch von selbst. Deshalb müsse etwas darüber hinaus gemeint sein.

Er macht sich ans Werk:
Weisheit – das meine, Jesus bildete seinen Astralleib aus (Dieser bilde Eigenschaften aus, die zum einmaligen Gebrauch da sind, d. h., man versteht einmal etwas und hat es dann verstanden).
Alter – das meine, Jesus bildete seinen Ätherleib aus (d. h. das, wodurch Weisheit allmählich zur Fertigkeit wird, Gewohnheiten, Neigungen).

Gnade – das meine den physischen Leib (seine Anmut, was sich als Schönheit offenbart).

Am Evangelium orientiert, philologisch und exegetisch gedeutet, besagt diese Stelle völlig anderes:
Weisheit – genauer müßte man sagen »in Weisheit«, d. h., er tauchte ganz ein in den geistigen Bereich.
Alter – im Urtext »helikia« bedeutet außer Alter auch noch Wuchs, Gestalt (vgl. Lk 19,3 »Zachäus war klein von Gestalt).
Gnade – »charis« bedeutet sowohl Anmut des Leibes wie des Geistes, d. h. also hier das, was er durch seine Gesamtpersönlichkeit ausstrahlte und was ihn gleichermaßen anziehend machte vor Gott und den Menschen.

Die Christengemeinschaft akzeptiert, daß Steiner sein fünftes Evangelium nicht nur neben, sondern über die vier Evangelien des NT stellt. Er sagt, es sei uralt und solle nun wie ein Echo aus dem Westen den Evangelien aus dem Osten entgegenklingen. Das westliche nennt er makrokosmisch, die östlichen mikrokosmisch. Er gibt auch das sog. makrokosmische Vaterunser bekannt, das als Gegenbild zum mikrokosmischen Vaterunser des NT zu verstehen sei. Aus urfernen Zeiten habe er es herübertönen gehört.

Einmal versteht Steiner unter dem fünften Evangelium seine Schau von den zwei Jesusknaben, der Reinkarnation und dem Karma. An andern Stellen meint er die gesamten Anthroposophie, wenn er sagt, mit dem makrokosmischen Vaterunser beginne der »Geistesschüler« sein Verständnis für das »Evangelium der Erkenntnis« zu erringen.

Erstmals sprach er das makrokosmische Vaterunser anläßlich der Grundsteinlegung des Johannes-Baus am 20. 9. 1913 in Dornach vor zahlreich erschienenen Anhängern:

»AUM, AMEN!
Es walten die Übel, Zeugen sich lösender Ichheit,
von andern erschuldete Selbstheitsschuld,
erlebet im täglichen Brote,
in dem nicht waltet der Himmel Wille,
da der Mensch sich schied von Eurem Reich
und vergaß Euren Namen, ihr Väter in den Himmeln.«

Das Vaterunser ist für Christen das Gebet schlechthin. Nach Steiner lehrte Christus es seine Jünger, indem er die sieben Wesensglieder des Menschen vor Augen hatte. Er verachtet das Gebet an sich als das Vorbringen persönlicher egoistischer Wünsche. Gebet als religiöser Vollzug mußte ihm fremdbleiben, als Hintreten vor das Angesicht Gottes, als Sprechen mit Gott in Dank, Bitte, Flehen oder Lobpreis.

Im Verlauf seiner Ansprache in Dornach fuhr Steiner fort: »Nehmen wir es mit uns, das makrokosmische Vaterunser, fühlend, daß wir damit beginnen, das Verständnis zu erringen . . . für die Wissenschaft vom Geiste, die wiederum vereinen soll, was eine Weile getrennt durch die Menschheitsevolution gehen mußte: Religion, Kunst und Wissenschaft.«[1]

[1] Rudolf Steiner, »Anweisungen für eine Esoterische Schulung«, a.a.O., Abschnitt V

8. Reinkarnation und Karma

Die Fragen nach Geburt und Tod sind so alt wie die Menschheit selbst. Woher kommen wir, wohin gehen wir? Ist mit dem Tod alles aus? Das sind keine abstrakten Denkspiele, nicht nur Fragen *nach* Leben und Tod, sondern *auf* Leben und Tod. Wenn das Leben nach dem Tod weitergeht – wie geht es weiter? Lebt man nur einmal oder kehrt man wieder? In jüngster Zeit haben sich Psychologen dieses Themas angenommen. Sie sprechen bereits von einer »Reinkarnations-Therapie«. Der Patient wird mit oder ohne Hypnose in seine frühesten Lebensjahre, bis zur Geburt, zur Schwangerschaft und schließlich in frühere Leben zurückgeführt. Die Aufarbeitung von traumatischen Erlebnissen in einem dieser Stadien bewirkt die Heilung seelischer Störungen. Es ist verfrüht, bereits zu einem Urteil zu kommen. Die Wissenschaft steht noch ganz am Anfang der Erhellung dieser Fragen.[1]

Die Lehre von der Wiederkehr ist uralt und fand immer neue Ausgestaltung. Nach Übereinstimmung sucht man vergebens; es handelt sich jeweils um ein »glauben an«, obwohl die Vertreter jeder Richtung überzeugt sind aus »Wissen von« zu sprechen. Uneinigkeit herrscht vor allem darin: Erfolgen Verkörperungen auch als Tier oder nur als Mensch? Wie groß sind die Zwischenräume zwischen zwei Verkörperungen? Müssen alle Menschen wiederkehren oder nur ausgewählte? Wechselt man das Geschlecht? Welches ist das letzte Ziel aller Inkarnationen?

[1] Dr. Morris Netherton/Dr. Nancy Shiffrin, »Bericht vom Leben vor dem Leben«, Scherz-Verlag, 1979

Die Begründung dieser Lehre zielt vor allem auf die offensichtliche Ungleichheit, mit der Glück und Unglück, Reichtum und Armut, Gesundheit und Krankheit unter den Menschen verteilt sind. Es heißt, nicht der Zufall verteile die Schicksale oder ein Gott, sondern der Mensch selbst bereite es sich mit seinen Taten. Was immer er in einem Leben an bösen Worten, Werken und Gedanken in die Welt gesetzt hat – die Folgen trägt er im nächsten Leben. Da hat er die Chance, schlechtes Karma (wörtlich: Tat) abzubauen und gutes anzusammeln. Dieser Gedankengang findet sich mit kleinen Variationen in allen Reinkarnationslehren. Über das letzte Ziel, dem alle Inkarnationen zustreben, gehen die Meinungen weit auseinander. Steiner will auch hier ganz unabhängig sein von anderen. Er lehrt: Wenn sich der Mensch nach dem Tod in der geistigen Welt aufhält, steigt er durch verschiedene Regionen der Seelenwelt in das Geisterland auf. Er begegnet geistigen Wesenheiten wiederum in verschiedenen Regionen und hat die Möglichkeit, sich noch höher hinaufzuentwickeln. Er vermag zu erkennen, was in der nächsten Inkarnation an Konstellationen für ihn nötig sein wird. Zu angemessener Zeit faßt er den Entschluß, auf die Erde zurückzukehren. Der »Abstieg« vollzieht sich in Stufen, auf denen die Erinnerung an das im Geisterland Erlebte und Erkannte gelöscht wird. Der Mensch inkarniert sich zielgerichtet bei Eltern und in einer Umgebung, die seinem Karma am besten entsprechen. »Daß ich, wenn ich mich wiederverkörpere, eine Umwelt vorfinde, die dem Ergebnis meiner Taten aus dem vorhergehenden Leben entspricht, dafür sorgt die Verwandtschaft meines wiederverkörperten Geistes mit den Dingen der Umwelt.« – »Man kann demnach das Verhältnis von Geist, Seele und Körper auch so ausdrükken: Unvergänglich ist der Geist; Geburt und Tod walten nach den Gesetzen der physischen Welt in der Körperlichkeit; das Seelenleben, das dem Schicksal unterliegt, vermittelt den Zusammenhang von beiden während eines irdischen Lebenslaufs.«[1]

Die Wiederverkörperung erfolgt nach Steiner in der Regel einmal als Mann und einmal als Frau, da die Erlebnisse je nach Geschlecht verschieden sind. Innerhalb von etwa 2100 Jahren erscheint der Mensch zweimal, weil in diesem Zeitraum vom »Ich« wieder Neues erlebt werden kann, weil sich die physisch-sinnliche Welt inzwischen entsprechend umgestaltet hat.

Zu dieser gedrängten Übersicht können viele weitere Einzelheiten in der »Theosophie« nachgelesen werden. Zwar hat noch niemand nachprüfen können, ob nun Steiners Lehre die einzig wahre ist, aber er beruhigt seine Leser: ein vollwertiger Ersatz für eigenes Nachprüfen sei, sich in dem Mitgeteilten erlebend zu bewegen und mit gesundem Wahrheitsempfinden zu beurteilen, daß er recht habe. Auch sei alles logisch nachvollziehbar.

Steiners Trost beachtet nicht den Unterschied zwischen denkmöglich und denknotwendig. Das Denkmögliche kommt über den Wert einer Hypothese nicht hinaus. Nur das Denknotwendige, an dem kein Weg vorbeiführt, hat Geltung als erwiesene Wahrheit. Jedenfalls im wissenschaftlichen Sinne. Und Wissenschaftler will Steiner auch in diesem Falle sein. Auch die Logik kann zu falschen Ergebnissen führen, wenn sie von einer falschen Prämisse ausgeht. Ein einfaches Beispiel:

Morgens war noch Kuchen in der Speisekammer, abends ist er weg. Der Sohn meint: Die Großmutter hat dem Zeitungsjungen etwas Freundliches tun wollen, habe aber keine Schokolade gefunden und ihm darum den Kuchen gegeben. Die Tochter hat eine andere

[1] Rudolf Steiner, »Theosophie«, Dornach, 1973, S. 87 f.

Version: Der Vater ist heimgekommen, hat Hunger gehabt, und da er schnell fortmußte, ist ihm der Kuchen gerade recht gekommen. Beides denkmöglich, auch logisch in der Abfolge, und doch falsch. Den Kuchen hatte der Hund gefressen.

Die Reinkarnationslehre ist dem Christentum fremd. Steiner versucht dennoch nachzuweisen, Christus selbst habe die Reinkarnation gelehrt. Er wandte sich seinerzeit von den Theosophen ab, weil sie verbreiteten, ein Hinduknabe sei der reinkarnierte Christus. Zuvor sei dieser die Schwester des Dalai Lama und ein anderes Mal die Frau eines südindischen Fürsten gewesen. Steiner nannte dies Absurditäten. Er fädelt alles differenzierter ein, doch nicht weniger absurd und durchaus mit Verbindungslinien zur theosophischen Version. Wichtige Aufschlüsse geben Vorträge aus dem Jahr 1909:

»Nun wissen wir, die wir an die Geisteswissenschaft herangetreten sind, daß es eine Wiederverkörperung gibt. Daher müssen wir uns sagen, daß der Jesus von Nazareth – nicht der Christus – viele Verkörperungen hinter sich hatte, und daß er über mannigfaltigste Stufen in den früheren Verkörperungen hinweggeschritten war, bevor er Jesus von Nazareth werden konnte. Das heißt nichts anderes als: Jesus von Nazareth selber mußte ein hoher Eingeweihter werden, bevor er der Christus-Träger werden konnte.«[1]

Wo und wie lehrte Christus die Reinkarnation? Im Johannes-Evangelium (9,1), bei der Heilung des Blindgeborenen: »Wir haben schon gesehen, daß der Christus angedeutet hatte, daß in demjenigen, der blind geboren war und dessen Heilung er bewirkt hat, offenbar werden sollte, was in einem früheren Leben in ihm gesündigt hat.«[2] Das sollte es gar nicht! Im Gegenteil, auf die Frage

[1], [2] Rudolf Steiner, »Das Johannes-Evangelium im Verhältnis zu den andern drei Evangelien, besonders zum Lukas-Evangelium«, a.a.O., S. 23 und 277

der Jünger, ob der Blinde oder seine Eltern gesündigt hätten, sagt Christus: weder dieser noch seine Eltern! Wie kann man so unverfroren die Dinge auf den Kopf stellen? Unbeirrt fährt Steiner fort: »Es stand also der Christus so vor der Menschheit da, daß er sie, soweit sie das verstehen konnte, die Idee der Reinkarnation lehrte. Das Karma, das Hineinreichen der Ursachen von einer Lebensverkörperung zur andern Lebensverkörperung, das lehrte er. Er lehrte es so, wie man es tut, wenn man praktisch lehrt für das Leben. Er wollte sagen: Es wird eine Zukunft geben, da alle Menschen das Karma anerkennen werden, wo sie verstehen werden, daß, wenn der Mensch etwas Böses tut, er nicht braucht von einer äußeren irdischen Macht bestraft zu werden; denn dieses Böse zieht notwendigerweise den Ausgleich in dieser oder einer folgenden Inkarnation nach sich. Dann aber brauchen wir einfach in das große Gesetzbuch der Akasha-Chronik, in die geistige Welt einzuschreiben seine Tat. Dann brauchen wir ihn als Menschen nicht zu verurteilen, dann können wir als Mensch vor ihm stehen und können das, was er getan hat, den geistigen Gesetzen überlassen, daß es in der geistigen Welt stehe; wir können überlassen den Menschen dem Karma.«[1]

Auf seine Weise steigt Steiner noch genauer in seinen »Beweis« ein und erläutert zur Blindenheilung:

»Wenn wir dieses Zeichen verstehen wollen, so müssen wir zurückgehen auf den Sprachgebrauch, wie das Wort ›Gott‹ gebraucht wurde. Das werden Sie am leichtesten finden, wenn Sie ein anderes Kapitel aufschlagen, wo der Christus gradezu angeklagt wird, daß er von sich behauptet, er wäre mit dem Gotte eins. Wie antwortet er? Jesus antwortete ihnen: ›Steht nicht geschrieben in

[1] Rudolf Steiner, »Johannes-Evangelium«, a.a.O., S. 277

eurem Gesetz: Ich habe gesagt: ›Ihr seid Götter?‹ (Joh 10,34).«[1] Was liegt hier vor?

Für die Juden kommt es einer Gotteslästerung gleich, daß Jesus sagt: »Ich und der Vater sind eins.« In ihren Augen macht er sich damit selbst zu Gott und ist doch nur ein Mensch. Darum wollten sie ihn steinigen. Jesus verteidigte sich, wie Steiner zitiert, und will damit sagen: Wenn Gott schon diejenigen, an die er sein Wort richtet, »göttliche Wesen« nennt, warum soll dann ich, dem der Vater an seinem Wesen teilgab, mich nicht Gottes Sohn nennen? Steiner fährt fort:

»Das heißt: der Christus antwortet: In dem Innersten der Menschenseele ist eine Anlage zu einem Gotte. Es ist etwas Göttliches. Wie oft haben wir es ausgesprochen, daß das vierte Glied der menschlichen Wesenheit die Anlage zu dem Göttlichen im Menschen ist. »Ihr seid Götter!«, das heißt: ein Göttliches wohnt in euch! Dieses Göttliche ist etwas anderes als der Mensch, ist auch etwas anderes als das, was ein Mensch von seinen Eltern geerbt hat. Woher kommt dieses Göttliche, diese Individualität des Menschen?«[2]

Er führt dann weiter aus, Christus habe mit seiner Heilung auf die Individualität gezielt, wodurch offenbar werden sollte, wie seine Kraft sogar bis zum Kern des Menschen vordringen könne, in das Ich, das von Leben zu Leben geht. Menschen kommen an das Ich nicht heran, wohl aber Christus. Dadurch hat er hineingewirkt bis in die Folgen früherer Inkarnationen. Er hat sich als Herr des Karmas erwiesen. »Der Christus fühlte sich selbst als der Repräsentant des Ich-bin. Indem er seine ganze Kraft hineingießt in das Ich-bin, indem so der hohe Gott des Christus sich mitteilt dem Gotte des Menschen, bekommt der Mensch die Kraft, sich von innen heraus zu

[1] Rudolf Steiner, »Johannes-Evangelium«, a.a.O., S. 175 ff.
[2] Rudolf Steiner, »Johannes-Evangelium«, a.a.O., S. 175 ff.

heilen. Jetzt ist der Christus hineingedrungen bis in das innerste Wesen der Seele.«[1]

Hier liegt ein besonders eindrucksvolles Beispiel dafür vor, daß man zehn neue Bücher schreiben müßte, um alle Verdrehungen und Verwirrungen Steiners aus einem seiner Bücher zu entwirren. Wir können hier nur die dicksten Knoten aufknüpfen:

Jesus bezieht sich auf Psalm 82 und 58. Dort wird das Wort »Götter« im Sinne von »Gottessöhne« verwendet, das sind mächtige Geistwesen, Engel, Boten, die Gottes Willen ausführen. Sie hatten u. a. auch Gericht zu halten, die Schwachen und Entrechteten gegen Übergriffe zu schützen. Diese werden in den Psalmen angeklagt, denn ihr Urteil ist nicht lauter. Sie sind verantwortlich für die Rechtsunsicherheit unter den Menschen. Die Frevler unter den Menschen sind ihre Werkzeuge. Die Stelle: »Götter seid ihr« oder »seid ihr nicht Götter?« soll nicht heißen, wie Steiner sagt: Ihr Juden, ihr Pharisäer seid Götter, oder ihr tragt Göttliches in euch. Sie soll heißen: Gott fragte die gefallenen Engel »seid ihr nicht Götter« (aber leider böse gewordene, darum die Strafe in Psalm 82). Daraus zieht Jesus dann die Schlußfolgerung, wenn schon die Engel Söhne des Höchsten, Götter, genannt werden, kann ich mir diesen Titel erst recht zulegen. Damit wird klar, daß Steiners wortreiche Darlegungen nichts austragen für einen Beweis, Christus habe die Reinkarnation gelehrt.

Obendrein spricht der ganze Kontext gegen ihn. Die Juden stoßen den von Blindheit Geheilten aus der Synagoge aus – das Schlimmste, was einem gläubigen Juden passieren konnte. Der Grund: Er bekennt sich zu Jesus. An diesem Sehend-Gewordenen wollte Jesus zeigen, welche Blindheit auf den Juden lastete, daß sie ihn nicht

[1] Rudolf Steiner, »Johannes-Evangelium«, a.a.O., S. 175 ff.

erkannten. Er wollte zeigen, daß sich an ihm die Geister scheiden.

Die Reinkarnationslehre ist aus dem Neuen Testament nicht abzuleiten, obwohl Steiner noch mehr Stellen bereithält, die das beweisen sollen. In Johannes dem Täufer soll sich Elias reinkarniert haben. Hier würde es sich bestenfalls um eine Ausnahme handeln. Außerdem verneint Johannes ausdrücklich bei Markus 8,27, Elias zu sein: »Ich bin es nicht.«

Es finden sich im Gegenteil genug Stellen, die eindeutig zeigen, daß im Christentum von Anfang an mit *einem* Leben und Sterben gerechnet wurde und dieses sich organisch in das Gesamt der christlichen Lehre einfügt. Im Hebräerbrief (9,27) steht: »Es ist den Menschen gesetzt, einmal zu sterben, und danach ist das Gericht.«

Wer weiterfragt, stößt auf eine schwer aufzulösende Problematik, die sich der letzten Unbegreiflichkeit des Todes in seiner Verhülltheit gegenübersieht.

Die passive Verfügtheit des Menschen im Sterben verdeckt das Wesen der Freiheit als Selbstverfügung. Der Mensch erleidet den Tod und leistet doch eine unerhörte Freiheitstat in der Annahme des Todes und damit seiner Kreatürlichkeit. Zugleich leistet er aktiv das Endgültigwerden aller einzelnen Freiheitstaten seines Lebens in der Grundentscheidung, mit der er über sich verfügt: für oder gegen Gott.

»Freiheit eröffnet somit Geschichte, aber diese Geschichte ist gerade nicht die Möglichkeit eines immer bleibenden Weitermachenkönnens ins Leere und damit ins Gleichgültige, weil immer wieder Revidierbare hinein, sondern gerade die Möglichkeit wirklich Endgültiges zu setzen.«[1]

[1] »Mysterium Salutis, Grundriß heilsgeschichtlicher Dogmatik«, Band 5, Karl Rahner, »Das christliche Sterben«, Benziger, Zürich, 1976, S. 479

»Die Lehre von der mit dem Tod gegebenen Einmaligkeit und bleibenden Gültigkeit jeder personalen Geschichte gilt dann sicher, wenn eine solche Freiheitsgeschichte wirklich geschehen ist. Jeder Mensch und Christ wird sich sagen müssen, daß er in seinem je eigenen Leben konkret mit einer solchen absoluten und endgültigen Freiheitsgeschichte zu rechnen hat und er je für sich die Last einer solchen Verantwortung nicht abwerfen kann, daß er auch eine solche Freiheitsgeschichte bei jedem andern Menschen zu präsumieren hat, wo ihm vernünftiges Leben in Freiheit . . . begegnet.«[1]

Dieser Gedanke verleitete Anthroposophen zu voreiligem Triumph; sie verbreiteten, jetzt endlich wende sich wenigstens die kath. Kirche der Lehre von der Reinkarnation zu. Die Sätze beziehen sich jedoch nur auf kleine Kinder, Geisteskranke u. ä., bei denen eine Freiheitsgeschichte im eigentlichen Sinne für uns nicht erkennbar ist. *Wie* Gott diesen Menschen im Tod begegnet, wissen wir nicht. Bis heute ist es sein Geheimnis.

Steiner geht noch weiter. Er wendet die Lehre von Reinkarnation und Karma auf die Erlösung des Menschen durch Christus an. Ihm wurde zu Recht vorgehalten, er tendiere mindestens dahin, die Selbsterlösung zu propagieren. Er wollte das nicht gelten lassen. Dabei ist alles noch viel schlimmer: Nach Steiners Ansicht handelt es sich beim Christentum um Erlösung von der Denk-Erbsünde, von der Weigerung des Menschen, Erkenntnisgrenzen zu überschreiten. Statt dessen wende er sich immer mehr dem Stoff zu und schließlich nur noch ihm. Erlöst sei, wer die geistige Welt Steiners gefunden hat. Erlösung ist also Erkenntnissache.

Da die von Luzifer verursachte »Erbsünde« »unter der

[1] »Mysterium Salutis«, a.a.O., S. 475

Fläche des Karmas liegt«, geschah ein Objektives ohne subjektive Verantwortung. Karma ist ohne Anwesenheit des Ich nicht denkbar, und dieses war zu jener Zeit noch nicht entwickelt. Nun mußte umgekehrt wieder ein Objektives die »Erbsünde« wegnehmen. Das war der Tod Christi. Aber – die »Erbsünde« ist die Eröffnung der Inkarnationen. Christus nimmt nur das Objektive weg, nicht die karmischen Verfehlungen. Für diese ist der Mensch selbst zuständig. Christus durchbricht nicht die karmische Gerechtigkeit. Hier fordert Steiner wörtlich Selbsterlösung und steht damit eindeutig im Widerspruch zum Christentum.

Diese Gedankengänge verknüpft Steiner noch mit der Wiederkunft Christi um das Jahr 1910. Er teilt mit: Von dieser Zeit an wird Christus der Herr des Karmas. Bis dahin hatte Moses das Amt inne, dem Menschen nach dem Tod sein Konto der guten und bösen Taten vorzulegen. Jetzt übernimmt Christus dieses Amt. Er wird aber keineswegs auch der Vergebende für die karmischen Verfehlungen. Eine Veränderung der Amtsführung besteht darin: Er sorgt dafür, daß der sich selbst erlösende Mensch die Welterlösung ins Auge faßt. D. h., es gibt zweierlei Sündenfolgen: private – das Karma, und solche gegen den objektiven Weltengang. Von unsern schlechten Taten gehen Wirkungen aus auf die Leiblichkeit der Erde, Todbringendes für die Erdenleiblichkeit. Diese nimmt Christus auf sich und verhindert so den Tod der Erde, auf daß sie sich am Ende der Erdenzeit als lebendige Erde zu einem lebendigen Jupiter hinüberentwickeln kann.

Nur von diesem Hintergrund aus ist zu verstehen, warum Steiner Jesus am Kreuz zu dem Schächer sagen läßt: »Ich bin bei deiner Tat. Du wirst ja durch dein Karma später das für dich zu tun haben, was die Tat für dich bedeutet. Aber was die Tat für die Welt bedeutet, das ist meine Sache.«[1] Im NT steht bei Lukas 23,43: »Heute noch wirst du mit mir im Paradiese sein.« Damit verheißt Christus dem als Verbrecher Gekreuzigten eine unmittelbar bevorstehende, innige personale Nähe zu ihm. Paradies – das meint eine Freundschaft, die in unvorstellbarem Maß über das hinausgeht, was menschliche Nähe schon an Glück zu schenken vermag.

Nach Steiner können alle Menschen den in der Ätherwelt wiederkehrenden Christus als Herrn des Karmas schauen. Das geschieht wie ein Naturereignis. Nur dem, der sich mit Anthroposophie befaßt, erscheint er nicht als strafender Richter. Das Gericht besteht in einer lichtlosen, verständnislosen Schau. Die Wiederkunft bedeutet nicht das Ende der Welt. Die Inkarnationen gehen weiter, auch die der Welt. Die Wiederkehr vollzieht sich auf jeweils höheren Stufen. Christus erscheint dann in der Astralwelt, schließlich im kosmischen Ich.

Bleibt zuletzt die Frage: Würde das Leben sinnvoller, erfüllter werden durch Steiners Lehre? Trotz seiner Versuche, ihr den Flair des Christlichen zu verleihen, ist ihr Ziel, das sie dem Menschen setzt, eben doch nicht das Daheim-sein-beim-Vater, auch nicht nach endlosen Reinkarnationen. Wer ehrlich ist, wird eines Tages, und noch in diesem Leben, feststellen, daß es ihn friert in der Ungeborgenheit der unpersönlichen geistigen Wesenheiten und daß das letzte Ziel dieses und aller noch folgenden Leben – alles wird wieder Geist – die tiefste Sehnsucht des Menschen unerfüllt läßt.

Und würde die Welt gerechter werden? »Chancengleichheit« – das Wort ist in aller Munde, aber jedermann erfährt, wie schwer sie trotz allen guten Willens zu verwirklichen ist. Schafft die Reinkarnation das? Man

[1] Rudolf Steiner, »Christus und die menschliche Seele«, Zyklus 34, Dornach, 1933

gerät in einen Dschungel neuer Fragen. Muß ich nicht immer wieder versagen, da doch selbst die größten Menschen erhebliche Schwächen aufweisen? Tatsächlich entgehen überzeugte Anhänger der Reinkarnationslehre oft nicht der Versuchung, aufzugeben oder bequem aufzuschieben: Diesmal lasse ich's noch schleifen, anstrengen kann ich mich im nächsten Leben immer noch. Welche Herausforderung zum Hochmut birgt diese Lehre, da man jedem Armen oder Kranken ansehen kann, was für ein Hundsfott er im vorigen Leben gewesen sein muß! Steiner betont zwar: »Dieses Schicksal (Idiotie) und andre brauchen ihre Ursache keineswegs in der Vergangenheit zu haben. Dieser Mensch wird etwa als großer Wohltäter wiedergeboren, weil er erlebt hat, wie es ist, herumgestoßen zu werden. Nicht Ergebung in ein unabänderliches Geschick, also durchaus Willensfreiheit, Gerechtigkeit! Ohne Karma herrschte Willkür! Meine Tat ist frei, ihre Wirkung absolut gesetzmäßig.«[1]

Jesus lehrte das nicht. »Ist dein Auge neidisch, weil ich gut bin?« fragt er im Gleichnis einen, der mault, weil Jesus seinen Kollegen mehr Lohn gibt, als er nach seiner Meinung verdient hatte. Vom Gesetz und starrer Gerechtigkeit wollte Jesus wegführen, hin zur Barmherzigkeit.

Und tatsächlich führt Steiners Lehre vom Karma in der Praxis häufig dazu, sich billig zu entlasten, wo Verantwortung und sittliches Handeln, echtes Mitleid und Erbarmen gefordert wären. Dem Karma kann man so ziemlich alles in die Schuhe schieben; ein Unglück ist halb so schlimm, wenn das Karma es erforderte.

Summa summarum – rein innerweltlich können zwingende Beweise für oder wider die Reinkarnation nicht erbracht werden. Vom Christentum her besteht klar Unvereinbarkeit mit der Lehre.

[1] Rudolf Steiner, »Luzifer-Gnosis«, Gesammelte Aufsätze aus den Jahren 1903–1908, Dornach, 1960, S. 376

9. Die Ethik Steiners

Zentrum: Ich

Die Tendenz der Steinerschen Ethik ist von Anfang an erkennbar. Der Mensch findet die Gesetze seines Handelns in sich. Ausgangspunkt ist das Ich. »Das Ich denkend begreifen, heißt die Grundlage schaffen, um alles, was aus dem Ich kommt, allein auch auf das Ich zu begründen.«[1] In sich selbst soll der Mensch das Gute finden mit Hilfe moralischer Phantasie und wacher Intuition. Er verwirklicht es in völliger Freiheit. Steiner hält seine Ethik für die Krönung alles bisher Dagewesenen. »Der ethische Individualismus ist somit die Krönung des Gebäudes, das Darwin und Haeckel für die Naturwissenschaft erstrebt haben. Er ist vergeistigte Entwicklungslehre auf das sittliche Leben übertragen.«[2] Nicht nur die Unterscheidung von Gut und Böse, auch die Motive, die Antriebe zum Handeln und die Kraft zum Durchhalten soll der Mensch aus sich selbst entwickeln. »Der Esoteriker tut das Gute nicht, weil er für gut befunden werden soll, sondern weil er nach und nach erkennt, daß das Gute allein die Evolution vorwärts bringt, das Böse dagegen und das Unkluge und das Häßliche dieser Evolution Hindernisse in den Weg legen.«[3] Während die Theosophen sagen: Gut ist, was die Evolution fördert, sagt Steiner: Das Gute fördert die Evolution, darum soll man es tun.

[1] Rudolf Steiner, »Literarisches Frühwerk I«, S. 186 f.
[2] Rudolf Steiner, »Philosophie der Freiheit«, a.a.O., S. 206
[3] Rudolf Steiner, »Anweisungen für eine esoterische Schulung«, a.a.O., S. 21

Die Kraft zum Durchhalten im Guten entwickelt sich nach Steiner organisch mit, wenn der Mensch an seiner harmonischen Gesamtentwicklung arbeitet. Eine weitere Hilfe erfährt er von den Hierarchien aus der geistigen Welt, die in sein Leben hereinwirken und die die Menschheit lenken und leiten getreu ihrer Aufgabe. Gegen sie wirken luziferische und ahrimanische Wesenheiten, die die Entwicklung der Menschheit verhindern, umlenken, verderben wollen. Seit dem Tod Christi liegt ihnen vor allem daran, die Wiederhinauf-Entwicklung in die göttlich-geistige Welt zu verhindern.

Steiner hält seine Ethik der christlichen für himmelhoch überlegen. Er gesteht dieser nur den Rang einer Angst- und Strafethik zu. Seine simplifizierende Darstellung bedarf der Korrektur. Aus der Tatsache, daß es Christen gibt, die auf einer niederen Stufe ihrer ethischen Entwicklung stehenbleiben, darf Steiner nicht schließen, es sei dies die Endstufe. Er unterschlägt das zentrale Bemühen Jesu, die Menschen zur höchsten Stufe der Sittlichkeit zu führen: das Gute tun aus Einsicht und Liebe in verantworteter Freiheit und Mündigkeit. Niemand wußte besser als Jesus, wie schwer das ist. Darum lebte er es vor und bot jedem einzelnen seine Freundschaft an, die personale Bindung an ihn. Denn erst, wer sich selbst unendlich geliebt weiß, dem strömt daraus die Kraft zum Durchhalten zu, das Gute zu tun und seinerseits die Menschen zu lieben, die oft so alles andere sind als liebenswert.

Auch die Ethik ist Bestandteil der Offenbarung. Ob man die Übergabe der Gesetzestafeln an Mose auf dem Berg Sinai als Bild oder als historisches Ereignis nimmt – entscheidend ist, was sie sagen will: Nicht der Mensch ist sein eigener Gesetzgeber, sondern eine Instanz über ihm. Das Christentum kennt keine Autonomie und keine Unverbindlichkeit. Spätestens im Tod muß Rechenschaft abgelegt werden. Christus verkündet Gott als Richter, unausweichlich und ernst, aber auch als den liebenden, vergebenden, barmherzigen Vater, der den schuldig Gewordenen dank der Versöhnungstat Christi zu einer neuen Schöpfung machen kann.

Bin ich nur mir selbst oder dem Entwicklungsgesetz verantwortlich, kann mich auch niemand richten. Darum hält Steiner Gerichte und Gefängnisse für überflüssig. In den Waldorfschulen ist jeder Lehrer sein eigener Vorgesetzter; es gibt keine Rangunterschiede, keine Weisungsbefugnisse. Das kann herausfordern zu höchsten Leistungen. Der Durchschnitt ist jedoch der Versuchung zu Schlamperei, Unkorrektheit, zum Wegschieben der Verantwortung ausgeliefert. Von den Eltern kann wenig Korrektur erfolgen. Sie nehmen lieber alles hin, als daß sie ihr Kind dem Streß der öffentlichen Schulen aussetzen. Das Kollegium als Ganzes kann korrigierend wirken, oft vertuscht es lieber, entschuldigt oder erklärt mit dem Karma. Als Sekundärfolge findet sich ein erschreckendes Ausmaß an Heuchelei und Verlogenheit.

Völlig unzulänglich sind Steiners Erklärungen, wie in seinem System die menschliche Willensfreiheit gewahrt bleibt. Er lehrt: Im großen und ganzen läuft das Entwicklungsgeschehen gesetzmäßig ab. Frei ist der Mensch nur in den Grenzen, die ihm diese Gesetzmäßigkeit läßt. Die Grenze der Wirksamkeit geistiger Wesenheiten legt er fest: Auch die »Götter« sind in die Gesetzmäßigkeit des Entwicklungsvorgangs eingebunden. Bis in die ferne Zukunft hinein ist alles Weltgeschehen bis in Details festgelegt. Verantwortlich sind die Götter wie die Menschen dem Gesetz der Evolution. Wer dieses erließ, läßt Steiner völlig offen. Es gibt bei ihm keine letzte personale Instanz wie im Christentum.

Wenn Steiner von Liebe spricht, ist damit nur eine humanitäre gemeint. Sie ist nicht eingebunden in das große doppelte Liebesgebot des Alten wie des Neuen Testaments: »Du sollst den Herrn, deinen Gott, lieben aus deinem ganzen Herzen, aus deinem ganzen Gemüt und mit allen deinen Kräften, und deinen Nächsten wie dich selbst.«

10. Steiners Verhältnis zur Mystik

Nach alledem stockt einem der Atem, wenn man sieht, wie Steiner die Hände nach der Mystik ausstreckt. Wenn wir glauben könnten, daß sein »Gestandenhaben vor dem Mysterium von Golgatha« wirklich eine starke innere Hinwendung zum Christentum war! Der beste Beweis wäre gewesen, wenn er von da an Liebe zur Mystik entwickelt hätte. Davon kann keine Rede sein. Statt dessen sind Ablehnung, Mißbrauch und Mißdeutung da.

Steiners erste Äußerung über Mystik steht in der »Philosophie der Freiheit« im VIII. Kapitel: Dort stellt er die sogenannte »Gefühlsphilosophie« vor, die das Fühlen in erster Linie als Mittel der Erkenntnis betrachte, nicht das Denken oder den Willen. »Die hiermit gekennzeichnete Richtung, die Philosophie des Gefühls, wird oft als Mystik bezeichnet.« So schief und primitiv geht es weiter: »Der Irrtum einer bloß auf das Gefühl aufgebauten mystischen Anschauungsweise besteht darinnen, daß sie erleben will, was sie wissen soll, daß sie ein individuelles, das Gefühl, zu einem universellen erziehen will.«[1] Daraus leitet Steiner eine Berechtigung zur Ablehnung der Mystik überhaupt ab. Auch in seinem »Lebensgang« drückt er das aus: »Indem ich mir dieses vor das Seelenauge stellte, wurden die Kräfte in meiner Seele, die zur Mystik in innerer Opposition standen, immer stärker.«[2] Nebenbei dient ihm dieser

[1] Rudolf Steiner, »Die Phil. d. Freiheit«, 2. Auflage 1918, Berlin, S. 144

[2] Rudolf Steiner, »Mein Lebensgang«, a.a.O., S. 120

Abschnitt gleich noch zur Verteidigung: lieber benutze er die Ausdrucksformen der materialistischen Naturwissenschaft als die der Mystik, wenn er Ausdrücke suche für seine Gedankengänge. Daraufhin nannte man Steiner einen Materialisten, was er seinerseits ungerecht fand. – Es geht weiter: »Aber es bestand doch der Unterschied, daß in meiner Darstellung der Mensch sich hingibt und die äußere Geistwelt in sich zur objektiven Erscheinung bringt, während der Mystiker das eigene Innenleben verstärkt und auf diese Art die wahre Gestalt des objektiven Geistigen auslöscht.«[1]

In diesem Stil hielt Steiner 1901 Vorträge über Mystik. Wenn er wenigstens einmal einen schwachen Versuch gemacht hätte, *die* Mystik zu differenzieren, die Mystik als Erlebnis zu unterscheiden von der Mystik als Wissenschaft vom mystischen Erleben, oder wenn er hätte erkennen lassen, daß er christliche und außerchristliche Mystik zu unterscheiden weiß – wahre Mystik ist Steiner in keiner Form begegnet. Wie sollte sie auch. Er wähnt, Mystik sei eine Art inneren Erlebens, »um zur seelischen Befriedigung zu gelangen«. Er ahnt nicht, daß die Begegnung mit Gott auf keiner Stufe eine süßliche, genüßliche, ruhekissenartige Sache sein kann. Sie ist höchst strapaziös, verzehrendes Feuer *und* unendliche Beglückung. Die Mystik erschließt sich immer nur einer nach Gott hungernden und dürstenden Seele.

Aber warum befaßt sich Steiner dann überhaupt mit ihr? Zwei Bücher entstanden aus seinen Vorträgen über Mystik. Die Mystiker müssen dazu herhalten, seine Einstellung vor 1900, die wir als atheistisch bis antitheistisch kennengelernt haben, als eminent christlich zu erweisen. In der »Mystik im Aufgang des neuzeitlichen Geisteslebens und ihr Verhältnis zur modernen Weltan-

[1] Rudolf Steiner, »Mein Lebensgang«, a.a.O., S. 121

schauung« zitiert er Meister Eckardt, Johannes Tauler, Heinrich Suso, Johannes Ruysbroeck, Nikolaus von Kues, Agrippa von Nettesheim und Paracelsus, Valentin Weigel und Jakob Böhme, Giordano Bruno und Angelus Silesius. Sie müßten sich im Grabe umdrehen! Man steht fassungslos davor, wie Steiner sich bei ihnen anbiedert, den Seelengleichklang mit ihnen beschwört und sie gleichzeitig völlig mißdeutet. Man erschrickt vor seinem Herausgreifen vermeintlich geeigneter Bausteine aus der ganzen mystischen Literatur, die seine Lehre stützen sollen. Was je Mystikern, auch von ihrer Kirche, an Schwierigkeiten bereitet wurde, benutzt er, alles geschickt verdrehend, dazu, sich als ihren besten Freund, die Kirchen als ihren ärgsten Feind hinzustellen.

Die Mystiker hatten bekanntlich zu allen Zeiten Schwierigkeiten mit der geistlichen Obrigkeit, wenn ihre Formulierungen für das Bodenpersonal der Kirche zu kühn waren. Philisterhafte Enge, Erstarrung machten ihnen das Leben schwer. Andrerseits ist nicht zu bestreiten, daß die Nahrung, die ein religiöses Genie nicht nur verträgt, sondern braucht, dem Durchschnittschristen Durchfall verursachen kann. Kurz: auf die Relation kommt es an. In höchstes Flattern kamen die Hüter der Lehre beim Geruch nach Pantheismus. Und völlig zu Recht. Er ist tödliches Gift für das Christentum und schwer auszumachen, wenn er entsprechend hauchdünn ans Christentum angrenzt.

Die Gedankengänge, vorsichtiger: die formulierten Aussagen von Mystikern über das, was in ihnen vorging, sind absolut wehrlos und darum leicht zu mißbrauchen. Alle sprechen sie von der Qual, in Worte fassen zu sollen, was eher un»wortbar« ist, was nie angemessen ausgedrückt werden kann. Ihre Scheu wurde noch größer und auch ihre Qual, wenn die Welle von Mißverständnissen aus ihrer Umwelt über ihnen zusammenschlug.

Es ist ein leichtes, etwa bei Angelus Silesius auf Pantheismus zu erkennen. Seine Sinnsprüche aus dem »Cherubinischen Wandersmann« brachten ihm Ungelegenheiten, so daß er später in seinen Anmerkungen versuchen mußte, Mißverständnisse auszuräumen und sich deutlich von jedem Pantheismus zu distanzieren. Silesius spricht als mystischer Dichter, nicht als Dogmatiker oder Philosoph, als den Steiner ihn wertet. Gewiß gab es Mystiker, die philosophische Erkenntnisse aussprachen, aber ihr Kernanliegen war immer ihr Verhältnis zu Gott – dafür ist Steiner blind. Er übersieht, was den Mystiker in erster Linie umtreibt: brennendes Verlangen nach Gott, leidenschaftliche Religiosität.

Bei Drucklegung der Vorträge, aus denen das Buch besteht, fügte Steiner den »Ausklang« an. Er gibt sich zunächst wieder den Mystikern innig verbunden und spekuliert, was *sie* wohl zur modernen Naturwissenschaft, speziell zu Haeckel sagen würden. Dann fährt er fort: »Diese Naturwissenschaft . . . läßt die Organismusformen nicht mehr von einem menschenähnlichen Gott geschaffen sein.« – »Ich suche keinen Gottesgeist in der Natur, weil ich das Wesen des Menschengeistes in mir zu vernehmen glaube. Zu meinen Tier-Ahnen bekenne ich mich ruhig, weil ich zu erkennen glaube, daß dort, wo diese Tier-Ahnen ihren Ursprung haben, kein seelenartiger Geist wirken kann. Ich kann Ernst Haeckel nur zustimmen, wenn er einer Unsterblichkeit, wie sie manche Religion lehrt (vgl. Haeckels ›Welträtsel‹ S. 239), die ›ewige Ruhe des Grabes‹ vorzieht.« Nach 23 Jahren fügte Steiner für die 2. Auflage hinzu: »Denn ich finde eine Herabwürdigung des Geistes eine widerwärtige Sünde *wider den Geist* in der Vorstellung einer nach Art eines sinnlichen Wesens fortdauernden Seele.« Wer stellt sich denn so etwas vor? Das Christentum, das er doch wohl mit alledem meint, jedenfalls nicht. Hingegen findet ein moderner Jude eine »widerwärtige Sünde wider den Geist«, aber nicht gegen Steiners Geist, sondern gegen den Heiligen Geist, die nach Jesu Worten als einzige nicht vergeben werden kann, in »jeder Willkürlichkeit und Umdeutung heiliger Überlieferung«, die Steiner so umfassend vollzogen hat.[1] Wie oft finden wir bei ihm diese Projektion: Er weiß in bewegter Klage bei andern zu verurteilen, was er selbst tut.

Steiners zweites Buch über Mystik »Das Christentum als mystische Tatsache und die Mysterien des Altertums« will ». . . den mystischen Gehalt des Christentums darstellen und seine Entstehung aus der mystischen Anschauung« (Vorwort zur 2. Auflage). Hier deutet er den Begriff »mystisch« im vulgären Sinne als verschwommene Gefühle im Gegensatz zu streng wissenschaftlichem Erkennen. An anderer Stelle ist er der Auffassung, »daß die naturwissenschaftlichen Errungenschaften unserer Gegenwart die Erhebung zu wahrer Mystik fordern«. Im folgenden wird klar, daß er mit der »wahren Mystik« auf keinen Fall die christliche meint, sondern eine von ihm hervorgebrachte: »Nur, wer ›Mystik‹ in dem Sinne gelten läßt, daß in ihr ebensolche Klarheit herrschen kann wie in wahrer Darstellung naturwissenschaftlicher Zusammenhänge, der wird sich darauf einlassen, wie hier der Inhalt des Christentums als Mystik auch mystisch geschildert wird.« Wir müssen wieder einmal feststellen, daß Klarheit Steiners Stärke nicht ist. Auf jeden Fall zeichnet sich ab, daß er tatsächlich auf seinen philosophischen Grundlagen weiterbauen will. Auch kümmert er sich um nichts, was rings um ihn vorgeht und ihm widerspricht. Er hätte etwa noch Gerda Walthers »Phänomenologie der Mystik« (1. Auflage 1923), die aus ernster Hingabe an die Wissenschaft entstand, zur Kenntnis nehmen können.

[1] Schalom Ben-Chorin, »Bruder Jesus«, dtv List, 1977, S. 10

Im Sinne seiner »wahren Mystik« kennzeichnet Steiner nun das Christentum als organisch, jedoch in Selbständigkeit, herausgewachsen aus den heidnischen Mysterien. Das gipfelt in den Feststellungen: In den heidnischen Mysterien hat es immer nur einige wenige gegeben, die in das volle Wissen über das Göttliche eingeweiht wurden. Unter Androhung schwerster Strafen war es ihnen verboten, den Inhalt der Mysterien zu verraten. Für die breite Masse bestand daneben eine Art Volksreligion. Ihr Glaube war ein bildhafter. Das Christentum habe den Inhalt der Mysterien-Entwicklung aus der Tempeldunkelheit in das helle Tageslicht hervorgeholt. Und nun sei die christliche Weisheit ein Mysterium geworden, das als Erkenntnis *keinem*, als Glaubensinhalt *allen* geoffenbart wird. Dieses sei vor allem von Augustinus (3./4. Jh.) zementiert worden, während in den ersten Jahrhunderten nach Christus noch Strömungen existiert hätten, die die Erkenntnis festhalten wollten.

Wir sind in anderen Zusammenhängen bereits auf diese Sicht Steiners eingegangen. Er verdreht auch hier alles hoffnungslos. Nur dies: Es liegt im Wesen einer Offenbarungsreligion, daß das von Gott Mitgeteilte nicht aus eigener Kraft erkannt werden kann. Sie fordert jedoch keinen unwürdigen, blinden Glauben, sondern der Offenbarende bezeugt sich, und die Vernunft kann den Glauben prüfen, ob er ihr widerspricht. Die Strömungen im Urchristentum, »die die Erkenntnis festhalten wollten«, rühmten sich besonderer Erkenntnisse, die sie über die Gemeinde erhoben. Auch davon sprachen wir bereits im Zusammenhang mit der Gnosis.

Dazu könnte man nur noch die Frage stellen: Wenn die Eingeweihten das höhere Wissen in den Mysterienschulen mitgeteilt bekamen, wo liegt dann ihr Erkenntnis-Verdienst?

Vor der Einweihung mußten sie einen Weg der Schulung und Prüfungen gehen – aber auch der Inhalt der christlichen Offenbarungen wurde und wird nicht blindlings jedem gegeben. Nicht in dem Sinne, daß ein Wissen einigen wenigen Eingeweihten vorbehalten bliebe. Aber jeder Christ ist gehalten: »Gebt das Heilige nicht den Hunden und werft die Perlen nicht vor die Säue.« Dem Taufbewerber wird alles mitgeteilt, dann prüft er seinen Entschluß gründlich vor Gott und empfängt darauf die Sakramente. Sowohl im Judentum wie im Christentum ist jedes Mitglied der Glaubensgemeinschaft Empfänger der vollen Offenbarung.

11. Exoterik und Esoterik

Nachdem Steiner sich große Mühe gegeben hat, das überkommene Christentum zu korrigieren, stellt er den ganzen Aufwand bis zu einem gewissen Grade selbst wieder in Frage, wenn er seine Ansichten über den »alten« und den »neuen Weg« entwickelt.

Der »alte Weg« umfaßt alles, was wir bisher als Christentum hatten. Ihn hält Steiner für nicht mehr gangbar, bestenfalls noch für eine Übergangszeit. So kann denn auch die »Christengemeinschaft« verstanden werden als Übergangslösung für diejenigen, »die den Kult noch brauchen«, die es noch nicht schaffen, als Voll-Anthroposophen zu leben.

Steiner errechnet genau den Zeitpunkt, an dem »der neue Weg« beschritten werden muß. Es ist das Jahr 1899. Nach indischer Zeitrechnung gebe es ein 5000 Jahre dauerndes finsteres Zeitalter, das Kali Yuga. Es währt von 3101 vor Christus bis 1899 nach Christus. Einige wenige habe es immer gegeben, die schon das richtige Christus-Verständnis hatten, die den »neuen Weg« gingen. Jetzt sollen ihn alle gehen. Steiner versteht das so:

Der »alte Weg« sei das »exoterische« Christentum – von ihm gekennzeichnet durch Glaube, Bibel und Abendmahl.

Der »neue Weg« sei das »esoterische« Christentum – von ihm gekennzeichnet durch schauendes Wissen, fortschreitende Offenbarung und geistige Kommunion.

Glaube ist in Steiners Augen Schwäche; etwas, das wesensmäßig nicht zum Christentum gehört. Bestenfalls ist er ein kümmerlicher Anfang auf dem Weg zum Geist.

Die Bibel, meint er, gab auf dem »alten Weg« zuverlässig Auskunft über die geistige Welt. Für den Anthroposophen ist sie Material zur Meditation, nicht mehr »einzige Auskunft« über die geistige Welt. Vielmehr setze er die Offenbarung fort. Ihr Inhalt sei das fünfte Evangelium.

Diese »fortschreitende Offenbarung« sei Ablösung und Überbietung der Bibel. Alle schriftlichen Dokumente würden überflüssig durch das erwachende Äthersehen, in dem man Christus schaut. Dieses, wie jedes andere Schauen ist nur möglich mit Hilfe der geistigen Wesenheiten. Für diese »Erkenntnishilfe« benutzt Steiner den Begriff »Offenbarung« und spricht von »Gnade«, wenn der Mensch sie empfängt. Ohne sie vermöge er trotz Erkenntnisweg und Erkenntnisorganen nicht zur Erkenntnis höherer Welten zu gelangen.

Das Abendmahl kennzeichnet Steiner als besonderes Merkmal des »alten Weges«. Nur der unentwickelte Christ brauche es! Luther stelle das Verbindungsglied dar zwischen beiden Wegen, denn er habe gelehrt: indem man im Abendmahl Brot und Wein empfange, gehe das Göttlich-Geistige der Christuswesenheit in den Menschen über. Heute jedoch, auf dem »neuen Weg«, geschähen Transsubstantiation und Kommunion, losgelöst von äußerlichen Vorgängen, rein im Geiste. Anthroposophen vollbringen die Wandlung des Stoffes in Geist durch Meditation und durchchristetes Denken, das nicht mehr dem »Sündenfall« unterworfen ist, d. h. keine Erkenntnisgrenzen hat. Steiner ist überzeugt, eine »unendliche Vertiefung der Abendmahlsidee« vollzogen zu haben.[1]

Seine Gegenüberstellung von »altem und neuem Weg«, von »exoterischem und esoterischem Weg« »offenbart« nicht eine »unendliche Vertiefung«, sondern

[1] Rudolf Steiner, »Johannes-Evangelium«, a.a.O., S. 347

eine unendliche Verwirrung. »Exoterisch« und »esoterisch« bekommen falsche Begriffsinhalte. Er baut sie als falsche Alternative auf, und schließlich dient alles nur dazu, seine wahre Absicht zu verdecken. Steiner hätte ehrlicher nicht nur Glaube, Bibel und Abendmahl verworfen, sondern auch gleich noch die übrigen Sakramente, Kirche und Amt. Denn ein Christentum ohne Glaube, Bibel und Abendmahl ist nicht »esoterisch«, sondern tot. Sie sind wesensmäßig unaufgebbare Elemente. Damit wäre er *offen* zu seinem alten atheistischen Ziel zurückgekehrt: ». . . dann werden die Offenbarungsreligionen abgewirtschaftet haben.« Statt dessen bekräftigt er noch einmal seine Auflösung des Christentums und bekränzt sich dafür mit dem Ruhm des Retters. Offenbaren im Sinne einer Religion kann sich immer nur der transzendente Gott. Steiners Angebote einer »fortschreitenden Offenbarung« aus seinem »schauenden Wissen« sind nichts als Produkte seiner intellekutellen Konstruktionen.

Esoterisch heißt wörtlich »innerlich, geheim«, Esoterik bedeutet: ein nur einzelnen zugänglicher Sachverhalt. In diesem Sinne kann Esoterik falsche, gnostische Züge tragen, wenn sie in der Besonderheit einer geistigen Erlesenheit Einzelner gesehen wird. Es kann aber insofern von Esoterik zu Recht gesprochen werden, als Glaube personale Gottesbegegnung ist. Und wie schon in zwischenmenschlichen Beziehungen nur den Beteiligten die gemachten Erfahrungen zugänglich sind, so besteht erst recht ein esoterisches Wissen um Gott bei jedem einzelnen, dem er in Liebe begegnet.

Ein nur einzelnen zugänglicher Sachverhalt war auch noch der Glaube der jungen Kirche. Das steht nicht im Widerspruch zu ihrem Missionsauftrag und nicht im Widerspruch zu Tertullians Versicherung: »Der Herr sprach offen, ohne jede Andeutung eines verborgenen

Mysteriums.« Wenn er die Christen ermahnt, sich nicht überall und wahllos kundzutun, so deshalb, weil eine metaphysische Scham gebietet, gewisse Dinge nicht nackter Neugier auszuliefern. Aus dem gleichen Grunde setzt Ambrosius seine Autorität ein: »Es versündigt sich wider Gott, wer die ihm anvertrauten Mysterien Unwürdigen mitteilen zu können meint. Nimm dich also in acht, deine Schätze nicht Treulosen zu verraten. Wer Geheimnisse vor die Leute bringt, tut der Herrlichkeit Christi Abbruch.«

Die Kirchenverfolgungen waren ein weiterer Grund dafür, daß sich die sogenannte Arkandisziplin ausbildete. Möglicherweise haben Mysterienreligionen ihre Ausgestaltung beeinflußt, aber entstanden war sie, um die Gläubigen vor Verrat, vor Spitzeln zu schützen.

Das Christentum hat immer wieder esoterische Gruppen und Strömungen hervorgebracht, wenn auch dieses dramatische und konfliktreiche Kapitel weniger bekannt ist, denn »eine zusammenhängende Darstellung der Geschichte des esoterischen Christentums gibt es überhaupt nicht«.[1] Diese Strömungen entwickelten sich nie zur Institution, sondern wurden zumeist an den Rand der Kirchen gedrängt oder glitten in die Häresie ab. Die Schuld war wohl allemal auf beiden Seiten zu suchen, wenngleich Selbstgerechtigkeit, Unduldsamkeit, Enge des Geistes, Neid und Lieblosigkeit einflußreicher Kirchenleute zu Polarisationen führten, die hätten vermieden werden können und damit auch viel Leid und dunkle Seiten im Buch der Kirchengeschichte.

Die Esoteriker setzten oft ihre persönliche Gotteserfahrung absolut und übertrieben an sich berechtigte Forderungen. Sie erstrebten ein rein innerlich gelebtes

[1] Ernst Benz, »Esoterisches Christentum«, Brill Verlag, Köln, Zeitschrift für Religions- und Geistesgeschichte 1967, Bd. XIX, S. 194

Christentum ohne sichtbare Kirche, ohne Kult und Sakramente. Dies alles verwarfen sie als unnötig, weil äußerlich. Vereinseitigung und Isolierung begünstigten den Synkretismus dieser Gruppen. Abstoßend wirkte bei etlichen eine exaltierte asketische Frömmigkeit oder eine orgiastische kultische Promiskuität.

Mit etlichen christlichen Esoterikern der Geschichte fühlt Steiner sich unberechtigterweise geistig verwandt. Sie hatten immerhin den Christus der Bibel vor Augen und meinten, ihm auf ihre Weise besser dienen zu können. Ihr Anliegen war oft eine Reaktion auf ein liederlich gewordenes Christentum, dem sie den Spiegel vorhielten. Es gibt aber keine Religion ohne Kult, und das Christentum ist wesensmäßig auf Gemeinschaft angelegt, deren Zentrum das Herrenmahl ist, das »Zusammenkommen«; es kann nie *nur* im Herzen des einzelnen gelebt werden.

Exoterik und Esoterik gehören in einem Christenleben untrennbar zusammen, wenn damit gemeint ist, daß verinnerlichtes Leben mit Christus sein sichtbares Gegenbild finden soll in der liebevollen Hinwendung zu den Menschen; daß die hohe Theologie und die »Basis« sich gegenseitig befruchten und hochschätzen sollen; wenn Heilige Schrift und Sakramente das geistliche Leben ständig erneuern und gewachsene Formen davor bewahren sollen, zu leeren Hülsen zu werden.

Es gibt Berufungen einzelner, die eine oder andre Seite stärker zu betonen, aber aus der Betonung darf keine Polarisation werden. Zu allen Zeiten haben Christen das Ideal vorgelebt. Katharina von Siena, die Tochter eines Färbers (geb. 1347), ging in die Gefängnisse, trug Verwundete aus dem Getümmel der Straßenschlachten und wagte es, gegen einen tobenden Mob, Juden vor den Steinwürfen aus dem Hinterhalt zu schützen. Im Pestjahr 1374 hielt sie in der verseuchten Stadt aus und betreute die Kranken. In ihren Bemühungen um Frieden drang sie zu höchsten weltlichen und geistigen Würdenträgern vor, denen sie ihre Schuld und ihre Versäumnisse vorwarf. Die Notwendigkeit religiöser Erneuerung brannte ihr auf der Seele. Nur 33 Jahre waren ihr gegeben, in denen sie sich aus Liebe zu Christus und den Menschen verzehrte.

Oder Vinzenz von Paul – sein glühendes Herz strahlt bis heute aus auf die Mitglieder seines Ordens, der u. a. seit drei Jahrhunderten geistig und psychisch Kranke betreut. Er war der erste, der in Frankreich für die Geisteskranken eintrat, die größtenteils in Ketten, schlechter als Tiere gehalten wurden, und für eine menschenwürdige Behandlung und Unterbringung sorgte. Seine Schwestern, die »Vinzentinerinnen«, arbeiteten in seinen Heimen für Alte und Sieche, für Findelkinder und Bettler. Dabei war er ein hervorragender Organisator. Mit der gleichen Hingabe nahm er sich der spirituellen Erneuerung eines verwahrlosten Klerus an. Sein Beispiel veranlaßte diesen zu eifrigem Studium und vorbildlicher Seelsorge.

In jüngerer Zeit schuf Pastor Friedrich von Bodelschwingh für Deutschland ein ähnliches Werk wie Vinzenz. In Bethel bei Bielefeld fand jeder Aufnahme, der der Gesellschaft lästig und überflüssig erschien, der unerwünscht und ungeliebt nicht wußte, wohin. Und die ganze Welt kennt die Nobelpreisträgerin Mutter Teresa. Der Preis würdigt ihre karitative Tätigkeit. Geliebt wird sie um ihrer Ausstrahlung willen, die etwas ahnen läßt von ihrer Freundschaft mit Christus.

12. Anthroposophie und Mythologie

Berücksichtigt man, in welchen geistigen Zeitströmungen und -erscheinungen Steiner stand, welchen Einflüssen er ausgesetzt war, wird seine Entwicklung verständlich, aber die Sache als solche nicht besser. Da seine Anhänger die Anthroposophie mumifiziert tradieren, gibt es für sie keine Entwicklungsmöglichkeit, keine Korrektur, keine fruchtbare Auseinandersetzung mit aktuellen geistigen Fragen und Problemen – obwohl doch die Anthroposophie das einzige zeitgemäße Bewußtsein entwickelt!

Das »traumartige mythische Bewußtsein« zur Zeit Christi bedingte nach Steiner, daß die Christen sich mit dem »exoterischen Weg« begnügen mußten. Der »esoterische Weg« erfordere ein neues, unserer naturwissenschaftlich hochentwickelten Zeit angemessenes Bewußtsein. Und dann muß man feststellen, daß seine Anthroposophie mythologischen Charakter trägt. Mythologie bedeutet aber Bewußtseinsrückschritt. »Das ist keine erwachsene Vernunft, die noch Mythen hervorbringt.«[1]

Während Steiner die zeitgenössische Theologie insgesamt als zerstörerisch brandmarkte, schuf er einen neuen Mythos und erklärte ihn als Rettung des Christentums. »Mythologie ist nicht mit Religion zu verwechseln. Sie ist eher ein erster Versuch zur Wissenschaft, sie will die menschliche Wißbegier zufriedenstellen, sie will die verschiedensten Erscheinungen erklären. Sie ist in strengem

[1] Jacques Maritain, »Der Bauer von der Garonne«, Kösel, 1969, S. 26

Sinne Mythologie, wenn sie diese Erklärung in bestimmten Abenteuern der Götter sucht.«[1] Was Steiner bisweilen Götter nennt, ist für ihn gleichzusetzen mit den geistigen Wesenheiten.

Was die »Entmythologisierung« der Theologie wollte, war nicht das, was Steiner forderte und was viele Christen befürchteten: Befreiung *vom* Glauben, sondern Befreiung *zum* Glauben. Bultmann erklärt in seiner Schrift »Jesus Christus und die Mythologie« (Furcke 1961) ausdrücklich, die Entmythologisierung wolle unter der Decke der Mythologie die tiefere Bedeutung der Evangelien suchen. Damit wolle er die Verkündigung auf die Ebene eines zeitgemäßen Bewußtseins heben. Unsere Denkart sei naturwissenschaftlich, kausal, sie suche die Gesetze in der Wirklichkeit auf und suche für alles Geschehende einen rationalen Grund. Sie habe das moderne Weltbild und ein explosionsartig vermehrtes Wissen hervorgebracht. Die Frage, ob sie aber auch die ganze Wirklichkeit der Welt und des Menschenlebens erfasse, beantwortet Steiner mit »nein« und schuf die Anthroposophie. Bultmann sagt ebenfalls: »Nein.« Aber im Gegensatz zu Steiner erfaßt er das Paradox, das *Dennoch* des Glaubens. Steiner erklärt ihn als nicht mehr zeitgemäß, Bultmann begreift ihn als Gebot und Geschenk zugleich, angeboten in der Predigt des NT.

Die Naturwissenschaft macht den Menschen frei von vielem, aber sie knechtet ihn auch, stößt ihn in die Angst, zuletzt in die Verzweiflung. Sie verführt zu Selbstsucht und Hybris, zu denken, alles sei machbar, Menschen könnten wahre Sicherheit schaffen. Gerade dies erweist sich als Trugschluß. Einen Ausweg bietet die Frohe Botschaft. Sie ruft den Menschen weg von Selbstsucht und eingebildeter Sicherheit, hin zu seinem wahren Ich.

[1] H. Renckens, »Urgeschichte und Heilsgeschichte«, a.a.O., S. 63

Nur so wird er frei von Sorge und Angst. Paradoxerweise gewinnt er dadurch Freiheit, daß er im Glauben das Aufgeben des *eigenen* Sicherheitsstrebens wagt.

Die Idee subjektiver Freiheit, die auch Steiner vertritt, ist trügerisch. Sie treibt in den Relativismus, der keine absoluten ethischen Forderungen anerkennt. Daher kennt Steiner nicht den freien Gehorsam gegen Gottes Gesetz, der frei macht. Er bindet den Menschen in einen weitgehend gesetzmäßig festgelegten Ablauf der Weltentwicklung ein. Die dadurch gewonnene Sicherheit ist in Wahrheit Fesselung.

Die absolute Freiheit des Menschen, die Gottesidee als Wahrheit anzunehmen oder als absurd abzuweisen, hat Steiner benutzt, um sich für die Ablehnung zu entscheiden. So gelangt er nicht nur für Vergangenheit und Gegenwart, sondern auch für die Zukunft zu nichtreligiösen, dafür mythologischen Darstellungen. Auch die Eschatologie des NT ist in mythologischen Bildern dargestellt. Aber während hinter diesen Bildern die wahre Bedeutung, die Vollendung des Heilsgeschehens sichtbar wird, sind bei Steiner Mythologie und Bedeutung identisch.

Letztes Ziel des Heilsgeschehens ist die Erkenntnis Gottes; wir gelangen vom Glauben zum Schauen – »dann werden wir dich, unsern Gott, schauen, wie du bist«. Die Einheit von Glauben und Erkennen wird eintreten (2 Kor 5,7 und Eph 4,13).

Obwohl Steiners christentumsfremde Position bald klar erkennbar wurde, scheuten christliche Theologen keine Mühe, im Gespräch nach einer Brücke zu suchen. Der oft wiederholte Vorwurf der Anthroposophen, die »verfaßten Kirchen« hätten Steiner nicht hinreichend zur Kenntnis genommen, entbehrt jeder Grundlage. Eine bald nach Kriegsende eigens gegründete Studienkommission »Kirche und Anthroposophie« (innerhalb der

»Studiengemeinschaft Evangelischer Akademien«), geleitet von Bischof Wilhelm Stählin, bemühte sich in gründlicher wissenschaftlicher Arbeit um eine Klärung der Standpunkte als Vorarbeit für eine ggf. erreichbare Verständigung. Die äußerst verdienstvolle Studie von Klaus von Stieglitz »Die Christosophie Rudolf Steiners« (Luther-Verlag, Witten 1955) führte die bereits geleistete Arbeit fort. Es dürfte aus dem Vorhergehenden klargeworden sein, warum dieses Bemühen keinen Erfolg haben konnte. So mußten auch die Versuche scheitern, die Gerhard Wehr in jüngster Zeit unternahm. Vor allem in seinem Buch »Christusimpuls und Menschenbild«[1] findet der verheißene Dialog nicht statt. Wehr schöpft zwar aus breiter Kenntnis anthroposophischer Schriften, aber in der Beurteilung geht er nach einer seltsamen Methode vor: Er verhält sich wie ein Untersuchungsrichter, der im Verlauf seiner Ermittlungen gravierende Verdachtsmomente gegen den Angeklagten zusammengetragen hat, aber eine gewisse Sympathie für ihn hegt. Er sagt darum: Die Indizien wollen wir zunächst einmal beiseite lassen und den Angeklagten selbst hören. Dieser beteuert, er habe nie und nirgends irgend etwas gestohlen. Darauf fällt Wehr das Urteil: unschuldig! Begründung: Er sagt doch selbst, daß er unschuldig sei. Der Bestohlene muß sich geirrt haben, oder er legt die Begriffe von Mein und Dein reichlich engherzig aus. – Wehrs guten Willen in Ehren, aber die Werte, die er in der Anthroposophie zu sehen glaubt, sind wie des Kaisers neue Kleider – nicht vorhanden.

Steiners Anspruch beispielsweise, entscheidend Neues zu bringen in der Ausdeutung der Botschaft Christi, wird

[1] Gerhard Wehr, »Christusimpuls und Menschenbild«, Rudolf Steiners Beitrag zur Erweiterung des religiösen Bewußtseins, Herder, Freiburg/Br., 1974

von Wehr groß herausgestellt. »Das entscheidend Neue ... liegt in der Wegweisung, das *Gleichgewicht* zu suchen und zu halten zwischen den zwei Gefährdungen, die sie (die Menschheit) heute bedrohen: einer erdsüchtigen Geistverneinung und einer erdflüchtigen Vergeistigung, die von den beiden Widersachermächten Luzifer und Ahriman ausgehen.«[1] Ältester Bestandteil christlicher Spiritualität ist das Ringen um diese Balance, allerdings ohne anthroposophische Ausdeutung. Seit eh und je galt es, die Spannung auszuhalten zwischen der Liebe zur Welt und der Liebe zu Gott. »Weltfrömmigkeit« heißt das letzte Buch von Ida Friederike Görres, aus ihrem Nachlaß zusammengestellt. Es bietet einen großartigen Überblick über die Geschichte und die heutige Problematik dieser Frage. »Ich bin später oft über die Maßen betroffen gewesen, daß ich in der katholischen Theologie so viele Gedanken fand, von denen ich jahrelang gedacht hatte, sie seien – neu, und vor der Entstehung der Anthroposophie und Christengemeinschaft habe sie noch niemand gedacht.«[2]

Wehr erlag, wie andere auch, einer Gefahr, die Steiners Schriften enthalten. Im allgemeinen kennt man die Verwendung von Zitaten als eine mißliche Sache, weil sie ohne den Kontext leicht das Gemeinte verzeichnen – meistens negativ. Es gibt aber auch die umgekehrte Möglichkeit. Steiners Leser verwenden Zitate aus arglosem Verständnis und in bester Absicht. Sie haben aus vertraut klingenden Worten einen positiven Eindruck gewonnen. Das Ganze überblicken sie nicht. So beweisen sie auch hier mit Zitaten anderes als das wirklich Gemeinte.

Steiners Diktum »Nur Anthroposophie entbindet

[1] G. Wehr, »Christusimpuls und Menschenbild«, a.a.O., S. 184
[2] B. Martin, »Von der Anthroposophie zur Kirche«, a.a.O., S. 124

Zukunftskräfte, alles andre trägt den Todeskeim in sich«, hat sich bis heute nicht bewahrheitet. Die Kirchen leben noch. Vielleicht rechnete Steiner in größeren Zeiträumen. Sicher aber berechnete er nicht, daß die Kirche kein Fußballklub ist, kein eingetragener Verein, der eines Tages mangels Masse eingehen kann, sondern Heilsstiftung. Paulus spricht von ihr als der Braut Christi. Sie ist das Volk Gottes – »da schreitet Christus durch die Zeit in seiner Kirche Pilgerkleid« – zu Boden gedrückt und doch voller Hoffnung, schuldbeladen und doch gehalten in der Liebe Christi und sie tausendfach weiterschenkend, von Irrtum und Zweifeln bedrängt und doch des Beistands gewiß, des ihr zugesagten Heiligen Geistes.

III. Anthroposophie – Wissenschaft, Religion, Philosophie?

1. Anthroposophie – eine Ideologie?

Die Anthroposophie ist jetzt um die 80 Jahre alt. Sie hat sich etabliert. Nicht als Religion, nicht als Philosophie oder Weltanschauung – wenn man ihre Vertreter fragt, sagen sie: Anthroposophie ist ein Erkenntnisweg. Das klingt bescheiden und sehr freilassend. In Wirklichkeit verbirgt sich viel mehr dahinter. Die Anthroposophie trägt deutliche Züge einer Ideologie.

Die Ideologien sind die Großmächte unserer Zeit. Sie schlagen die Massen in Bann und sind die Triebkräfte elitärer Minderheiten. Als elitäre Minderheit sehen sich die Anthroposophen gern. Auf die Massen warten sie noch. In der BRD sind ihrer immerhin schon etwa 60 000; die vielen Sympathisanten nicht gezählt.

Ideologien verheißen Zukunft – »nur Anthroposophie entbindet Zukunftskräfte . . .« Sie verändern das Bewußtsein – der Anthroposoph entwickelt das höhere Bewußtsein. Sie bestimmen, was gut und böse ist – gut ist, was die Hinaufentwicklung zum Geist fördert. Sie ergreifen Besitz von allen Lebensbereichen – Anthroposophie prägt Medizin, Pädagogik, Landwirtschaft, Politik und den sozialen Bereich. Sie prägen den christlichen Glauben um – das tut die Anthroposophie am gründlichsten von allen.

»Alle modernen Ideologien berufen sich auf die Wissenschaft. Das ist sehr verständlich, denn Wissenschaft ist in der heutigen Welt die stärkste Instanz und für viele der letzte Wert, der noch steht. Keiner will es mit ihr verderben . . . Hierzu ist zu sagen, daß in eine durchgebildete Ideologie viel wissenschaftliche Begrifflichkeit, auch viele Resultate der Wissenschaft eingearbeitet sein können . . . Aber in ihrer logischen Gesamtstruktur ist die Ideologie bestimmt nicht Wissenschaft . . . sondern das genaue Gegenteil von ihr; sie wäre sonst eine miserable Ideologie . . .«[1]

Der klarste und ehrlichste Fall ist, daß sie die ganze Wissenschaft, wie sie ist, in Bausch und Bogen verwirft, z. B. als »bürgerlich« oder als »liberal« – oder wie Steiner als »materialistisch verseucht« – »brandmarkt und eine eigene Wissenschaft begründet, die dann natürlich ›die‹ Wissenschaft ist«.[2] Anthroposophie ist *die* Wissenschaft vom Geiste, »die einzige, die die Welt retten kann«. Ihr Begründer ist der Retter der Menschheit, berufen zum Menschheitsführer. Nach seiner Überzeugung liegt es im Zug der Menschheitsentwicklung, daß der neue Mensch sich von der Anthroposophie prägen läßt. 1924 stand die Menschheit am Welten-Zeitenwende-Anfang. Und Steiner ist der »Novus Dux«, der diese Wende durch seine Geisteswissenschaft herbeiführt. Anthroposophen fühlen sich auch heute als Auserwählte, als Esoteriker, die allein das wahre Wissen um den Menschen und das Menschheitsschicksal besitzen, den übrigen weit überlegen sind, und denen die Zukunft gehört.

»Die einzige Möglichkeit, dem Gegner zu beweisen, daß *er* Ideologe ist . . . besteht in der Übereinstimmung mit der Wirklichkeit.«[3] Es ist charakteristisch für Ideologien, daß die Wirklichkeit mit allen Mitteln dem eigenen Denkansatz angepaßt wird. »Der umgekehrte Weg, die Denkweise an der Wirklichkeit zu orientieren, ist nicht gangbar. Er würde die Denkweise als falsch, als Ideologie entlarven.«

[1] Hans Freyer, »Theorie des gegenwärtigen Zeitalters«, Kapitel »Die gut verpaßte Ideologie«, Stuttgart, 1967, S. 126

[2] Hans Freyer, »Theorie des gegenwärtigen Zeitalters«, a.a.O., S. 126

[3] Klaus Scholder, »Der Teufelskreis der Ideologien«, National-Zeitung Basel, Nr. 111, 1969, S. 123

Warum verfallen so viele Menschen Ideologien? Sie gedeihen in der Sinnleere. »Hier liegt ihre Chance. Der Mensch hält es nicht aus, nur eingespannt und preisgegeben zu sein, er will wissen, was los ist.« Die gelieferte Antwort muß so universal sein wie nur möglich: eine ganze Deutung der Welt samt der Weltgeschichte, »eine ganze Metaphysik, Theologie, Anthropologie, eine Auskunft über alles, was der Mensch nur fragen kann«.[1]

Steiner war vollauf in der Lage, das alles zu bieten. »Aber das Bild muß auch völlig ›voraussetzungslos‹ sein – d. h., es muß alle seine Voraussetzungen selbst setzen – so daß sie der Diskussion entzogen sind.«[2] Das gelingt Steiner mit seiner Schau. Kritik erreicht sie nicht, eine Diskussion ist unmöglich.

Psychologische Mechanismen fördern die Anfälligkeit für Ideologien: der Trieb, zu den Eingeweihten zu gehören, Geborgenheit zu bekommen, umworben zu sein, »Enttäuschungen, die das Augenmaß für das Erhoffbare verdorben haben«. Menschen, die einer Ideologie verfallen sind, können ohne den scheinbaren Halt, die scheinbare Geborenheit, den scheinbaren Sinn der Ideologie nicht leben. Sie ist für sie wie eine Droge, von der sie sich nur unter bitteren Kämpfen losreißen könnten und auf Dauer auch nur dann, wenn gleichzeitig Besseres an die Stelle der Ideologie treten würde; wenn sie bereit und stark genug würden, die Realität zu ertragen, mit der ungeschminkten Wahrheit zu leben, Verantwortung in Mündigkeit zu übernehmen, sich ein eigenes fundiertes Urteil zu bilden – aber das alles ist sehr anstrengend. Das »scheinbar« ist die große verführerische Lüge der Ideologie. Sie fördert den Trend ins Gegenteil: Bequemlich-

[1] Klaus Scholder, »Der Teufelskreis der Ideologien«, a.a.O., S. 123

[2] ebenda

keit, Risiko vermeiden, alles absichern, untertauchen in der Gruppe. ». . . aus diesem Grunde habe ich zur Bewegung ›Nicht mit der Lüge leben‹ aufgerufen, sich der Ideologie zu entziehen, damit diese zusammenbricht und verendet.« Das sagte einer, der es wissen muß: Alexander Solschenizyn (Gespräch mit Janis Sapiets von der BBC London am 18. 2. 79).

Aber das ist das Verteufelte – wer nicht sehen will, der sieht nicht. Die Kraft wird nicht eingesetzt, sich der Ideologie zu entziehen, sondern die Illusion zu erhalten. Renate Finckh schildert erschütternd ein Gespräch mit einem Gleichaltrigen. Spät, zu spät begreift sie, daß *ein Ideologie-Anhänger wie eingemauert* ist:

»›Nicht wahr, du setzt deine ganze Kraft und all deinen Idealismus für eine Sache ein, die dir mehr wert ist als alles andere.‹ – ›Das muß ich doch tun. Dafür leben wir. Deutschland braucht besonders uns Junge.‹ – ›Kannst du dir vorstellen, Cornelie, daß es Leute gibt, junge Leute wie dich und mich, die genauso ihre ganze Kraft dafür einsetzen, um gegen den Nationalsozialismus zu arbeiten? Junge, ernsthafte, intelligente Menschen, solche wie dich. Aber die kämpfen gegen eure Sache.‹ Meine Erschütterung ist so groß, daß ich nicht weitergehen kann. Ich habe das Gefühl, als zöge mir jemand den Boden unter den Füßen weg und ich sänke ins Bodenlose. ›Das ist – das ist Verrat!‹ flüstre ich. ›Verrat an unseren Soldaten.‹ Aber er spricht weiter, leise und eindringlich: ›Hast du dir denn noch nie Gedanken darüber gemacht, daß das, was der Führer will, auch falsch sein könnte?‹ Er fragt mich so ernst, daß Angst in mir aufsteigt. ›Nein, das kann ich mir nicht vorstellen!‹ Meine Stimme ist wieder da. Ich schreie es ihm ins Gesicht. Da legt er mir sanft die Hand auf den Mund. ›Cornelie, denk nach. Du kannst das.‹[1]«

[1] Renate Finckh, »Mit uns zieht die neue Zeit«, a.a.O., S. 131

O ja, denken kann sie. Sie ist intelligent. Aber sie wagt es nur bis zu einer bestimmten Grenze. Dahinter lauern Angst, Unsicherheit, Ungeborgenheit. Dem fühlt sie sich nicht gewachsen. Erst 1945 im Mai erkennt sie, »wie bequem es gewesen war, einem Phantom nachzujagen, um der Wirklichkeit zu entkommen. Auf der Suche nach Geborgenheit hatte ich mich einsperren lassen in eine einzige große Lüge. Darin war ein großer Teil von mir verlorengegangen . . .«[1]

Das ist die große Gefahr, die auch die Anthroposophie in sich birgt. Trotz ihres Anspruchs, die Fahne der Geistesfreiheit am höchsten von allen, wenn nicht überhaupt allein hochzuhalten, gilt diese Freiheit nur in den von Steiner gezogenen Grenzen. Ihren Anhängern genügt das. So brauchen sie sich nicht mehr auf das wilde Meer der Wahrheitssuche zu begeben, sie sind im scheinbar sicheren Hafen vor Anker gegangen.

Das Ideologisieren ist offenbar eine Grundversuchung des menschlichen Denkens und Handelns. Das Verlangen des Menschen nach Sicherheit wird von der Ideologie durch bestimmte Inhalte gefüllt. Wissenschaft und Technik werden zu Götzen, weil sie scheinbar Sicherheit bieten. Christlicher Glaube wird gefährlich mißverstanden und – ideologisiert, wenn er als ein für allemal gewonnene Sicherheit aufgefaßt wird. Der Christ muß immer die Spannung aushalten, mit dem Paradox leben: in Sicherheit und doch auf jede Sicherung verzichtend, sich geborgen fühlen und doch vorbehaltlos leben als Ausgelieferter an Gott.

Diese christliche Glaubenshaltung verachtet Steiner. Er hingegen bietet jene Sicherheit an, die sich einstellt, wenn aus dem System, aus seiner Geschlossenheit kein Stück der Wirklichkeit unverarbeitet und unerklärt hervorlugt.

[1] Renate Finckh, »Mit uns zieht die neue Zeit«, S. 190

Das führt zum Szientismus, zum Glauben an die Wissenschaft, und für Steiner ist die Anthroposophie Wissenschaft. Ihr soll der Mensch zunächst gläubig vertrauen, bevor er selbst den »Weg« geht, falls er ihn je geht.

2. Anthroposophie – eine verkappte Religion

Im Jahr 1924, also noch zu Steiners Lebzeiten, kam ein Buch heraus, das jetzt neu aufgelegt wurde: »Verkappte Religionen«. Es verlor in 60 Jahren nichts von seiner Aktualität. Sein Verfasser, C. Christian Bry, versuchte, das Phänomen Anthroposophie als Ganzes zu erfassen und ließ sich nicht, wie viele seiner Zeit, auf Details ein. Er sah sie im Zusammenhang mit anderen Heilslehren und Weltdeutungen, die nach dem 1. Weltkrieg in einer Zahl über Europa hereinbrachen wie nie zuvor. Er prägte für sie den Namen: verkappte Religionen. Er zeichnete ihre Züge nach und gelangte zu einem Porträt, das ein genaues Wesensbild liefert:

Verkappte Religionen sind allumfassende Systeme. Sie haben dies und einiges andre mit den Ideologien gemeinsam. Sie richten sich gegen eine Welt von Dummköpfen. Nur sind sie so vornehm, besser: vorsichtig, das nicht direkt auszusprechen. Ihre Mitglieder halten sich nicht etwa für klüger oder fähiger, sondern, ohne sich auf eine bestimmte Eigenschaft zu beschränken, glattweg für überlegen.

Verkappte Religionen wagen nicht, sich zu ihrem pseudoreligiösen Charakter zu bekennen. »Religion sagt: Der letzte Sinn deines Daseins liegt *jenseits* deines Lebens, liegt über deinem Leben . . . Verkappte Religion hingegen sagt: *Hinter* deinem gewöhnlichen Leben und hinter der gewöhnlichen Welt liegt etwas bisher Verborgenes . . .«[1], eine noch nie realisierte Möglich-

[1] C. Christian Bry, »Verkappte Religionen«, Kritik des kollektiven Wahns, Hrg. Martin Gregor-Dellin, Ehrenwirth, München, 1979, S. 36

keit, der wir beikommen können und jetzt beikommen wollen.

»Religion sagt uns, daß wir alle noch nicht vollkommen sind, weil wir sündige und schwache Menschen sind. Verkappte Religion sagt, daß wir in der Majorität noch nicht vollkommen sind, weil wir in unserer Erkenntnis zurückgeblieben sind und uns sträuben, die hinter der gewöhnlichen Welt liegende Wahrheit zu erkennen und anzuerkennen.«[1] Die Minderheit ist natürlich schon so weit.

Bry sieht die Anthroposophie nicht einfach als eine unter anderen verkappten Religionen an, sondern als Krönung aller. Zu Steiners Zeit gab es sie dutzendweise. Bry zählt ein ganzes »Hexenalphabet« auf, von Antisemitismus über Atlantis bis zum Vegetarianismus. Nicht alle müßten unbedingt in verkappte Religionen ausarten, aber leider tun sie es meist. Warum? Die Frage hängt eng zusammen mit der nach den Gründen für den Zulauf, den sie haben.

»Der normale Mensch im heutigen Mitteleuropa und in großen Teilen der übrigen Welt ist mit völliger innerer Sicherheit gleichgültig gegen religiöse und kirchliche Dinge; sie zählen einfach nicht mehr mit.«[2] Bry hält die verkappten Religionen für einen Teil jener geistig wenig würdevollen Versuche, aus Reaktion gegen ein Leben, aus dem Gott verbannt zu sein schien, nun Religion wieder zu importieren oder durch Anstrengung des klugen Kopfes zur Religion zurückzukommen, »während dies doch nur durch geduldiges Offenstehen und durch Gottes Gnade möglich ist«.

Einen anderen Grund sieht Bry in unserer Überfütterung mit Gedanken. Das Angebot übersteigt dauernd die

[1] C. Christian Bry, »Verkappte Religionen«, a.a.O., S. 37
[2] C. Christian Bry, »Verkappte Religionen«, a.a.O., S. 238

Nachfrage. Selbst der Aufnahmefähigste könnte sie nicht alle verarbeiten, aber viele sind nicht einmal aufnahmewillig. Wir stehen in Gefahr, im Wirbel zahlloser Ideologien aufgrund einer letzten Verzweiflung am Denken überhaupt in eine tiefe Gleichgültigkeit zu fallen, der sogar ihre eigene Verzweiflung schon gleichgültig geworden ist. Haben wir darum so viel Pragmatismus und Skeptizismus? Geistige Kämpfe sind jedenfalls so ziemlich das einzige, was die Gegenwart sicher nicht besitzt. Gerd-Klaus Kaltenbrunner greift diesen Mangel in seiner gefährlichen Problematik auf. »Man scheut nicht nur Konfrontationen und Polarisierungen, sondern auch scharf profilierte Begriffe und Normen. Eine gewisse Wehleidigkeit und Larmoyance ist allgemein verbreitet, oft in Verbindung mit einem masochistisch anmutenden Zwang, den eigenen Standpunkt preiszugeben, um sich mit dem wirklichen oder möglichen Gegner zu solidarisieren.«[1]

Schopenhauer traute dem Menschen zu, er könnte mit dem Dasein ohne Illusionen fertig werden, auch mit dem Tod, dem großen Angstmacher. Das erwies sich als Fehleinschätzung. Die verkappten Religionen bieten voreiligen Trost, das Opiat bequemer Programme und Ableitungen, anstatt den Menschen zu seiner Selbstverwirklichung zu führen. Anstatt ihn zur Lebensbejahung ohne Illusion stark zu machen, praktizieren sie Lebensverneinung: Sie setzen das Trugbild an die Stelle von Wirklichkeit. Sie bieten Ersatzlösungen für verweigerte Antworten. Sie sind möglicherweise von den Kirchen verweigert worden, als sie sich aus einer immer komplizierter werdenden Welt zurückzuziehen begannen, sich verzweifelt wehrten, anstatt neues Terrain zu gewinnen.

[1] G.-K. Kaltenbrunner, »Illusionen der Brüderlichkeit«, Die Notwendigkeit, Feinde zu haben. Herder Initiative, Bd. 34, 1980, S. 8

Sich der billigen Umarmung der verkappten Religion zu erwehren, setzt Freiheit und Unabhängigkeit des Denkens voraus. Pragmatismus ist der leichteste Ausweg aus dem Überangebot an Meinungen, Strömungen, Gedanken und bereitet die Flucht vor in die verkappte Religion. »Das ist die größte Gefahr: Die verkappte Religion macht den Menschen zum Deserteur an der eigenen Sache. Sie bietet ihm Zuflucht, während doch der Kampf nicht ausgekämpft ist, noch nicht einmal begonnen hat.«[1]

[1] C. Chr. Bry, »Verkappte Religionen«, a.a.O., S. 228

Anthroposophie – keine Alternative!

Damit ist die Anthroposophie gründlich durchleuchtet und rundherum abgeschritten. Jetzt kann die eingangs gestellte Frage beantwortet werden: Die Anthroposophie ist keine Alternative. Möglicherweise wird auf die vielfältigen Aktivitäten der Anthroposophen hingewiesen werden, die doch zu bewundern und anzuerkennen seien. Bisher kann noch nicht entschieden werden, wie weit es sich hier um positive Vorurteile und wie weit um echte Leistungen handelt. Eine Prüfung müßte als objektive wissenschaftliche Untersuchung durch Fachleute erfolgen, die auch die geistigen Grundlagen mit einbeziehen. Denn *alle* anthroposophischen Aktivitäten ruhen auf den in der vorliegenden Arbeit untersuchten Grundlagen.

Die Grundlagen der Anthroposophie aber sind als Ganzes eine Ideologie, wie nachgewiesen wurde. Hier liegt der gravierendste Einwand gegen die Anthroposophie. Es kann nicht oft und eindringlich genug gewarnt werden vor einem ideologischen Denken. Wer erleben mußte, wie dadurch ein ganzes Volk, letzlich die ganze Welt, in eine Katastrophe gezogen wurde, der wird beim Wiedererwachen aller möglichen Ideologien von der bangen Frage erfüllt: wer wehrt den Gefahren, die sie bergen? Arbeiten unsere Schulen, Kirchen, Parteien bewußt und gezielt gegen dieses schleichende Gift, das so schwer zu erkennen ist, wenn vordergründige Positiva unbestreitbar sind?

Das Bild des Begründers der Anthroposophie, Rudolf Steiner, bleibt trotz vieler Einzelzüge, die erfaßt wurden, von einer gewissen Unschärfe. Er läßt uns mit mancher unbeantworteten Frage stehen. Für ihn gilt sicher in besonderem Maße: Der Mensch ist nicht harmlos. Er ist nie restlos durchschaubar, oft sich selbst unverständlich, ein Rätsel, zwiespältig, sich widerstrebenden Impulsen ausgesetzt. Ungern sprechen Anthroposophen von seinem Ende.

1922 wurde der erste Anschlag auf Steiners Leben verübt. Seine Anhänger vermuten dahinter die gleichen Kreise, die Erzberger und Rathenau ermordeten. Das überrascht, da es sonst heißt, Steiner sei unpolitisch gewesen. Im gleichen Jahr erfolgt die Brandstiftung, der das fast fertige erste Goetheanum in Dornach zum Opfer fiel. Der Brandstifter wurde nie einwandfrei ermittelt. Ein Jahr darauf fand eine Umgründung der Anthroposophischen Gesellschaft statt, zu der die Mitglieder aus aller Welt einberufen worden waren. Tiefgehende Meinungsverschiedenheiten und vielfache Mißhelligkeiten bedrohten den Bestand der Gemeinschaft. Diese große, verheißungsvolle Weihnachtstagung, auf die Hoffnungen gesetzt wurden, daß sie innerlich festigend, erneuernd, und nach außen hin die Anthroposophie weiter in die Welt tragend wirken sollte, brachte statt dessen den Todesstoß für Steiner. Er erkrankte am 1. 1. 24 plötzlich schwer. »Es war wie ein Schwerthieb, der sein Leben traf bei jener geselligen Zusammenkunft, im Programm als ›Rout‹ verzeichnet, die verbunden war mit einer Teebewirtung und dazugehörigen Zutaten . . . etwas hatte sich auf dem Rout des 1. Januar ereignet, wovon er selbst sagte: ›Ich bin vergiftet . . . Hunderte von Menschen standen und saßen beieinander, plauderten, tranken Tee usw.: höchst harmlos; und dennoch hatte der Oberton dieser Geselligkeit, wenn man tiefer lauschte, etwas Zerstörendes.‹«[1]

[1] »Die Konstitutionen der Allgemeinen Anthroposophischen Gesellschaft und der Freien Hochschule für Geisteswissenschaft, Der Wiederaufbau des Goetheanums 1924/25«, aus Erinnerungen von Frau Steiner und Anhängern zusammengestellt, Dornach, 1966, S. 589

Wie konnte der Oberton etwas Zerstörendes haben, wenn Anthroposophen unter sich eine so hoffnungsvolle Tagung abhielten? Von da an bis zu seinem Tod am 30. 3. 25 litt Steiner zunehmend. Trotzdem verlangte er sich ein ungeheures Maß von Arbeit ab. Und seine Leute schonten ihn nicht. Über ein Jahr hielt er stand, dann unterlag der vergiftete Körper.

Nie geklärt, unheimlich und geheimnisvoll – das ist Steiners Ende. Der Begründer und seine Sache sind zusammen zu sehen. Ob er sie nun bewußt oder unbewußt, in freier Verantwortung oder beeinflußt von Mächten, die er hinter sich fühlte, in die Welt stellte: Seine Sache stiftete Verwirrung und leitete in die Irre. Sie tut es heute noch.

Aber darin liegt die Tragik unserer Zeit, daß die, die berufen wären, den Weg aus der Irre herauszuweisen, vielfach selbst verstrickt sind in unklares Denken, daß sie Emotionen klaren Urteilen vorziehen; fliehen, anstatt zu kämpfen; zu kraftlos sind, um Halt zu bieten; zu unbehaust, um andere zu bergen. Bry stellt die herbe Diagnose »Der heutige Antisemitismus ist die Schuld und Entehrung jedes Menschen, der in Deutschland politisch arbeitet. Die Anthroposophie . . . ist die Schuld jedes Menschen, der vorgibt, Seelsorger zu sein, gleichviel, ob er das durch Religion oder Kunst, durch Philosophie oder durch Politik besorgt. Gleichviel, ob eine Kanzel oder ein Hörsaal oder ein Verlag oder eine Zeitung oder ein Schreibtisch ihm gehören. Wir wollten Seelsorger sein; und Herr Steiner, der Warenhausbesitzer der verkappten Religionen, belehrt uns sehr scharf darüber, daß wir keine sind.«[1]

Bisher hat noch jede Zeit die Menschen bekommen, die sie brauchte. Vielleicht müssen wir sie da suchen, wo

[1] C. Chr. Bry, »Verkappte Religionen«, a.a.O., S. 228

sie weniger vermutet werden: bei den Unbekannten und Unscheinbaren, die die Macht der Mikroaktion erkannt haben. Sie sind »einer Zentralheizung vergleichbar, die versenkt im Keller das ganze Haus mit Wärme und Geborgenheit erfüllt«. (I. F. Görres) Es geschieht unbemerkt sehr viel Tapferes ohne Illusionen, Selbstloses ohne ideologischen Zweck von Menschen, die nie interviewt werden und nie Schlagzeilen machen, die aber in aller Stille das Gebet leben: »Herr, leihe mir ein großes Stück deines Hirtenmantels, damit ich meine Brüder mit der Last ihrer Sehnsucht darunter berge« (Antoine de Saint-Exupéry).

Literaturverzeichnis

Abendroth, Walter — Rudolf Steiner und die heutige Welt, List tb 388, 1972.

Ben-Chorin, Schalom — Bruder Jesus, Der Nazarener in jüdischer Sicht, dtv List 1253, 1977.

Bender, Hans, Hrsg. — Parapsychologie. Wiss. Buchgesellschaft Darmstadt, 1966

Benz, Ernst — Esoterisches Christentum, Zeitschr. f. Rel. u. Geistesgeschichte, Bd. XIX, 1967

Bibellexikon — Reclam, Stuttgart, 1979

Bichlmair, Georg, S. J. — Christentum, Theosophie und Anthroposophie, eine geistige Begegnung, Herder, Wien, 1950

Bloch, Ernst — Gesamtausgabe, Bd. 9, Suhrkamp, 1965, Prinzip Hoffnung (in 5 Teilen), 1959, Kap. 38–55

Bock, Emil — Urchristentum, Bd. II, Kindheit u. Jgd., Bd. III, Die drei Jahre, Urachhaus, Stuttgart, 1971 (1948)

Bruhn, Wilhelm Lic. — Theosophie und Anthroposophie, Teubner, Leipzig/Berlin, 1921

Brugger, Walter, S. J., Hrsg. — Philosophisches Wörterbuch, Herder, 1947

Bry, Carl Christian — Verkappte Religionen, Ehrenwirth, München, 1979, 1. Ausgabe 1924, Perthes/Gotha

Bultmann, Rudolf — Jesus Christus und die Mythologie, Furche Verlag, 1964

Carter, Mary Ellen — Prophezeiungen in Trance, Keller, Genf, 1973

Daniélou, Jean — Qumran und der Ursprung des Christentums, Grünewald Verlag, 1959

Daniélou, Jean — Geschichte der Kirche, Bd. I, Benziger, 1963

Dürckheim, Graf Karlfried — Meditieren – wozu und wie, Herder, 1976

Feiner, Johannes, u. Fischer, Lukas — Neues Glaubensbuch, Herder, 1973

Finckh, Renate — Mit uns zieht die neue Zeit, Signal Verlag, 1979

Franzen, August — Kleine Kirchengeschichte, Herder tb 273, 1965

Glauner, Richard — Anthroposophie in Zeugnis u. Wahrh., Patmos, 1964

Görres, Ida Friederike — Weltfrömmigkeit, Knecht, 1975

Gogarten, Friedrich — Rudolf Steiners »Geisteswissenschaft« und das Christentum, Verlag des Ev. Volksbunds, Stuttgart, 1920

Golowin, Sergius — Hexen, Hippies, Rosenkreuzer, Merlin, Hamburg, 1977

Haffner, Sebastian — Anmerkungen zu Hitler, Kindler, 1978

Hampe, Johann Christoph — Sterben ist doch ganz anders, Kreuz Verlag, 1978

Hauer, J. W. — Werden und Wesen der Anthroposophie, Eine Wertung und Kritik, Kohlhammer, Stuttgart, 1923

Heiler, Friedrich — Die Religionen der Menscheit, Reclam, Stuttgart, 1980, Hrsg. Kurt Goldhammer

Heintschel, Aglaja — Zeugen für das Jenseits, Swedenborg Verlag, Zürich, 1974

Hemleben, Johannes — Rudolf Steiner in Selbstzeugnissen und Bilddokumenten, Rowohlt, 1963

Huber, Josef — »Astral-Marx« in Kursbuch 55, Kursbuch/Rotbuch Verlag, Berlin, 1979

Kabermann, Friedrich — Die Jesus-Falle, Der sanfte Krieg der Sekten, Hoffmann und Campe, Hamburg, 1979

Kaltenbrunner, Gerd-Klaus	Die Suche nach dem anderen Zustand – Wiederkehr der Mystik? Herder INITIATIVE, Bd. 15, 1976
Kaltenbrunner, Gerd-Klaus	Illusionen der Brüderlichkeit, Herder INITIATIVE, Bd. 34, 1980
Kerler, D. H.	Die auferstandene Metaphysik, Ulm, 1921
Krause-Zimmer, Hella	Die zwei Jesus-Knaben in der bildenden Kunst, Freies Geistesleben, Stuttgart, 1977
Kugler, Walter	Rudolf Steiner und die Anthroposophie, DuMont, Köln, 1979
Kupisch, Karl	Kirchengeschichte, Urban tb 168–172, 1975
Lapide, Pinchas Lutz, Ulrich	Der Jude Jesus, Benziger, Köln, 1979
Leeuw, Gerardus van der	Einführung in die Phänomenologie der Religion, Wiss. Buchges., Darmstadt, 1961
Leeuwen, Arend Th. van	Christentum in der Weltgeschichte, Kreuz Verlag, Stuttgart, 1966
Lehmann-Issel, Kurt	Theosophie, Anthroposophie und Christengemeinschaft, Göschen de Gruyter, Leipzig, 1927
Leisegang, Hans	Die Grundlagen der Anthroposophie, Eine Kritik der Schriften Steiners, Hanseatische Verlagsanstalt Hamburg, 1922
Heiler, Friedrich	Die Religionen der Menschheit, Reclam, Stuttgart, 1980, Hrsg. Kurt Goldammer
Lenz, Friedel	Bildsprache der Märchen, Urachhaus, Stuttgart, 1976
Lenz, Johannes	Die Christengemeinschaft, Urachhaus, Stuttgart, 1978
Lexikon für Theologie u. K.	Band 9, Herder, 1964
Loyola, Ignatius von	Geistliche Übungen, Herder, 1967

Mager, Alois	Theosophie und Christentum, 1926
Maritain, Jacques	Der Bauer von der Garonne, Kösel Verlag, München, 1969
Martin, Bernhard	Von der Anthroposophie zur Kirche, Pilger Verlag, Speyer, 1950
Matzka, Anna Louise	Theosophie und Anthroposophie. Ihre Darlegung und Kritik vom Gesichtspunkte des Christentums, Pustet, Graz–Salzburg, 1950
Moser, Fanny	Das große Buch des Okkultismus, Walter, Olten/Freiburg, 1974 (1935)
Netherton, Dr. Morris, u. Shiffrin, Dr. Nancy	Bericht vom Leben vor dem Leben, Reinkarnationstherapie, Scherz-Verlag, 1979
Nigg, Walter	Das Buch der Ketzer, Artemis Verlag, Zürich/Stuttgart, 1949
Nigg, Walter	Heimliche Weisheit, Walter, Olten/Freiburg, 1975
Ostrander/Schroeder	PSI, Scherz, 1972
Petersen, Klaus	Rudolf Steiner (Köpfe des XX. Jh.), Colloquium Verlag, Berlin, 1968
Peuckert, Will-Erich	Geheimkulte, Pfeffer, Heidelberg, 1951
Rahner, Karl, u. Vorgrimler, Herbert	Kleines Theologisches Wörterbuch, Herderbücherei Bd. 557, 1976
Renckens, Henricus	Urgeschichte und Heilsgeschichte, Grünewald, 1959
Rittelmeyer, Friedrich	Meine Lebensbegegnung mit Rudolf Steiner, Urachhaus, Stuttgart, 1979
Rittelmeyer, Friedrich	Meditation, 12 Briefe über Selbsterziehung, Verlag der Christengemeinschaft, 1929
Sartory, Thomas u. Gertr.	Erfahrungen mit Meditation, Herder tb 588, 1976
Schmidt-Japing, Joh.-Wilh.	Recht und Unrecht der Anthroposophie, Vandenhoeck, Göttingen, 1922

Schoeps, Hans-Joachim (Hrsg.)	Gnosis und Gnostizismus (Wege der Forschung, Bd. 262), Hrsg. Kurt Rudolph) Wiss. Buchgesellschaft, Darmstadt, 1975
Shepherd, A. P.	Ein Wissenschaftler des Unsichtbaren, Verlag Joh. Martin, 1954
Stadelmann, Rudolf	Große Geschichtsdenker, Wunderlich, 1949
Stieglitz, Klaus von	Die Christosophie Rudolf Steiners, Witten, 1955
Stolzenburg, Lic. A. F.	Anthroposophie u. Christentum, Verlag Speyer und Peters, 1925
Tautz, Johannes	Der Eingriff des Widersachers, Verlag Die Kommenden, Freiburg/Br., 1977
Wehr, Gerhard	C. G. Jung und Rudolf Steiner, Klett Verlag, 1972
Wehr, Gerhard	Rudolf Steiner als christlicher Esoteriker, Aurum Verlag, Freiburg/Br., 1978
Wehr, Gerhard	Christusimpuls und Menschenbild, Herder, 1974
Wehr, Gerhard	Der anthroposophische Erkenntnisweg, Aurum, 1978
Walter, Gerda	Phänomenologie der Mystik, Walter, Olten, 1976
Wiesenhütter, Eckart	Blick nach drüben, Siebenstern GTB 196, 1976
Wilamowitz-Moellendorf, Ulrich von	Der Glaube der Hellenen, 2 Bde., Wiss. Buchgesellschaft, Darmstadt, 1955 (Erstauflage 1931)

Verzeichnis der benutzten Bücher von Rudolf Steiner

1. Grundlinien einer Erkenntnistheorie der Goetheschen Weltanschauung (1886), Dornach, 1960

2. Die Philosophie der Freiheit (1894), 2. Auflage 1918, Philos. Anthroposophischer Verlag, Berlin

3. Gesammelte Aufsätze zur Kultur- und Zeitgeschichte 1882–1925, Dornach, 1966

4. Methodische Grundlagen der Anthroposophie, Dornach, 1961

5. Goethes Weltanschauung (1886), Dornach 1980 tb 629

6. Die Mystik im Aufgang des neuzeitlichen Geisteslebens und ihr Verhältnis zur modernen Weltanschauung (1901), Dornach, 1960

7. Das Christentum als mystische Tatsache und die Mysterien des Altertums (1902), tb 3 Freies Geistesleben, Stuttgart, 1961

8. Theosophie, Einführung in übersinnliche Welterkenntnis und Menschenbestimmung (1904), Dornach, 1973

9. Wie erlangt man Erkenntnisse höherer Welten? (1904/05), Dornach, 1972

10. Luzifer-Gnosis (Aufsätze 1903–08), Dornach, 1960

11. Aus der Akasha-Chronik (1904/08), Dornach, 1969

12. Anweisungen für eine esoterische Schulung (1905/08), Dornach, 1969

13. Die Stufen der höheren Erkenntnis (1905/08), Dornach, 1969

14. Das Johannes-Evangelium im Verhältnis zu den anderen drei Evangelien, insbesondere dem Lukas-Evangelium (1909), Dornach, 1975

15. Die Geheimwissenschaft im Umriß (1909), Dornach, 1972, tb 601

16. Die geistige Führung des Menschen und der Menschheit (1911), Dornach, 1963

17. Ein Weg zur Selbsterkenntnis des Menschen (1912), Dornach, 1968

18. Die Rätsel der Philosophie (1901/14), Dornach, 1968

19. Vom Menschenrätsel (1916), Dornach, 1957

20. Bausteine zu einer Erkenntnis des Mysteriums von Golgatha (1917), Dornach, 1961 (Erstdruck der Vorträge 1921)

21. Von Seelenrätseln (1917), Dornach, 1960

22. Anthroposophie – ihre Erkenntniswurzeln und Lebensfrüchte, Vorträge 1921, Freies Geistesleben tb 9, Stuttgart 1962

23. Anthroposophische Leitsätze (1924/25), Dornach, 1962

24. Kosmische und menschliche Geschichte, Bd. II (1916), Dornach, 1964

25. Kosmologie, Religion und Philosophie (1922), Dornach, 1956

26. Die Konstitution der Allg. Anthr. Gesellschaft und der Freien Hochschule für Geisteswissenschaften (1924/25), Dornach, 1966

27. Mein Lebensgang (1923/25), tb 13 Freies Gl., Stuttgart, 1975

28. Vorbemerkungen zu Philosophie und Anthroposophie, Gesammelte Aufsätze 1904–1918, Dornach, 1965

29. Literarisches Frühwerk aus den Jahren 1882–1902, Hrsg. Edwin Froböse und Werner Teichert, Dornach, 1938 ff.

30. Briefe I (1948) und II (1953), Hrg. Froböse und Teichert

31. Einleitung zu Bd. II der naturwiss. Schriften Goethes (in Kürchners Deutscher Nat.-Lit. Bd. 117) und zu Bd. IV (Kürschner Bd. 115)

32. Das Markus-Evangelium, Dornach, 1930

33. Goethes Naturwissenschaftliche Schriften Freies Geistesleben tb 7, 1962, Stuttgart

Bibliographische Arbeiten zum Werk Steiners:

Carl Septimus Picht,
Das literarische Lebenswerk Rudolf Steiners,

Eine Bibliographie, Dornach, 1926
Hans Schmidt, Das Vortragswerk Rudolf Steiners, 1950

Adolf Arenson,
Dreibändiges Schlagwortverzeichnis,
Selbstverlag Stuttgart, 1930, Neuauflage 1961
(bezogen auf 50 Vortragszyklen Steiners)

Maximilian Rebholz,
Die Christologie Rudolf Steiners in »Studienhefte über Anthroposophie« in 8 Nummern.

1981 soll vom Rudolf Steiner Verlag in Dornach/Schweiz ein Werk von drei Übersichtsbänden herausgebracht werden, wovon der zweite mit dem Sachwort- und Namensregister der Inhaltsangaben 35 000 Eintragungen enthalten soll.

Hänssler-Bücher ...
Zielbewußt im Durcheinander der Zeit

James W. Sire
Die Welt aus der Sicht der anderen
Nr. 74019, TELOS-Paperback, 184 Seiten

Eine kompetente und gut lesbare Einführung in die Grundströmungen, die unser heutiges Denken bestimmen: Z. B. Deismus, Naturalismus, Nihilismus, Existentialismus, östlicher pantheistischer Monismus u. a.

Pat Means
Im Irrgarten östlicher Mystik
Nr. 71169, TELOS-Paperback, 300 Seiten

Wie sollten sich Christen gegenüber Yoga und TM verhalten? Was sagt die Bibel über Wiederverkörperung? Informationen und Hilfestellungen, wie man aus dem Irrgarten östlichen Denkens wieder herausfinden kann – oder vor ihm bewahrt bleibt.

Os Guinness
Asche des Abendlandes
Nr. 74010, TELOS-Paperback, 360 Seiten

In den polarisierten Auffassungen unserer Tage wird der Verlust der Mitte offenkundig, der die Geschichte des Abendlandes weit hin prägte. Der christliche Glaube bietet eine echte Alternative, wenn es um Lösungen geht, die zukunftsweisend sind.

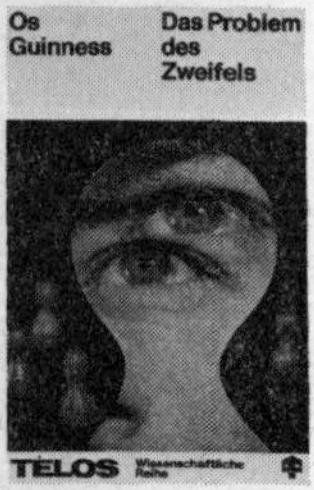

Os Guinness
Das Problem des Zweifels
Nr. 74018, TELOS-Paperback, 216 Seiten

Was ist eigentlich Zweifel? Die unausweichliche Frage unseres skeptischen Zeitalters? Für Guinness wird Zweifel zu einem Pfad, der auf die Höhe eines bewährten Glaubens führen kann. Eine offene Auseinandersetzung mit einer Grundfrage des Menschen.

Fragen Sie in Ihrer Buchhandlung nach diesen Büchern!
Oder schreiben Sie an den Hänssler-Verlag, Postfach 1220, D-7303 Neuhausen-Stuttgart